兴安峰峦

两院院士在黑龙江

中共黑龙江省委
奋斗杂志社
编著

人民出版社

目　录
CONTENT

脚踏龙江大地　蓄积澎湃伟力

　　科技是推动社会进步的引擎，也是打开未来之门的钥匙。

　　自古以来，科学技术就以一种不可逆转、不可抗拒的力量推动人类社会向前发展。四大发明等伟大创造推动古代中国长期走在世界前列，蒸汽机、电动机、计算机等伟大创新深刻改变近代以来全球格局，曼哈顿工程等推动美国成为超级大国，"两弹一星"、超级水稻等为中国数十年来的飞速发展提供重要支撑。历史经验表明，科技兴则民族兴，科技强则国家强。习近平总书记强调："科技是国之利器，国家赖之以强，企业赖之以赢，人民生活赖之以好。中国要强，中国人民生活要好，必须有强大科技。"

　　半个世纪以来，中国科技整体能力持续提升，一些前沿方向开始进入并行、领跑阶段。1978年，全国科学大会提出了"科学技术是生产力"的重要论断，开启了科学的春天。2016年"科技三会"作出建设世界科技强国的全面部署，在"新的科学春天里"汇聚起科技创新的磅礴力量。不可否认，每一项重大的发现、发明和创造都将科技发展推向更高的台阶，这其中科学家们居功至伟。尤其是被授予中国最高学术称号的两院院士，从站起来、富起来到强起来的伟大征程中，从未缺失过他们的身影。习近平总书记指出："我们的很多院士都具有'先天下之忧而忧，后天下之乐而乐'的深厚情怀，都是'干惊天动地事，做隐姓埋名人'的民族英雄！"他们创造了可歌可泣的辉煌业绩，推动着社会的不断进步，影响着我们生活的方方面面。

黑龙江省的开发创业史，就是一部科技创新史。黑龙江省各个时期取得的重大科技成就，是几代科技人不懈奋斗、矢志奉献的结果，凝结着全省广大科技工作者的智慧和汗水。这是黑龙江辉煌历史的底蕴所在，更是黑龙江面向未来的底气所在。我们感怀的是，奋斗在黑土地上的两院院士，虽然身处不同时期，肩负不同使命，但他们长期扎根黑龙江，投身边疆建设伟业，以孜孜求索的精神、思想解放的活力、敢为人先的胆识，在航天、电子、力学、自然学、兽医学等各个领域攻克难关、破解难题，创造了一个又一个奇迹，为黑龙江省科技事业发展作出了突出贡献，建立了卓越的功勋。

他们仰望苍穹，脚踏实地，以匠心筑梦诠释弘毅担当。"繁霜尽是心头血，洒向千峰秋叶丹。"我们可以看到，当年老一辈科学家响应国家支援边远地区发展的号召，为强国梦负笈北上来到祖国的最东北，人生取舍，考验着智慧，更照鉴情怀。他们身上共同闪耀着一颗赤子之心、一份爱国之情，不论身在哪里，始终不忘初心，不负期待，将毕生所学奉献科研事业，将一片丹心融入时代底色，将报国之志守望相传，在各自的研究领域达到了普通学者无法企及的高度，为黑龙江的改革发展燃烧起熊熊的科技之火。

　　他们格物穷理，唯实是尚，以平凡坚守书写精彩华章。"穷理以致其知，反躬以践其实。"追求真理的科学精神、实事求是的科学态度一直是两院院士的精神基础。毫无疑问，翻开他们的履历、走进他们的工作与生活，不难看出，他们将治学严谨、一丝不苟作为毕生追求，把不怕困难、求真务实当作无声语言。有些人也曾在迷茫与困顿中徘徊，但在科学的世界里，他们最富有。执着坚守成为两院院士科研人生最妥帖的注脚，他们在攀登科学高峰的征途上永不服输，步步逼近光辉的山巅。

　　他们弦歌不辍，鼎新革故，以至诚无息引领科学风尚。"非新无以为进，非旧无以为守。"科学的灵魂在于创新，科学家的使命首先是探索未知、开辟新领域、研究新问题。他们敢于发出"天问"、上下求索，挑战尖端科学问题和"独创独有"研究。他们言为士则、行为世范、甘为人梯、提携后学，有跟时间赛跑的劲头，抢抓新科技革命和产业变革的历史机遇，面向世界科技前沿、面向经济主战场、面向国家重大需求，创造了更多看得见摸得着的成果，不断延伸着人们认知世界、认知未来的视野。

　　时间是伟大的书写者，忠实刻印下奋斗者的足迹。时代呼唤更多仰望星空的先锋，当科学家成为社会的主流明星时，才是一个国家真正崛起之时。经过充分的酝酿，奋斗杂志社编录了38位在黑龙江工作过的两院院士的感人事迹，旨在展示其伫立时代潮头、勇于开拓创新、传承龙江精神、守护学术情怀的风采。这种风采和他们所创造的科技成果一样弥足珍贵，是留给我们的宝贵精神财富。同时，衷心感谢人民出版社，本书的出版无疑是对黑龙江两院院士的鼓励，是对黑龙江科技工作者的肯定，更是对黑龙江儿女热爱边疆、建设边疆、扎根边疆、奉献边疆的赞颂。我们致敬探路者的筚路蓝缕，赓续开拓者的胸襟肝胆，记录莽莽兴安的风雷激荡，留住黑龙江科学偶像的奋斗历程。而传承科学探索精神带来的无限感怀，都得以流淌于文字、图片所传递的温暖中，如同奔流不息的大江大川，送去希冀，留下期待。

巍巍龙江，气象泱泱。今天，我们站在全面振兴全方位振兴的延长线上，我们走在新时代光华灿烂的大道中，要实现中国梦的新篇章，我们比以往任何时候都离不开"创新"这个第一助推动力，也比以往更加强烈地需要用好"科技创新"这个有力杠杆。在时代浪潮中挺起科技自信，突破制约瓶颈，加快成果转化，激发活力潜力，以此筑牢创新之基，锻造创新之剑，谋求创新之业，传承创新之魂，使科技之光更好照耀发展之路。我们有理由坚信，当每一个梦想都有生长的土壤，当每一种奋斗都能找到坚持的意义，历史橡笔必将在这片希望的田野上镌刻出坚实而厚重的脚印，绘就黑龙江全面振兴全方位振兴的斑斓画卷！

是为序。

中共黑龙江省委奋斗杂志社编委会

2020 年 10 月

蔡鹤皋

中国工程院院士

院 士 名 片

　　蔡鹤皋，1934年出生于吉林长春，原籍北京。1958年毕业于哈尔滨工业大学机械系机床及自动化专业。1997年当选为中国工程院院士。现任哈尔滨工业大学机电控制及自动化系教授、哈尔滨工业大学机器人研究所名誉所长、机器人技术与系统国家重点实验室名誉主任。我国机器人及机电一体化技术专家，国产工业机器人事业的开创者之一。他曾任国务院学位委员会第三届及第四届学科评议组成员，国家"863计划"智能机器人第一届及第二届专家组成员，中国宇航学会理事，机器人专业委员会主任，中国振动工程学会常务理事、动态测试技术专业委员会理事长，全国高校机械工程测试技术研究会理事长，中国自动化学会理事、制造技术专业委员会主任，哈尔滨工业大学机器人研究所所长等职务。

　　蔡鹤皋成功研制了我国第一台弧焊机器人和点焊机器人，解决了机器人轨迹控制精度及路径预测控制等关键技术。他开发出的机器人包装码垛生产线已用于大庆、大港、齐鲁、吉林等地石化工厂。他建立了我国第一个机电控制及自动化学科博士点，为国家机器人技术发展和人才培养作出了重大贡献。

　　作为原国家航空航天工业部任命的机器人总设计师，蔡鹤皋曾获得部级科技进步奖13项，其中作为课题负责人和第一获奖者获得部级科技成果奖一等奖3项、二等奖5项、三等奖4项。

鹤鸣九皋声闻于天

——记中国工业机器人奠基人、
中国工程院院士蔡鹤皋

提到中国的工业机器人，我们不得不提起一个人——中国工程院院士蔡鹤皋。

2018 年 4 月 21 日，春日的上海，风清海阔，生意盎然。

在机器人行业发展论坛暨第四届恰佩克奖颁奖典礼上，蔡鹤皋作为"恰佩克终身成就奖"获得者、评委会主席，为 91 个获奖企业和个人颁奖。

这位八十多岁高龄的著名科学家，至今依旧活跃在他所钟爱的科研领域，活跃在亿万公众的关注之中。从搬运、码垛、焊接等生产活动，到读报、陪护等生活活动，再到排雷、战斗等军事活动，机器人时代正在来临。据国际机器人联合会（IFR）数据显示，2017 年全球机器人市场规模已达 232 亿美元。

放眼中国，自 2013 年起，工业机器人市场快速成长。同年，中国超过日本，成为年购买机器人数量最多的国家，并一直蝉联全球第一大应用市场至今。2015 年被业界视作"中国机器人元年"。2015 年 5 月，《中国制造 2025》规划落地，明确将工业机器人列入大力推动突破发展的十大重点领域之一。

作为中国工业机器人科研、产业化的奠基者之一，几十年来，蔡鹤皋

经历了中国机器人从无到有、从有到优的漫长而又崎岖的发展历程。一路走来，他踏过泥泞和荆棘，留下了拓荒者浸满汗水和心血的足迹，为国家工业机器人科研和工业化、产业化开创了一片大有作为的新天地、新领域。

少年立志，要成为爱迪生一样的发明家

"如果没有党和国家的培养和教育，我面对的将是另一种命运。"面对采访，蔡鹤皋曾如此真切地表达他的爱国之情。

1934年6月5日，蔡鹤皋出生在长春。那时的东北正处于伪满洲国的统治之下——中国人只能吃高粱米，被称为"支那人"。这段屈辱的记忆在蔡鹤皋的心里留下了深刻的烙印。

童年时，父亲的早逝让蔡鹤皋和整个家庭备受磨难。"母亲一个人拉扯着我们七个兄弟姐妹，生活异常拮据。"1945年，抗战胜利，日本无条件投降。蔡鹤皋才知道自己是中国人。1948年，长春解放，年仅14岁的他怀着一颗爱国之心，毅然加入了中国共产主义儿童团和青年团。

艰辛的童年经历磨砺了蔡鹤皋爱党爱国、坚忍不拔的品格。

求学时期，蔡鹤皋的成绩一直十分优异，而他对自然科学的兴趣更像是与生俱来。那时的他，经常在长春市图书馆翻看科普类、发明类的图书，而且经常学以致用。家里没有收音机，他就用从书中学习到的物理知识，杂七杂八地找来各种材料，自制了一台矿石收音机。用两个自制线圈的相对移动进行调谐，听到从小小的耳机里传出的动听乐曲，蔡鹤皋高兴得手舞足蹈。因为尝到了"发明"的乐趣，蔡鹤皋后来还自制了望远镜、显微镜、放大镜，甚至还做了一台简易的幻灯机，请小伙伴儿们一同观赏。

"小时候，我的偶像就是大发明家爱迪生。"在奥妙无穷的知识海洋

里，年轻的蔡鹤皋找到了追寻的灯塔。爱迪生在电气、矿业、建筑、化工等诸多领域均有建树，改变了人类文明的历史，这使得年少的蔡鹤皋沉醉其中，并立志成为一名成绩卓著的发明家。

1953年，19岁的蔡鹤皋进入向往已久的哈尔滨工业大学。之后，他便如痴如醉地投入到自己热爱的机械专业中求学。1958年，他从哈工大机械系机床及自动化专业毕业，并留校任教，担任机械工程系教师。

在这里，蔡鹤皋的实践和创新能力得到了更为严格的训练。即便在"文革"的苦累劳动中，他也始终没有放弃向往科研、成为发明家的理想。因为刻苦钻研的倔劲儿和不屈不挠的品格，他在专业领域颇有建树。这也为他之后能获得公派赴美留学的机会奠定了基础。

异域求学，他心怀感恩，"必须回到自己的祖国"

1979年，已经46岁的蔡鹤皋，时任哈尔滨工业大学机械工程系讲师。他通过了层层选拔，从众多学生与老师中脱颖而出，获得了公派美国加州大学伯克利工分校机械工程系学习的机会。这是他第一次出国。

在美国，蔡鹤皋的研究课题是弧焊机器人及其计算机控制系统。但是，在此之前，他从来没有见过计算机，更没有见过机器人。一切都是那么陌生——陌生的国度、陌生的环境、陌生的文化、陌生的科研领域，困难可想而知。"我连计算机都没见过，更不用说使用计算机来编程了。开始的时候，我是从如何使用计算机键盘开始学起，慢慢地学到编写程序指令，然后是操作计算机控制系统……"蔡鹤皋回忆道。

陌生和困苦没有把蔡鹤皋吓到，反倒是激起了这个东北汉子的科研热情、科研兴趣。异域求学，蔡鹤皋一直喜欢泡在实验室。他的勤奋是出了名的。白天实验室里的学生多，他就晚上去，有时甚至成宿成宿地不睡觉，吃住都在实验室。

同时，身处国外的蔡鹤皋，更加深切地感受到了祖国的温暖。他曾告诉中央电视台记者："当时，国家非常困难。吃肉得要肉票，穿衣得要布票，吃油得要油票，什么都得要票。当时我的工资只有62元，国家在那么困难的情况下，每个月给我400美元，派我到美国学习。我心里就只有一个想法：一定要好好学习，把技术学好，带回祖国。"

因为超乎常人的勤奋，两年时间，蔡鹤皋不仅掌握了当时所学领域的全部知识，还帮助导师董菲尔德完成了计算机控制机器人的研究项目，发表了三篇论文。值得一提的是，那时蔡鹤皋的研究项目就解决了弧焊机器人拐弯轨迹精度的难题，引起国际学术界的关注。

由于出色的学习和科研能力，导师董菲尔德教授舍不得让蔡鹤皋回国，请他留下来做另一项研究——声发射技术在磨削过程中的应用。蔡鹤皋问导师："这项研究有哪些参考资料？"导师回答："没有。"蔡鹤皋又问："您对这项研究有什么想法？"导师回答："也没有。全靠你自己了。如果成功了，你就是全世界的第一。"原来，当时全世界还没有人在该领域发表过相关论文。面对难题，蔡鹤皋犹豫了片刻，最终还是接受了挑战。

是的，勇闯险境的开拓者有时会有出乎意料的收获。仅仅用了4个月的时间，蔡鹤皋便圆满地完成了课题研究，并在ASME的学术刊物上发表了一篇论文。

课题完成后，导师再次劝他留在美国。面对美国美好生活的诱惑，蔡鹤皋的答复却是："很抱歉，我必须早点儿回到我的祖国！"

艰苦奋斗，在地下室完成中国第一台弧焊机器人

1982年4月，蔡鹤皋回到祖国，回到他朝思暮想的哈尔滨工业大学。怀揣着一颗报国之心，他憋足了劲儿要研制机器人。但他此时需要渡过的

难关却不是技术上的难题，而是观念上的阻碍。

在当时，有很多人认为"机器人会抢人的饭碗"，加之1978年9月，日本广岛某工厂发生了切割机器人"杀人"事件，安全隐患和失业忧虑使得很多人认为：在人口众多的中国发展机器人技术，并不符合国情。

面对这样的情况，刚刚归国不久、已经升任副教授的蔡鹤皋眉头紧锁，一时感到报国无门。恰巧那一时期，我国航天界正在加紧应用卫星的研制和发射，蔡鹤皋认为这一领域特别需要焊接机器人。为了充分论证焊接机器人的必要性，他特地跑到呼和浩特调研火箭制造的焊接工作。

烈日下，焊接工人们把衣服浇透了水，手持焊枪，迎着预热温度达400℃的灼人热浪，进行火箭发动机的焊接。焊接工人们的工作环境十分恶劣，劳动强度极大、劳动条件极为艰苦。火箭发动机的焊接工作技术要求十分严格，火箭发动机的焊接要用最高级的焊工——八级焊工来焊接。即便是最优秀的焊工，也可能出现纰漏，造成数千万元的损失。我们必须发展焊接机器人，它对保证航天工业的质量、提升工作效率，太重要了……

1982年夏天，带着自己的调研成果和焊接机器人科研技术，蔡鹤皋最终敲开了原国家航空航天工业部的大门，赢得了强有力的支持。

1983年年初，作为"华宇1型"弧焊机器人总设计师，蔡鹤皋带领团队成立课题组开始研发我国第一台弧焊机器人。刚刚改革开放的中国，基础工业十分薄弱，许多电子元器件他们都不知道在哪里能够找到，课题组只能自己摸索。同时，课题组的办公条件也非常简陋，他们的实验室就是一间狭小而又潮湿的地下室。

1985年3月春节刚刚过完，课题组就接到通知，要求他们于当年6月参加原航天工业部的科技成果展览。这个原定在年底验收的项目需要提前7个月完成，而留给蔡鹤皋和课题组的时间已经不足3个月。怎么办？只能日夜奋战——拼了！那段时间，蔡鹤皋几乎两天才能睡一觉，两只眼睛熬得布满血丝。他把家里的一张折叠藤椅搬到了实验室的角落里，课题组的成员谁累了困了就躺下歇会儿，醒了接着干。就这样，蔡鹤皋带着团队成员不分昼夜、昏天黑地地干，终于如期完成了机器人的研发。

1985 年 6 月，这台机器人在中国人民革命军事博物馆展出，在国内外迅速引起轰动。展览期间，时任原航天工业部副部长的刘纪原便向蔡鹤皋表示："今后，我们会支持你研制更多的机器人，希望中国工业机器人快速发展起来。"

值得一提的是，1985 年，对于蔡鹤皋和我国的机器人产业都具有特殊意义。

蔡鹤皋院士在第二届国际机器人检测认证高峰论坛上讲话

1985 年，蔡鹤皋研制了我国第一台弧焊机器人。同年，他晋升为哈尔滨工业大学机械系教授。1986 年，哈尔滨工业大学机器人研究所成立，他晋升为博士生导师，任研究所副所长、总工程师。在之后的两年时间里，蔡鹤皋带领团队逐步完善了弧焊机器人、研发了点焊机器人等。他的机器人家族初具规模。

1985 年，我国第一次把机器人技术纳入国家五年发展计划。1986 年，中央批准实施高技术研究发展计划（"863 计划"），并于 1987 年成立

"863计划"智能机器人专家组，蔡鹤皋便是第一届专家组成员。自此，我国机器人技术的研究、开发、应用不断加速。

从那时起，在国家的支持下，蔡鹤皋带领团队研究掌握了机器人的力控制技术和机器人感知系统技术的原理，取得了仿真、宏微控制以及微驱动技术等多项成果，为智能机器人的研发奠定了坚实的科研基础。

厉兵秣马，精心研制码垛机器人，收归"国土"

20世纪90年代，大庆、天津、齐鲁等大型国有石化企业，长期依赖进口设备，耗费了大量的外汇——进口一套就需要一千多万元。不仅如此，引进设备后，来安装维修的技师或者专家的服务费每天还需要约1000美元，这笔服务费比国内很多人一两年的工资还要多。

这些钱花得让蔡鹤皋觉得"很着急、很心疼！"他决定带领团队开展自主码垛机器人的研发，为天津石化研制机器人包装码垛生产线。

其实，当时在该企业内部已经形成了两派观点：一派力主用国货，一派坚持从国外进口。双方争执不休，最后决定国内外同时订货。进口和国产的两条生产线同时安装在生产车间。

"当时，设备要完成称重、装袋、缝口、整形、检测、码垛等工序。称重误差不能超过一两……我们感觉挑战很大。但是，蔡老师却坚定了信念，一定要把这个事情做成！"西安交通大学校长、博士生导师、蔡鹤皋院士的学生——王树国，在2013年面对中央电视台记者采访时曾这样回忆。

在巨大的压力面前，蔡鹤皋没有退缩。从生产线整体设计到零部件制造，再到设备制造、调试，以及包装运输、现场调试，整个过程都十分艰苦。但是，蔡鹤皋带领团队最终把码垛机器人研制成功了。

然而，毕竟是刚刚起步。当时，国内的企业对他们并不十分信任。这条生产线和那台码垛机器人安装在企业作为备用生产线，是给进口设备做替补的。

"当时，蔡老师带领我们只有一个想法，为中国人争气，替代进口设备！"哈尔滨博实自动化股份有限公司董事长、总经理，蔡鹤皋院士的学生——邓喜军，当年参与了设备的研制和现场安装、调试，在 2013 年面对中央电视台记者采访时难掩心中的激动。

最后，事实胜于雄辩：不久后，外国生产线趴窝了，而国产生产线和码垛机器人的表现堪称完美。这套设备因为耐用、好维修等特点，迅速赢得了企业的认同。这次研究的成功更坚定了蔡鹤皋振兴民族工业的想法。从那时开始，蔡鹤皋带领团队逐步收回了被外国机器人占领的国内市场。

1997 年，哈尔滨工业大学机器人研究所成立博实自动化有限公司，为石化、化工、冶金等行业提供先进的包装码垛设备，取得了良好的经济效益。博实公司被列为国家"863 计划"——"智能机器人主题机器人产业化基地"。目前，该公司已经发展成为全世界少数几家能够系统完成自主研发、成套生产和配套服务的机器人企业之一。

长期以来，蔡鹤皋还一直高度重视国家间的合作。他始终全力支持、推动国际合作。在他的推动下，哈尔滨工业大学机器人研究工作，不仅受到了国内科技界、教育界的重视，还与美国、日本、德国、俄罗斯等的一些高等学校和科研单位先后建立了学术交流与合作关系。这使机器人研究所的研究正在逐步赶超国际水平。

迎难而上，主持"863 计划"，研发中国自主汽车工业机器人

经过多年的机器人产学研探索，20 世纪 90 年代初，蔡鹤皋便提出了一个大胆而又超前的想法：加速推进中国工业机器人的产业化。同时，他将目光聚焦到汽车生产企业的自动化生产设备。1995 年，工业机器人产

业化的项目列入国家"863计划",蔡鹤皋是项目总负责人。

该项目由国家投资,要在五年内给选定的中国第一汽车集团有限公司(简称"一汽")焊接总装厂研制出汽车工业机器人。同时,帮助企业培养技术力量,扶持企业具备自主制造、生产机器人的能力,帮助其研究投资建厂,批量化生产工业机器人。该项目旨在推动中国汽车工业机器人的自主化和产业化进程,用蔡鹤皋的话讲"非常鼓舞人心"。

然而,当时工业基础很差,国内连生产工业机器人的基础设施都没有。而且,科研组必须在1997年7月15日一汽厂庆的时候,拿出两台机器人来。

同时,个别的企业负责人对于研制国产机器人并不认可。在一次项目协调会上,厂家就有人说,"如果你们做的机器人坏了,那么你们要负责给它搬出去。要不然会影响我们的工作"。会场上,听着这席话,蔡鹤皋和团队成员的心中五味杂陈。在蔡鹤皋看来,这句话所透露出了中国企业家对于中国机器人研发现状的不信任。同时,这也给了他巨大的压力和动力。

项目启动后,课题组从生产机器人车间选人做起,从设计图纸到零部件研发,蔡鹤皋都亲力亲为。当时的交通还不发达,去合作单位要坐几个小时的火车,火车的车次有限。为了解决一些实际工作中遇到的问题,项目组需要经常从哈尔滨到长春两地来回跑。当时,蔡鹤皋已经年逾花甲,但还是跟年轻人一样冲在一线,白天晚上在工厂里和工人一起安装调试机器人。1997年7月15日,项目组终于赶制出两台机器人,并且成功应用于生产车间。这大大地增加了企业的合作信心,并决定追加投资。

就在1997年,蔡鹤皋当选为中国工程院院士。

在汽车工业机器人项目实施五年里,蔡鹤皋带领团队为企业培养起一批技术人才,使他们具备了自己生产工业机器人的能力。2000年,项目第一阶段任务结束,蔡鹤皋带领团队结合企业生产需求,成功研发出弧焊机器人、喷漆机器人、搬运机器人共计二十多台。

初心不改，力推中国机器人产业化、自主化

但之后，蔡鹤皋却遭遇了"巨大的挫折"。因为多重因素的影响，在汽车工业机器人备受好评的声音里，一汽却没有投资建厂，机器人生产也就此被搁置。蔡鹤皋痛心中国汽车机器人丧失了绝佳的发展机会："如果当时建厂，现在它将成为中国第一个，也是最大的工业机器人厂家。"

当年，还有一种观点认为：中国做机器人不如买国外的机器人。这让蔡鹤皋极为愤慨。在他看来，中国发展工业机器人产业不仅关乎国家长远发展，更关系到一个国家的民族尊严。

"中国的工业机器人市场这么大。我们决不能拱手把它交给外国！"面对那些主张"做机器人不如买国外的机器人"的人，蔡鹤皋曾在公开场合驳斥："中国机器人产业一定要建立起来。不建立中国机器人产业，我死不瞑目！"

其实，科技成果成功转化并非易事，中国每年至少有三万项科技成果问世，七万项专利成果诞生。但科技成果的转化率仅有10%，多数科技成果都会被束之高阁。但是，蔡鹤皋对于民族工业，以及工业机器人产业化的追求一刻都没有停止过。几十年来，强烈的使命感和责任感驱使着蔡鹤皋不断向前。

2000年，在蔡鹤皋的推动下，哈尔滨工业大学机器人研究所与海尔集团合作，成立了哈尔滨海尔哈工大机器人技术有限公司。该公司集成了该校的机器人研究的技术优势和海尔集团的市场开发优势，自成立以来便在较短的时间里实现了超常规的快速发展。目前，已研制出注塑机械手、弧焊机器人、搬运机器人、智能服务机器人等十余个品种、多个系列、多种型号的机器人，并成功应用在包括汽车和零部件企业在内的众多国际著名品牌企业。

2001年，哈尔滨工业大学机器人研究所成立博实精密测控有限责任

公司，在精密测量及驱动方面取得系列突破。

2013 年，成立哈尔滨工业大学博实研究院，瞄准国际先进制造领域前沿，深入开展机器人及自动化成套装备关键技术研究，开创"产学研"合作新模式，将科技成果及时转化并推广实现产业化。

2014 年 12 月，由黑龙江省政府、哈尔滨市政府、哈尔滨工业大学共同投资组建的高新技术企业哈工大机器人集团（HRG）横空出世。

据不完全统计，目前在中国，以哈尔滨工业大学为科研依托的机器人企业已经超过 40 家。几十年来，蔡鹤皋作为拓荒者已经为中国机器人产业开垦出一片沃土！

不遗余力，为中国机器人发展培育了大批优秀人才

做了大半辈子机器人研发，外界评价"蔡鹤皋有 17 个机器人孩子"。其实，最让他感到欣慰乃至自豪的并非这些机器人，而是他的那些学生们。

从创建机器人研究所之初的二三十人，到现在多学科、大规模的研究队伍，作为我国机器人研究领域的学科带头人，几十年来，蔡鹤皋为国家培养了一批又一批优秀人才。

在任哈工大机器人研究所所长时，蔡鹤皋就曾在全所大会上说："我会给每个人一个发展平台，不分资历和学历，每个人都可以申报课题，都可以担任课题负责人，都可以招兵买马组织课题组。有能力的人也可以参加几个课题组。有一些人能干且肯干，科研任务完成得就比别人好，我就会给他加任务、压担子。能担起 50 斤时，我就给他加到 100 斤，能担起 100 斤时，我就给他加到 200 斤。就像田里的苗长得有高有低，苗高的我就多加水、多施肥。"

如今，蔡鹤皋院士可谓桃李满天下。像王树国、孙立宁、刘宏、赵

蔡鹤皋与学生探讨交流

杰、邓喜军和李瑞峰等一大批机器人领域的"大咖"都曾是蔡鹤皋的学生。

国家级有突出贡献的中青年专家、曾任哈尔滨工业大学校长、现任西安交通大学校长的王树国，20世纪90年代就师从蔡鹤皋院士并攻读博士学位。1993年，王树国破格晋升教授。王树国曾任哈尔滨工业大学机器人研究所副所长，长期从事智能机器人及仿真技术的研究工作，曾任国家"863计划"智能机器人主题专家组副组长、特种机器人专题专家组组长，在机器人研究领域具有较深造诣并享有较高知名度。

在德国宇航中心机器人及机电一体化研究所工作的刘宏教授，是哈尔滨工业大学的特聘教授，也是我国第一批"长江学者奖励计划"特聘教授。1986年，在蔡鹤皋带领团队刚刚开展中国机器人研究的日子里，刘宏便是团队中的一员，蔡鹤皋的硕士和博士研究生。

在接受《哈尔滨工业大学学报》采访时，刘宏曾说："蔡老师的科研作风非常严谨，做学问绝对不会马马虎虎。有一次国家重点实验室在北京有个会议，我不能参加，老师就带病替我去开会。我做硕士课题的时候，老师很相信我，最后干脆把财政大权也交给我，让我自己做主。这些事情都让我们非常感动。他那种希望学生赶快成长起来的迫切心情，大家都看得到。所以，我们都努力去做！"

现任哈工大机器人研究所所长、博士生导师孙立宁，是蔡鹤皋1990年的博士研究生。

面对《哈尔滨工业大学学报》的采访，孙立宁曾介绍了自己的特殊经历："我1994年刚毕业一年就做了副教授，20多岁就做了副所长，1997年任教授，1999年任博导同时担任所长。这个过程都是蔡老师一手提携的。他因人施教、唯贤是举。"

多年来，孙立宁曾担任国家"十五"期间"863计划"机器人技术主题专家组成员、MEMS重大专项总体组组长，并在纳米级微驱动及微操作机器人、工业机器人技术、并联机器人、医疗机器人、微小型机器人等研究领域获多项国家、省部级科技进步奖。

此外，哈尔滨工业大学机器人研究所副所长、博导李瑞峰，哈工大博实公司董事长、总经理邓喜军等许多国内外机器人领域的顶尖人才都曾是蔡鹤皋的学生。

从事科研和教育几十年，蔡鹤皋对于专业人才的培养始终不遗余力。正如他自己所说："我最感欣慰的就是看到年轻人都成长起来了。我从一个人带到一批人，然后这一批人又会再带出一批人，这样一代一代地传下去……"

也正是在以蔡鹤皋为代表的一代代中国科学家的不懈努力下，中国在机器人科研、工业化、产业化等领域开疆拓土，有了一片国际领先、产权自主的新天地！回顾蔡鹤皋醉心科研、振兴民族工业痴心不改的传奇经历，真可谓"鹤鸣九皋，声闻于天"！

（韩建平／撰稿）

陈化兰

中国科学院院士

院 士 名 片

　　陈化兰，女，1969年出生于甘肃省白银市，1997年毕业于中国农业科学院研究生院，获得预防兽医学博士学位。1999年前往美国疾病控制中心（CDC）进行博士后研究，2002年回到中国农业科学院哈尔滨兽医研究所。现任世界动物卫生组织（OIE）禽流感参考实验室主任，联合国粮农组织（FAO）动物流感参考中心主任。"国家杰出青年基金"获得者，"973计划"项目首席科学家，国家自然科学基金"创新科学群体"项目学术带头人。2017年11月当选中国科学院院士，2019年1月当选发展中国家科学院院士。2018年当选全国妇联副主席。

　　在陈化兰的主持下，国家禽流感参考实验室在动物流感的流行病学、诊断技术、新型疫苗研制、遗传进化及致病机制等方面取得了一系列重大进展和创造性研究成果，获得2013年国家自然科学二等奖、2007年国家技术发明二等奖和2005年国家科技进步一等奖；获首届"全国杰出科技人才奖"、首届"中华农业英才奖"、"何梁何利基金科学与技术创新奖"、"中国青年女科学家奖"、"中国青年科技奖"和"求是青年创新奖"等奖项和荣誉。2013年被《自然》杂志评为"全球十大科学人物"，2016年获联合国教科文组织"世界杰出女科学家成就奖"。

空谷幽兰淡淡香

——记中国科学院院士陈化兰

她来自中国西北，但她的科研事业却扎根于龙江大地；她不事张扬，但她在流感研究领域作出的贡献牵动了世界的目光；她拥有一个个炫目的光环，却依然专心地从事着自己的研究工作，一切如常；她主持研制多种禽流感疫苗，为我国有效防控禽流感提供了关键的技术保障。她就是陈化兰，中国农业科学院哈尔滨兽医研究所国家禽流感参考实验室主任，联合国粮农组织（FAO）动物流感参考中心及世界动物卫生组织（OIE）禽流感参考实验室主任，2017年黑龙江省唯一一位入选的中科院院士。当"禽流感"三个字闯入人们的生活，考验着人们脆弱的神经时，她镇定自若，带领着自己的团队构筑起抗"禽"前沿的铁壁铜墙。

最初遇见与兽医科学"缘定终身"

1969年，陈化兰出生在黄河岸边的甘肃省白银市靖远县北湾乡北湾村。1984年她考入靖远县第一中学，1987年考入甘肃农业大学兽医系，从此与兽医科学"缘定终身"。她曾彷徨、犹豫，并考虑是否复读一年，来年再考一次，上个好一点的专业。正当她犹豫不决时，学校的一个语文老师对她说："傻孩子，甘肃农业大学的兽医系非常强，你大学毕业后可以再考硕士、念博士呀！"她的母亲也劝她"一切都是命中注定，别惦记再考一次"。于是，陈化兰走进了甘肃农大。30年后，凭借在禽流感研究方面的突出成就，陈化兰当选为中国科学院院士。

1991年，陈化兰考取甘肃农业大学的硕士研究生。

1994年6月，陈化兰考取中国农业科学院哈尔滨兽医研究所卢景良研究员的博士研究生，从祖国的大西北来到大东北，从此与禽流感结下了不解之缘。由于健康原因，卢景良研究员委托同在哈兽研所工作的于康震研究员指导陈化兰从事禽流感病毒新型疫苗的研究，并于1997年获博士学位。1999年，陈化兰博士毕业后前往美国疾病控制中心（CDC）进行博士后研究。

美国疾病控制中心的流感研究中心是世界卫生组织（WHO）的流感合作中心，拥有世界一流的实验设施和科技人才。在美国疾病控制中心工作的三年时间里，陈化兰不仅掌握了系统的专业知识和领先的科学技术，也对自己的未来定位做了很多思考。与当时周边多数想在美国发展的年轻人不同，陈化兰毅然选择了学成回国。

"当时考虑一是国内流感防制研究方面迫切需要人才，自己适合这份工作，回国发展更能学有所用；二是农业部、农科院的领导信任我，哈兽研所也为我提供了广阔的发展空间，在实验条件方面给了很大的支持。"陈化兰说，"更重要的是，在国外尽管条件优厚，觉得只是干一份工作而已；在国内，因为自己的贡献，能使国家在某一个方面变得更好，觉得是一份事业，很有成就感。"

陈化兰说她回国前有一段时间睡眠不好，一躺到床上，就开始琢磨自己将来的工作怎么做。"实验室将来怎么分工？这个工作适合哪种性格的人干？那个工作适合什么性格的人干？"她说，"当时对科研有满脑子的想法，就想有个自己的团队，赶快安排人员分头去做。"

2002年年底，陈化兰告别了同在美国做博士后的丈夫，带着4岁的儿子回到哈尔滨，一头扎进了禽流感实验室。她从来没有在个人待遇方面提过任何要求。她总是告诉自己的助手和学生，"先埋头苦干，干出成绩，该有的都会有。没干出业绩就和人谈条件，和乞讨没两样"，"你只管勤奋，上天自有安排"。

孜孜以求用科技"绝杀"禽流感

回国后，陈化兰如愿以偿组建了自己的实验室。她领导的实验室不久后被农业部指定为"国家禽流感参考实验室"，负责我国高致病性禽流感的疫情诊断。

禽流感是一种毁灭性疾病，属 A 类传染病。联合国粮农组织和世界卫生组织频频发出警告：一旦病毒发生变异，在人间传播，将会危及全球千百万人的生命。阻击禽流感疫情蔓延，研发出新型高效的疫苗是重中之重。

禽流感疫苗的研制是她的重要工作之一。以往发现禽流感疫情，各国通行的办法都是将一定范围内的家禽全部扑杀。"这样做成本太高、太血腥"。正是陈化兰团队在疫苗研发方面的创新性贡献，才逐渐改变了世界多个国家在禽流感防控方面的"血腥做法"。

陈化兰团队研制出了一系列具国际领先水平的禽流感疫苗，取得了多项研究成果。通过建立反向遗传技术等先进技术平台，开展了新型、高效防控疫苗的研究。先后研制成功 H5N1 反向遗传技术灭活疫苗、重组禽流感新城疫二联活疫苗等多种具有国际先进技术水平的禽流感疫苗，并及时转让技术给有关兽用生物制品企业投产，不仅应用于我国禽流感防控的生产实际，而且大量出口到东南亚及非洲国家。截至 2017 年年底，疫苗累计应用超过 2300 亿羽份，对 H5N1 亚型高致病性禽流感的有效防控发挥了重要作用，创造了巨大社会和经济效益。同时，陈化兰团队还向亚非多个国家提供了禽流感防控人员培训和技术援助。

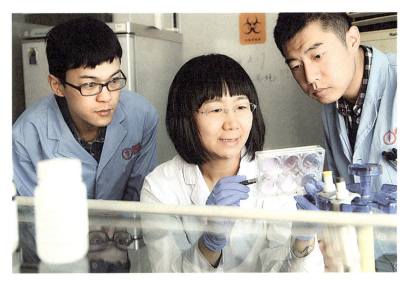

陈化兰与学生交流

陈化兰带领的实验室研究水平快速提升，很快成为具有重要国际影响力的研究团队。她的实验室于 2008 年被世界动物卫生组织指定为 OIE 禽流感参考实验室，2013 年被国际粮农组织遴选为 FAO 动物流感参考中心。

争分夺秒战斗在狙击禽流感第一线

除了"疫情诊断、疫苗研究"之外，陈化兰带领团队加强了我国禽流感流行病学主动监测，并开展了系统的病毒基础生物学研究。实验室建立了系统完整的中国大陆禽流感病毒毒株资源库及其流行病学信息数据库，阐明了我国禽流感病毒的分子遗传演化和抗原变异规律，揭示了多个与致病力和传播能力相关的分子标记，为禽流感疫情的预警预报、诊断试剂及疫苗研制与使用等提供了科学依据。

禽流感病毒持续变异，容易导致大范围疫病流行。2004 年，东南亚暴发了禽流感，越南、泰国、印度尼西亚等国都有人员感染和死亡，我国也蒙受了巨大损失。从 1 月 27 日广西隆安县丁当镇的家禽被确诊死于 H5N1 亚型高致病性禽流感开始，全国共有 16 个省份出现疫情，900 万只鸡被扑杀，直接经济损失达 100 亿元。

联合国粮农组织和世界卫生组织频频发出警告：一旦病毒发生变异在人类中间传播，将会危及全球千百万人的生命。

在农业部的部署下，陈化兰带领国家禽流感参考实验室科研人员迅速投入到禽流感阻击战中。短时间内，实验室先后接收来自全国 16 个省、市的疑似样品 500 余份，及时、准确地确诊 H5N1 高致病性禽流感 49 起，对疫情的及时有效控制起到了关键作用。

随着候鸟的迁飞，2005 年在欧洲，罗马尼亚、土耳其、希腊、俄罗斯等国家出现了 H5N1 禽流感疫情，英国、克罗地亚、瑞典等国也首次拉响禽流感警报，部分国家出现了抢购和囤积流感药品的风潮。随后，亚洲和我国部分地区也再次发生疫情。

传染病的克星是疫苗。使用疫苗是阻断和预防疫情发生最有效的手段之一。

2005 年 8 月，禽流感已步步逼近，国际国内形势严峻。正在这时，从哈兽研所传来了令人振奋的消息：重组禽流感新城疫新型疫苗完成了实验室阶段的研究。喜讯传到农业部，部领导立即召见时任哈兽研所所长孔宪刚和主持此项研究的陈化兰，认真地听取了他们的汇报。

10 月 2 日，时任国务院副总理回良玉对新型疫苗的研制成功作出批示；第二天，时任国务院总理温家宝也作出批示，向科研人员表示祝贺和慰问，并指示加快疫苗的科研成果转化。国庆节刚过，时任国家首席兽医师、农业部兽医局局长贾幼陵来到哈兽研所，传达了国务院领导的批示，并进一步了解疫苗的研制情况。

回顾 2004 年和 2005 年两次疫情阻击战，如果没有哈兽研所及时提供的疫苗，我国对禽流感的防御能力将大大降低，后果将不堪设想。

"禽流感可以控制，可以预防，人类具备这个能力。"陈化兰说。

2013 年 3 月，当新出现的 H7N9 禽流感病毒感染国人、引起极度公众恐慌之时，陈化兰团队临危受命，迅速开展 H7N9 禽流感病毒的疫源调查，就"病毒从哪里来？病毒存在于哪些动物宿主？人为何被感染、致病和致死？是否会引起人流感大流行？"等一系列科学问题探寻答案。

整个实验室争分夺秒与病毒"赛跑"。在 H7N9 感染人病例公布后不到 48 小时，陈化兰团队研究人员就从上海活禽市场采集的样品中分离到类似病毒，连夜将序列分析数据提交到农业部，并建议立刻关闭感染地区的家禽市场。依据陈化兰团队建议，决策部门迅速关闭了发生人感染 H7N9 禽流感病毒地区的活禽交易市场，并取得了立竿见影的效果，新增感染病例迅速减少。

陈化兰和她的团队系统的研究发现禽和人 H7N9 病毒都获得了结合人呼吸道上皮细胞受体的能力，是其感染人的生物学基础；禽源病毒对鸡、鸭和小鼠均无致病力，而人源病毒可引起小鼠严重发病和死亡；禽源病毒在感染人体后快速发生关键的基因突变，导致人源病毒对哺乳动物致病力显著增强，并使部分毒株获得在雪貂经呼吸道飞沫传播的能力，具有人传人的极大风险。

陈化兰院士（中）主讲禽流感病毒的认知与防控

禽流感疫苗"全家福"

陈化兰团队对 H7N9 病毒的溯源及生物学特性系统研究的诸多发现在《科学》等杂志发表，被评为中国 2013 年十大科技进展之一，为 H7N9 禽流感的防控提供了重要科学依据。

笃行担当专注于科学家的崇高使命

当被问道，"您在科研之路上最大的动力是什么？"时，陈化兰的回答依然简洁而坚定："最大动力就是国家使命，是使命驱动和责任心驱动。"

走在宁静的中国农业科学院哈尔滨兽医研究所，似乎不会感受到发生在这里的"病毒攻防对决"。然而，"流感病毒天天在变异，新情况就会带来新风险。我们就是流动的防疫兵"。陈化兰和团队一起，不放过任何蛛丝马迹。

2013 年，新出现的 H7N9 流感病毒对家禽无致病力，但在人体内

复制后获得新的突变，可引起人严重发病，死亡率超过 30%。据家禽协
会统计，由于 H7N9 病毒感染人造成的恐慌，使家禽及禽产品滞销，仅
2013 年禽类养殖行业经济损失超过 1000 亿元。2016 年冬季和 2017 年春季，
H7N9 第 5 波疫情中共有 766 人感染，288 人死亡，引起极大公共卫生恐
慌，世界卫生组织已将其列为"最有可能引起下次人流感大流行的病毒"。
更危险的是，病毒在进化过程中发生新的突变，对鸡呈高致病力，对人的
风险进一步增高。在这关键时刻，国家农业和卫生两部门召开专门会议讨
论防控政策。根据自己多年对禽流感病毒的研究和洞察力以及在禽流感疫
苗免疫方面的经验，陈化兰力排异议，建议政府采取全面免疫策略防控
H7N9 禽流感。2017 年 9 月在全国范围内实施了家禽 H7N9 疫苗免疫接种，
极大地降低了家禽中 H7N9 病毒的复制和传播，更在阻断病毒由禽向人传
播方面取得了立竿见影的效果：与 2016 年同期 766 人感染 H7N9 病毒相比，
2017 年 10 月以来，只有 3 个人感染 H7N9 病毒。

　　这看似奇迹般的防控效果，得益于农业部的正确决策和领导，也和陈
化兰团队在病毒研究及疫苗研发方面的杰出贡献密不可分。"实施 H7N9
免疫之后，我天天在关注 H7N9 病毒感染人的情况，与去年同期对比，然
后计算我们的工作今年救了多少人的命！""外国科学家打电话问我，中
国做了什么？为什么人的 H7N9 病例没有了？"我告诉他们，"我们对家
禽进行了 H7N9 疫苗免疫！"陈化兰说。

　　"对决禽流感，一直在路上。"陈化兰攻防流感病毒的脚步从未停歇。
她说，实验室现在是"三大研究"并驾齐驱：疫情诊断、实时进行流行病
学主动监测；全面进行病毒的生物学特性研究；在此基础上，及时进行疫
苗研发和更新研究。与此同时，还肩负着为国家对流感疫情防控、人流感
预警提供科学依据的责任。他们在禽流感基础和应用研究方面都取得出色
的成绩，不同科研成果先后获得国家科技进步一等奖（2005 年）、国家技
术发明二等奖（2007 年）和国家自然科学二等奖（2013 年）。

　　陈化兰是一个执着的人，经常被熟悉的人称为"一根筋"。"我对很

多事情不关心，但我认为重要的事情，一定要把它做好。"陈化兰说，"做科研需要精力高度集中，所以不能兴趣太广泛。"

鉴于在禽流感病毒生物学研究方面的杰出贡献和在禽流感疫苗研发和应用方面的重要影响，陈化兰被英国《自然》杂志评为 2013 年"全球十大科学人物"，理由是她"帮助中国平息 H7N9 禽流感疫情"；获得联合国教科文组织颁发的 2016 年度"世界杰出女科学家成就奖"；2016 年 6 月荣获首届"全国杰出科技人才奖"。

近年来，陈化兰主持承担了 20 多项国家和国际合作项目。除在禽流感疫苗研制方面的突出成就外，在禽流感病毒的基础研究方面也取得了非常好的业绩，研究结果先后在《科学》（Science）、《细胞宿主病原体》（Cell Host·Microbe）、《细胞研究》（Cell Research）、《美国科学院院刊》（PNAS）等国际顶级学术刊物发表 SCI 论文 130 多篇，是汤森路透集团公布的 2015 年、2016 年微生物领域"全球高被引科学家"；带动了我国动物流感整体研究达到国际领先水平，国家禽流感实验室成为在国际上具有重要学术地位及影响力的禽流感研究实验室。

"全面监测、准确诊断、系统研究、及时研制有效疫苗，为保障养禽业健康发展和维护公共卫生安全提供科技支撑，是我们最重要的任务。"陈化兰说。

（张晓鹏/撰稿 甄真/编辑）

陈予恕

中国工程院院士

院 士 名 片

　　陈予恕，1931年3月生，著名工程非线性振动专家，哈尔滨工业大学航天学院教授、博士生导师，中国工程院院士，俄罗斯应用科学院外籍院士。我国工程非线性动力学的主要创始人之一，提出的"C－L方法"解决了国际非线性振动界长期存在的难题。他主持的中国一般力学第一个国家自然科学基金重大项目"大型旋转机械非线性动力学问题"，解决了7省市23台汽轮发电机组的疑难振动故障和一系列关键技术问题，取得了4亿多元直接经济效益和显著的社会效益。从教60余载，培养了一大批国家科技发展领域高精尖人才。2011年，他个人出资40万元，同事同行捐资40万元，设立国内动力学与控制学科设立的第一个也是唯一一个学科奖学金"陈予恕奖学金"。

　　2005年当选为中国工程院院士。

我将努力到生命最后一刻

——记中国工程院院士陈予恕

充满坎坷的求学路

陈予恕的童年充满着坎坷，他如同一棵瘦弱的幼芽，从阴暗的废墟中伸出手来采摘阳光，吸取雨露，经受风雨，成长为参天大树。他的经历充满挫折，然而却傲然挺立，展示出超乎寻常的风采。

1931年，陈予恕出生于山东省平原县农村，家中靠务农、做小买卖为生。父辈、祖辈多不识字，便对作为长孙的陈予恕寄予期望，想要他多少学点知识。不巧，陈予恕的学龄期恰逢日本全面侵华，位于津浦铁路上的平原县局势紧张，他的求学路也一波三折。

为了上学，陈予恕7岁时便独自跟随父亲的朋友去济南，睡过亲戚家的夹缝道儿，吃过喂马的发霉的大米。中间虽不得已偶有停辍，但他还是以优异的成绩读到了高中毕业。

回忆高中以前的生活，陈予恕并不记得自己曾规划过什么职业理想，树立过什么远大抱负，只是"每一步都走得很踏实，一直没有放弃努力"。令他印象最深的，是在老师的鼓励下做了许多本数学习题集，在与难题的博弈中找到了内心的快乐。

1950年，就读于华东大学附属中学的陈予恕即将高考。济南解放两年，社会秩序虽有所恢复，但国家一穷二白的现实仍重重敲击着学子们的心，能够服务国家工业化建设的理工科成为当时最热门的选择。

已在济南参加完山东大学考试的陈予恕，还想去北京参加清华大学、北京大学、南开大学三校的联合招考，却不承想父亲会拒绝给自己出路费。父亲告诉他，家中经济困难，尚有几个妹妹需要拉扯，供不起一个大学生，希望他能安心帮衬家里。

19 岁的陈予恕有自己的主意。他先是向父亲的朋友借了 4 元 5 角钱，一个人到北京参加了考试，又反复跟父亲解释：解放了，上大学不仅不需要出学费，国家还管学生吃饭，父亲这才勉强答应。于是，1950 年 9 月，陈予恕走进了南开大学校园，成为机械系的一名新生。两年后，全国高等学校院系调整，南开大学机械系调整到天津大学，他从此一直在天津大学学习。

1958 年，他赴苏联公费留学，获得副博士学位后归国，决定将非线性振动作为自己的研究方向。他坦言："对非线性的研究是国家的需要。工程生产应用中的许多问题用线性理论已无法解决，必须从非线性理论中去寻找新的解决方式。"

也许是坎坷的求学路让陈予恕倍加珍惜上学的机会，也许是即将迈入大学校门那一刻的柳暗花明让他倍感幸福，当年的那个山东小伙，在收到国家政策送来的礼物后，耿直地将一切牢记在心，并用实际的努力，给了这份馈赠最好的报偿——他将非线性动力学引入了中国。

1959 年，留校担任助教的陈予恕，经教育部批准，被派往苏联学习疲劳力学。陈予恕数学基础好，喜欢研究理论，但疲劳力学经常要做实验，他不感兴趣，便在苏联科学院机械研究所，开始了旋转机械的振动研究。

当时，陈予恕导师的研究领域是线性振动，研究已进入比较成熟的阶段。见研究室还有两位非线性振动方面的专家，陈予恕便经常去"偷师"，导师发现给他的任务都完成得不错，也没有反对。

四年过去，陈予恕从苏联带回了非线性振动学科，也带回了副博士学位。他的毕业论文发表在当年的《力学学报》上，是我国非线性振动领域的第一篇论文。

"当时中苏关系不好。中苏关系要是好，我在那儿再待一两年，就能拿到苏联的博士学位了。"回忆往事，陈予恕感慨。

因为没有学到苏联在非线性动力学研究上的全部精华，回国后的陈予恕加倍努力。当时的天津大学没有数学系，他就去隔壁的南开大学听数学课；学科里的新文章用了近代数学，他就自己去补近代数学理论。正是这份刻苦与钻研，为陈予恕院士后来的成就奠定了坚实的基础。

"C－L方法"的创始人

陈予恕院士的研究方向为一般力学与力学基础，是我国非线性动力学专家。他首次提出了非线性振动系统周期解分岔理论方法，被国际同行誉为"C－L方法"。该方法揭示了解拓扑结构与系统参数间的联系，对动力学结构的稳定性控制奠定了理论基础。陈予恕重视理论与工程应用相结合，在两个方面都取得了重大成就。他曾作为第一完成人，获国家自然科学二等奖和国家科技进步二等奖各1项，省部级一等奖3项、二等奖5项，发明专利3项，取得显著的经济效益。共发表重要论文150多篇，其中SCI、EI收录108篇次，国内外他引300多次，出版中英文专著5部；培养博士、硕士研究生共100余名，为非线性动力学学科的发展作出了突出贡献。

20世纪70年代后期，他主持了机械工业部和煤炭工业部大型共振筛寿命问题的重大攻关项目。经过近3年的不懈努力研究，他提出新的解决双质量非线性共振筛振动理论分析的处理方法，使得该共振筛同比节能50%、筛分率高20%，并大大提高了设备寿命。这次成功，使非线性振动理论及其应用价值得到了全国同行的肯定。

年过五十，他又开始学习当时非线性动力学的新兴理论"分岔和奇异性理论"，并提出了"C－L方法"，解决了国际非线性振动界长期存在的难题。理论的突破，如同混沌理论中的蝴蝶效应，推动了国内的学科交叉，带来了后面几十年的学科辉煌，也在实践应用上实现了新的更大的突破。1995—2001年，他主持了中国一般力学第一个国家自然科学基金重大项目"大型旋转机械非线性动力学问题"，解决了7省市23台汽轮发电机组的疑难振动故障和一系列关键技术问题，取得了4亿多元直接经济效益和显著的社会效益。

2005年，陈予恕因为卓越的理论研究成果和工程实践当选为中国工程院院士。在旁人看来，已经达到学术顶峰、功成名就的陈予恕可以歇歇了。但事实上，陈予恕在当了院士以后，反而更加努力了，他唯一的想法是"多做些事情""看看谁对国家贡献大"。

下自成蹊的六十载

先生所想均是国家需求，弟子们自然将这种心怀国家的情怀继承了下来。如今，陈予恕培养出来的弟子有100余人，分别活跃在大型机械、高铁动车、航空航天等领域，许多已成长为国家首席科学家、学术带头人。石家庄铁道大学的杨绍普如今已是高铁动车动力学与控制方面的权威专家；1982年曾跟先生学习的马兴瑞，曾担任过中国探月工程、神舟载人飞船等项目负责人，被誉为"航天少帅"；1994年跟随先生读博的张伟，如今是北京工业大学的教授，"国家杰出青年基金"获得者，是机械系统、飞行器非线性动力学方面的专家。

"我现在已经有第四代学生了。他们有时候叫我'师爷'，我说'你的研究生以后再怎么叫我呢'？"说起"徒子徒孙"们的趣事，陈予恕脸上洋溢着作为教师桃李满天下的成就感，"不管你是第几代也好，都叫'老师'就行了。"

在学生们眼中，这个面色红润、时时都挂着笑容的长者，非常和蔼；这个走路带风、步伐铿锵的科学家，非常坚定；这个讲话条理清晰、让人茅塞顿开的师者，非常睿智。

学者陈予恕谦逊而和气，但老师陈予恕耿直而严肃。回想老师对自己的教育和影响，学生们印象最深刻的莫过于他严谨的科学态度、持之以恒的精神和对学生严格的要求。正如陈予恕自己所说："搞学问含糊不得，含糊对国家对个人都没有好处。"

陈予恕院士谈如何培养创新人才

在学生张伟的印象里，每名学生交上去的论文，陈老师总会逐字逐句修改，连标点符号、英文注解中的细微错误，都逃不过老师的"法眼"。因为工作完成不及时，张伟在校时没少挨老师批评，但回想起来，"如果当时不是这么严格要求的话，我可能也达不到目前的学术地位"。

60多年来，陈予恕所指导的研究生全部是自己带，从不委托助手或博士生带。

"我有个学生毕业去应聘。他的简历上写着导师陈予恕，没有别的导师的名字，当时招聘单位都觉得不可思议，'盘问'了他好几遍。"谈到高龄仍亲自指导学生这件事，陈予恕笑着讲了这样一个"段子"。

当选院士后，让陈予恕比科研更用心的是人才培养。作为天津大学和哈尔滨工业大学的双聘院士，80多岁高龄的他，仍然坚守教学科研第一线，亲自指导学生，有时候还在为学生的工作做得不够理想自责，仿佛自己没有尽到责任似的。

2015年刚刚博士毕业的侯磊，从做本科毕业设计开始就跟随陈予恕学习。"大概是2008年前后，他希望从本科生中选一些对他研究的学科真正感兴趣的学生。我那时大三，就跟陈老师进入他的实验室了，毕业时跨专业保送过来，跟随陈老师读硕士和博士。"侯磊说，陈老师坚持一对一地指导学生，每个学生大概一到两周轮到一次单独和他深入交流的机会，学生汇报自己的课题进展，就遇到的问题和老师商量，提出解决方案。在下一次谈话时，老师会追问上一次的问题有没有进展，并且会再给学生一些新的思路。"总之，他会一直盯着我们，而且他自己也时刻在思考，这种鞭策让我们不努力都不行。"

人才的重要特征是创新，作为老师，陈予恕格外注重对学生创新能力的培养。陈予恕有个独特的教育理念——他希望自己的学生去开辟新的天地，而不只是沿着他的"老路"走。

"培养创新型人才，老师必须自身是创新型人才。"关于研究生课程设置，陈予恕已经形成了一套自己的体系。在给学生们讲授基础理论的同时，他会将最新的研究成果融汇到教学里去，不断更新教学内容，以激发学生们的兴趣。

他早年的学生，如今已经是"国家杰出青年"的杨绍普至今还记得上学时的一件事。当时非线性系统的分岔理论是非常前沿的一个研究，陈老师敏锐地觉察到这一点，并把分岔理论引入到了非线性振动学科中。当时陈老师已经快 60 岁了，为了吃透这个在数学领域里都难啃的理论，他带着学生前后用了一年时间踏踏实实去研读和学习，并据此开辟了力学研究的新方向。"当时学的这些，我已经至少用了 30 年了！"在杨绍普看来，老师身上这种踏踏实实为人为学，活到老、学到老，不断创新的精神，对他来说是莫大的激励。

"我们毕业之后，在科研方向上他从来不干涉我们。而且在和我们做学术交流时，他也从来不会摆谱。"张伟教授感慨，这是先生区别于很多人的做法，却是培养学生创新能力的一个重要举措。于是他的学生们毕业后"被迫"去开辟自己新的研究领域，也因此快速成长，这个学科也因此快速繁荣。

为了鼓励更多的优秀青年学子投身到非线性振动与非线性动力学学科研究中来，2011 年 3 月，80 岁高龄的陈予恕院士个人出资 40 万元，学生、同事和同行捐资 40 万元，设立了"陈予恕奖学金"，这是国内动力学与控制学科设立的第一个也是唯一一个学科奖学金。截至 2018 年，共有 46 名优秀研究生和直博本科生获得了"陈予恕奖学金"。该奖学金的设立，极大地鼓舞了青年学子投身学术研究的热情。

在陈予恕的学生中，已经有四位获得"国家杰出青年"，学生的学生中又有两位是"国家优秀青年"。

2016 年 9 月 10 日，第 32 个教师节当天，他站上了央视"寻找最美教师"颁奖典礼的领奖台，荣获"最美教师"称号。

报效国家的大追求

陈予恕有四字箴言："实、足、圆、满"。他是这样解释这四个字的：实，就是踏踏实实去学；足，千里之行始于足下，就是要去实践，要走好自己的路，不管遇到什么样的事情都要坚持走下去；圆，人都不是很完美的，但我们要尽自己最大的努力把每一件事做到圆满，同时也要以平和的心态看待任何人和事；满，其实是不满足，不满足现在的学术知识理念，要创新，要领会国家需要怎样的人才，更有力去为国家作出我们力所能及的事情。

"先生贯穿始终的一个科研风格就是紧盯国家重大需求，理论联系实际。他用科学的理论来解决实际工程应用中的技术难题，这影响了我的一生。包括我在内，他的绝大多数弟子都延续和坚持了他这种风格。"如今已是"国家杰出青年基金"获得者、"973"首席科学家的杨绍普，从1983年开始在天津大学师从陈予恕读研究生。在他看来，无论是陈予恕的学生弟子还是在其身边工作过的年轻人，都潜移默化地受到陈予恕这种风格的影响。

从参加高考，面对百废待兴的祖国工业，他选择了机械专业，到留苏归来，面对国家需要非线性研究，他确定了自己的研究方向；从主持大型共振筛寿命问题重大攻关项目，提高设备寿命，到创立"C－L方法"，解决了国际非线性振动界长期存在的难题。陈予恕教学科研风格的形成，都源自他对党和国家的感恩。无论是个人选择还是科研选择，他首先考虑的都是国家需求，是能为国家解决什么实际问题。

"我现在科研甚至比以前还要用心许多，因为国家的战略需求是我最大的动力。"陈予恕这样说，"六十多年的工作和学习，虽然说起来，我也够努力，但是总感觉到自己取得的进展和成就不够让人满意。如果说做了一点成绩的话，应该归功于国家的培养和同学们的共同努力。我始终是怀着感恩的心情来学习和工作的。现在，适逢学科发展的大好时机，我本人将继续努力，一直到我生命最后一刻。"

2016年3月26—27日，"陈予恕院士从教60周年暨工程非线性振动学术研讨会"现场，师生共聚一堂，无论是50多岁的，还是20来岁的，"学生"们不以年龄大小，不以"职位"高低，而是以入学先后为序落座，像回到课堂一样，再次聆听了恩师陈予恕精心准备的这堂新课。

陈予恕院士在从教 60 周年纪念研讨会上

这次，陈予恕院士带给学生们的课程是关于《中国制造 2025》的。"适逢国家创新发展的大好形势，'十三五'提出了 165 个重大工程项目，这其中科学技术项目大概占一半，这一半中涉及动力学与控制科学的又占了一半多，可见国家对动力学与控制科学的需求量大而迫切……《中国制造 2025》核心是创新驱动，提高国家制造业的创新能力……"就像回到课堂，陈予恕院士全程站立讲完了这堂课，他告诉他的学生们，"创新"对非线性动力学工作者来说，应该包括原始创新，即时刻关注国际上非线性动力学发展的趋势；也包括工程应用创新，而作为教育和科技工作者，"我们的任务"是如何能培养出科技创新能力更强的人才以及探索机械动力学学科的未来发展方向。在这堂"课"上，他还分享了自己在航天发动机方面的最新科研成果。

"陈老师就是这样，他永远都是把自己的工作和国家的重大战略需求结合起来，和实际的工程实践结合起来，他的视角永远都是前瞻性的。早年他研究大型旋转机械的非线性动力学问题，80 岁了又将研究方向转向航空发动机的动力学研究……"他早年的学生杨绍普教授告诉记者，这也是陈老师对学生们影响最大的一个方面。

矢志不渝，桑榆未晚。如今近九十高龄的陈予恕院士，仍然坚持在科研、教学与社会活动的第一线，仍然没有离开三尺讲台，仍然在向人间播撒科学的种子。2015年，他组织参与了航空发动机安全运行基础的"973"项目；2016年，他牵头申请了国家自然科学基金重点项目。白发丛下，一张微笑的面孔泛着红润，大约是特定的生活方式使人显得年轻。很难相信，面前这位年及耄耋的老先生，仍坚持每天践行着对自己的期望：我将努力到生命最后一刻。

（张霞／撰稿）

邓宗全

中国工程院院士

院 士 名 片

　　邓宗全，1956 年出生，宇航空间机构学专家，黑龙江省双鸭山市宝清县人。1984 年毕业于哈尔滨工业大学，获硕士学位。现任中国工程院院士，教育部高等学校机械基础课程教学指导委员会主任委员，宇航空间机构及控制技术国防重点学科实验室主任，哈尔滨工业大学教授。曾任国务院学位委员会机械工程学科评议组成员，哈尔滨工业大学副校长。

　　邓宗全长期从事宇航空间机构与特种机器人的设计理论与技术研究，为我国探月工程、深空探测、大型空间折展机构与型号武器的机构创新及应用作出重大贡献。获国家技术发明二等奖 2 项、国家科技进步三等奖 1 项、省部级一等奖 3 项。著书 2 部，授权发明专利 81 项。提出了月球车移动系统设计理论与方法，确定了"玉兔"号月球车总体结构与设计参数，发明了自适应悬架机构、车体位姿差动均化机构，设计了筛网式驱动轮系统，解决了我国首次落月探测中的月球车越障、防自陷等关键技术难题；首创了平摆联动式转移机构并实现了"玉兔"号月球车在月面的成功转移；提出了大型折展机构组成理论与模块组网设计方法，突破了一维、二维、三维空间折展机构设计技术，研制我国首个60 米大型空间伸展臂、平面与曲面式大型天线折展机构，用于我国高精度对地观测。

科技攀登中的坚守与创新
——记中国工程院院士、哈尔滨工业大学
教授邓宗全

超前战略："国际空展"月球车闪亮登场

2003 年 12 月，中央电视台等许多媒体纷纷报道了哈工大研制登月车（应为月球车）的消息。香港《文汇报》报道称，在日前刚刚结束的"第五届中国国际空间技术及遥感、地理信息系统和全球定位系统展览会"上，由哈尔滨工业大学机电学院院长邓宗全教授主持研制的三台月球车成了最吸引观众眼球的展品。

探索自然、探究宇宙的秘密，一直是人类的梦想与不断的追求。我国古代关于"嫦娥奔月"的传说，更使我们的民族渴望能早一天插上翅膀，飞向月球。而梦想的实现离不开科学研究的超前战略和科研人员艰苦的攻关。邓宗全从 1996 年就开始选定月球车作为一个重要研究方向，这个选择无疑具有"战略眼光"，为中国人抢占了先机。他提出了多轮独立驱动、变悬架月球车移动系统设计理论与方法，为我国月球车移动系统的设计确定了驱动与传动参数。他所建立的"滑转沉陷模型"被美国国家航空航天局开发的仿真软件所采用，用于解决"好奇"号等火星车的驱动规划问题。

从 1999 年开始，邓宗全就开始负责月球车研究，可以说是我国从事该项目研究的拓荒者之一。他一直认为："科研工作者要有远见，要抓住国家急需的东西，这样才能抓住机遇。"2003 年，当邓宗全主持研制的三台月球车在"国际空展"闪亮登场时，已经向世人昭示，当初选定月球车作为一个重要的研究方向无疑具有战略眼光，他抢占了先机。目前，他已作为国家探月工程专家组成员参与这一国家重大科技工程的规划工作。

为适应不同的月面环境，他带领课题组在五年时间里，前后共研制出了四辆月球车原理样机，其中一款"六轮摇臂转向架式"是仿制由美国"阿波罗"飞船带上月球的"索杰娜"型月球车制成的。这款月球车，在平稳性、抗颠覆能力和越障能力方面都有上佳表现。邓宗全在接受媒体采访时说："月球车是整个探月工程中最引人注目的东西，是一个亮点，颇有'明星派头'。"

2012 年，谁会是中国月球探测"嫦娥工程"中最重要的角色在梦幻似的月球上的某个月海登陆？似乎从一开始，哈工大就表现出了志在必得的信心，地方媒体甚至把"哈工大机器人上月球"评为"2003 年哈尔

中国"玉兔"号月球车同构型同参数原型样机

滨人最期待的十件大事”之一。

面对“每家都有绝活”的多家高校和科研单位的中国月球车的竞争，邓宗全说：“我有信心哈工大是（航天部门）优先考虑的对象。”对邓宗全和他的课题组来说，实验室里自由探讨的时期已经过去。眼下要做的，就是尽快把他们最初在实验室里的构想与“嫦娥工程”提出的科学目标完美结合起来，这也是中国月球车竞争者的共识。

2013年12月14日，“玉兔”号月球车成功实现了月面转移，在万籁寂静的夜晚，“玉兔”号开始了它在月球上的巡视探测。中国成为世界上第三个成功实现月面着陆探测的国家，这其中凝结着邓宗全多年来的心血和汗水。

时至今日，他主持“嫦娥五号”工程月面采样分系统总体实施方案，作为探月三期月面采样技术论证组组长，带领团队攻克了月面采样钻进取芯、高功率密度驱动传动、样品转移等核心关键技术。该方案已通过工程样机实验验证，进入初样实施阶段。

创新务实：学科和教学基地建设全国领先

目前，哈工大机电学院在学科和教学基地建设中拿了双料奖牌。由邓宗全等任学科带头人的哈工大机械工程学科，在全国排名中位居第二，跻身国家梯队；“国家工科机械基础课程教学基地”顺利通过评估；学院毕业生一次就业率达90%。

1993年，机电学院作为改革试点单位是哈工大最早成立的学院之一。那几年，他作为原机电学院院长、哈工大原校长王树国的助手，在合并理顺多个部门系、教研室改制建院的过程中，创新务实，受到群众的拥护。后来，院里引进人才力度在加大，教学科研硕果累累，深化管理改革的步子一直没有停下来。

1996 年，经原国家教委批准，哈工大"国家工科机械基础课程教学基地"筹建，1998 年正式开始建设，邓宗全任基地建设领导小组组长。他认为，建设"国家工科机械基础课程教学基地"，首先要有战略规划，从基地的长远发展和目标着眼，并通过一件一件具体的工作去完善规划实现目标。

多年来，教学基地形成了具有自己特色并发挥着显著的示范辐射作用：共承担教研项目 20 项，编写教材 22 部，获教学成果奖 5 项（国家级 1 项），部优秀教材奖 2 项，发表教研论文 62 篇。承担国家级和省、部级科研项目 97 项，获科技进步奖 9 项（国家级 1 项），发表学术论文 509 篇，专著 4 部，专利 40 项，取得了一批标志性成果。

2004 年 5 月，"国家工科机械基础课程教学基地"顺利通过专家组评估，被认为达到了教育部对基地建设的各项标准和要求。

多重角色：管理理念与为东北振兴服务

也许有人会问，科研项目、人才培养、学科建设、管理改革、师资队伍建设、人大履职、党派调研，这么多方方面面的大事，这么多千头万绪的工程，这么多艰巨任务怎么能在有限的时间里完成，而且是出色地完成？

邓宗全认为，当领导除了自己要有大的思路，更重要的是，要及时采纳别人的意见，处在哈工大这样高智商的群体，及时采纳来自实际工作人员的智慧会更加有效。做行政工作协调好人与人之间的关系很重要。协调好高级知识分子之间的关系，关键要发挥他们各自的特长。比如说科研团队组成，如何强强组合，或者强弱结合，人才分流，要让每位学者的个性得到充分发挥。在谈到管理的有效性时，邓宗全认为，在评定职称、评荣誉和利益分配时，要看能力、看水平、看绩效，不搞"关系"，同时，要制定政策和规范，靠政策管，靠制度管，靠群众管。还有一条很重要，当领导的，不能看重个人的名和利，每一天、每一刻都要体现大局的工作目标和思路。

2004年春，当党和国家吹响振兴东北老工业基地号角时，邓宗全马上认识到，振兴东北老工业基地，哈工大特别是哈工大机电学院责无旁贷。多年来，他主动组织哈工大机电学院教授、专家、工程师为东北老工业基地振兴方案进行可行性论证；在黑龙江省领导主持召开的振兴东北老工业基地专题论证会上，他做了专家技术咨询，受到黑龙江省委、省政府和企业的欢迎。

作为民主党派成员，邓宗全有这样的认识：参政议政，参加社会调研首先是向社会学习的过程，社会活动中，各路精英往往能汇聚各路信息，我们可捕捉来自社会方方面面的关系国计民生的十分有价值的信息。在社会活动中，要代表高校，代表知识分子，反映他们的心愿，做好沟通并向社会传播。高校有技术专长，应在国家科技发展中提供参考建议。民主党派参政议政有利于提高执政党执政能力和水平。多年来，他在繁忙的学校教学科研和管理中，每年都要挤出时间深入企业调研，通过提案、议案等形式义务承担人民赋予他的责任和使命。

"作为民进会员，我有更多的机会参加组织活动，参与党派工作，有更多的机会向优秀人士学习，这对于个人全面提升政治素质和人文素质是难得的锻炼机会。"在繁忙的科教和学校管理之外，邓宗全总会抽出时间和哈工大支部的会员们一起聚一聚，谈自己的科研体会，请大家看看他带领的科研团队所取得的成果，并亲自充当讲解员。就是靠这种人格的影响力，他已被大家习惯地称为"我们身边的榜样"。作为领军人物，他率领的哈工大支部在成立不长的时间里，先后获得了"民进全国宣传思想工作先进集体"和"民进全国优秀基层组织"等多项荣誉称号。他多次为振兴东北提出的建议均得到黑龙江省委、省政府的重视。

（贾程秀男／撰稿）

杜善义

中国工程院院士

院 士 名 片

　　杜善义，1938年8月20日生，男，汉族，辽宁省大连人，力学和复合材料学家。中共党员。1964年毕业于中国科学技术大学近代力学系，后又在美国乔治·华盛顿大学做访问学者。曾任哈尔滨工业大学航天学院院长、副校长，第十、第十一届全国人大代表，国际复合材料委员会执委，中国航天科技集团高级技术顾问，原总装备部、国防科工局科技委委员，国家自然基金委重大研究计划指导专家组组长，中国复合材料学会理事长，中国力学学会副理事长等职。现任哈尔滨工业大学教授，中国科学技术大学工程科学院院长，中国商用飞机有限责任公司专家咨询组成员，中国复合材料学会荣誉理事长。

　　长期从事飞行器结构力学和复合材料的教学及科研工作。20世纪80年代初明确提出力学与材料结合，将细观力学应用到复合材料的分析和应用中，建立了材料/结构一体化、设计/分析/评价一体化、模拟/表征/优化理论。21世纪初构建了"轻、热、功、智"的先进复合材料与结构需求与发展模式，解决了国家安全和国民经济中装备结构轻量化、抗极端化、多功能化和智能化中的多项关键科学与技术问题，在推动先进复合材料应用和临近空间飞行器基础问题研究中作出了贡献。所创研究团队获国家自然基金委创新研究群体、国家"111计划"引智团队支持，全国创新争先奖牌、全国专业技术人才先进集体、国防科技创新团队、工人先锋号等表彰。个人获国家科技进步二等奖和三等奖各1项、国家技术发明二等奖和国家自然科学二等奖各2项，国家教学成果二等奖，第二届"钱学森力学奖"，何梁何利基金科学与技术进步奖，全国优秀和模范教师称号，并获国际复合材料委员会WORLD FELLOW荣誉称号，是首位获得该荣誉的中国科学家。发表论文200余篇，撰写《复合材料细观力学》《智能材料系统和结构》等著作10部，已培养博士生近百名。

1999年当选为中国工程院院士。

善创良材义天下

——记中国工程院院士杜善义

　　他践行钱老"严格、严肃、严谨"的"三严"作风，在科研道路上不断砥砺前行；他是中国复合材料科学的奠基人之一，科研成果广泛应用于中国国民经济各领域，效益显著；他的研究涉及力学、复合材料、航空和航天等领域，"集众之长于一身"，众多璀璨的轨迹，共同勾勒出一个用无声岁月执着攀登科技高峰的探索者形象——他就是中国工程院院士杜善义。

寒门学子志求索

　　寒风凛冽，但更令人凛冽的是亡国奴的滋味；雪花飞舞，和雪花一样多的是课堂上喋喋不休的日语。这就是杜善义关于童年的记忆。血腥的膏药旗为华夏大地带来灾难，自幼在侵略者铁蹄下忍辱的岁月让杜善义早早明白了一个道理：我们国家需要强大起来。

　　1938 年，在大连瓦房店的一个穷困农民家庭，杜善义出生了。当时日本侵略者正在东北肆虐，尤其在被日本人称为"关东州"的大连，强权压迫更为明显。杜善义依稀记得每个村子的村长都是日本人，赤裸裸地对中国农民进行压迫和剥削，学校里也强迫中国孩子学日语，推行奴化教育。杜善义当时还不能完全理解这些，只知道乡里乡亲的日子都不好过。但有句话他至今还记忆犹新，那是 1945 年他 7 岁的时候，日本投降了，母亲说的一句话："现在有咱们自己的国家了！"普普通通的一个词——国家，让他的家国情怀在心里播了种、扎了根，并逐渐发芽，影响着他今后的人生道路。

奴化教育没有了，杜善义抓住一切机会，如饥似渴地在知识的海洋里纵浪驰骋。当时家境实在贫寒，很难支撑他的学业，但明理的父母深知只有知识才能摆脱贫穷和落后，咬牙坚持让他读书识字。杜善义也深知学习机会的宝贵，不敢放纵哪怕一点时间。

杜善义从小学到高中的成绩都名列前茅。临近高中毕业，他不得不面对人生第一次选择——作为家中老大，是放弃学业、回家撑起贫困的家庭？还是克服经济上的窘境，继续学业？他是多么想继续读书啊，但又实在不忍再让父母为难，便有了辍学的念头。在这关键时刻，还是深明大义的母亲替他下了决断："就算我讨饭吃，也要供你上大学！"这使杜善义下定决心，继续学习，为家国作出贡献。

杜善义起初希望被选拔留苏，但彼时两国关系已然恶化，设想只能搁浅。1958 年，中国创办一批大学，中国科学技术大学是其中一所，其宗旨是为"两弹一星"等国家重大工程培养人才。当时的中科大集结了相当数量的全国顶尖学者和科学家，这其中就有他十分敬仰的钱学森——中学时代看过的众多钱学森事迹介绍文章此时都在他眼前闪现，钱学森在力学和航空航天领域取得的巨大成就及人格魅力、爱国情怀，成为他追求的航标。

科大求学锻"三严"

艰难困苦，玉汝于成。1959 年，正值"大跃进"时期，学生要一边劳动一边学习。当时高考前只有 19 天的集中准备时间，由于杜善义早有准备，一直坚持白天劳动、晚上自学，这使他在预考中成绩优异，有报考国内著名大学的条件。他毅然决然地报考了中国科学技术大学，而且选择了钱学森为系主任的力学系，最终以优异成绩如愿考上中国科学技术大学近代力学系，心情自然无比激动。要知道，除了近代力学系的系主任是钱学森，当时的中科大还云集钱三强、华罗庚等一个个中国科技界金光闪耀的大家。能亲耳聆听各领域最杰出科学家的教诲，杜善义感到无比幸运。但自小经历磨难的杜善义更深深懂得，上大学只是迈出了万里长征的第一步。从此中科大多了个勤奋的身影，每天都浸泡在自习室、图书馆内；他发奋学习，大学五年只回过一次家，校长郭沫若和系主任对学校都有捐赠，国家当时尽管困难，也设立助学金，杜善义就是受益者之一，他有决心绝不辜负国家对大学生的期盼。

钱学森对这些年轻学子们也是关爱有加，他不仅向学生传授知识，而且更耳提面命传授治学态度和方法。杜善义至今还清晰地记得，钱先生曾语重心长地对他说："对待科学必须严格、严肃、严谨，同时还要坚持辩证唯物主义的科学方法。""三严"教诲让杜善义一生都铭记于心，并且在漫长的科研道路上，将这"三严"演绎得淋漓尽致、尽善尽美。回忆起钱学森先生，杜善义至今仍激动不已："钱先生几乎是近代最有贡献的科学家。""钱先生那时候讲的理论，现在来看，正是我们现在要做的东西。在科学上他是个很伟大的人，看得深远。"在钱先生的指引下，杜善义自感大学期间最大的收获就是"学会了科学的方法、科学的作风、科学的道德、科学的精神"，这为他今后在科研事业上的发展打下了坚实的基础。

上大学的第二年，杜善义赶上了三年自然灾害。饥饿的滋味实在难捱，但自逆境中成长起来的杜善义凭借坚强的性格，依旧专心致志于学业。大学五年使他深刻领略到大师们的言传身教，更是锻造出了他从事科研的信念和献身科学的决心——"通过大学学习，我逐渐发现，科学是无止境的，攀登科学的高峰需要不断创新，我觉得自己应该为此奉献一生。"

这就是杜善义踏出大学校门时的最真感言。

异域深造苦钻研

1964 年，杜善义大学毕业出得校门，却又再次进了校门——到哈尔滨工业大学任教，从此和哈工大结下一生的难解之缘。正是在哈工大这块土壤上，他的事业开始起航并逐渐铸成辉煌。身为大学教师的杜善义，依旧保持着上大学时养成的习惯，抓紧一切时间在知识的海洋里遨游，不断汲取各种有用的精神营养，真是有种如鱼在渊的感觉。

但好景不长，很快"文革"到来了。在那个动荡的年代，再搞科研几乎等于"犯罪"，于是身边不少同事都停止研究和学习，有的干脆把专业书籍全卖了，以示和知识"彻底划清界限"。杜善义也曾认真考虑过是否随波逐流，但想得更多的还是不能辜负恩师的期望和自己的初心。他坚信："这种情况应该只是暂时的。每天不干任何事情、不创造任何价值是绝对不行的。"在那段岁月里，他成了"地下工作者"，暗自"充电"——除了潜心研究本专业知识以外，他还关注到了力学的一个新分支——断裂力学，并如饥似渴地收集与之相关的一切信息。此外，他还特意自学了英语，以弥补原本只会俄语的短板。虚度光阴可从来不是杜善义的性格。

"文革"结束后，中国知识分子的黄金时代来临了。1980 年，国家组织第一批学者出国访问，由于杜善义坚持学习，并在断裂力学理论与应用等方面做出一定成绩，在业务选拔中脱颖而出，并以优异成绩通过了出国外语考试。这真应了一句话："机会总是留给有准备的人。"

1980 年 7 月，带着国家的重托，杜善义远赴美国，成为乔治·华盛顿大学的一名访问学者，开始了自己的异国求学路。

初到异域，杜善义尚未松口气，就感觉到了周围异样的目光：当时中国刚经历"文革",西方国家普遍对中国学者的能力产生怀疑,"中国人不行"的言论一时间似乎成了主流论调。感受到这种被戴着有色眼镜看待的杜善义,心里当然咽不下这口气:"中国人应该有志气!"为此,杜善义把本就紧紧的时弦又加了一圈,异域的风景名胜和富足繁华没有一点儿吸引力,反而时刻提醒自己:"一定要在美国学到最先进的东西以报效祖国。"

很快,杜善义证明"中国人行"的机会就来了。在乔治·华盛顿大学,他的导师叫李波维兹,是国际断裂力学的权威。导师给杜善义的业务资料正常得一个月才能看完,但由于他在国内期间就曾研究过断裂力学,于是一个星期就"交卷"了,还提出了几个很有见地的专业性问题。这让导师李波维兹大吃一惊,一个劲说"这些问题提得很好"。为了更进一步考验杜善义的"中国功夫",正好当时李波维兹的一名印度博士生在做美国军方某研究所的一个偏基础性课题,开展了14个月,却遇到了瓶颈"卡住了",于是李波维兹把这个难题交给了杜善义。临危受命的杜善义加班加点,每天都要干到半夜12点,短短一个月就将难题攻克,还写了篇论文。消息一传开,大家对杜善义刮目相看。这一课题成果当时还需要向美国军方某研究所进行汇报,杜善义为做到尽善尽美,特意买来录音机苦练英语口语。做汇报那天,杜善义一口流利的英语让所有人都直说"OK"。导师李波维兹在总结发言时,对杜善义给予了高度肯定,而且由于钱学森在美国科学界具有相当高的名望,还特意介绍说"钱先生是他的系主任"。在场的人听到这儿又交口称赞,让杜善义感到十分欣慰。汇报后第二天,导师李波维兹特意请杜善义和课题组其他成员到华盛顿最好的中国饭店——一家湘菜馆吃饭,工学院任教的所有华人教授都参加了。如此前所未有的礼遇,让杜善义感到了属于中国人的自豪和骄傲。

打响了第一炮的杜善义,更加不敢懈怠,因为他时刻记着自己是中国人,代表着祖国的形象。他发现李波维兹等教授正进行先进复合材料方面的研究，并在航空航天领域取得了一定成就，而这一研究在中国几乎是空白。杜善义觉得中国也不能落后，他了解到先进复合材料的优越性对国防与航空航天太有价值了，而解决其力学问题是关键。他主动提出选修有关课程，边学边研究。于是在接下来的时间里，他每天都要学习工作十几个小时以上，开始有意识地将研究方向转向复合材料。

两年艰苦的学习和工作生活很快就过去了，正当杜善义准备回国时，导师李波维兹找上门来，提出希望他能继续留在美国做研究工作。但杜善义毅然决然拒绝了诱惑，因为他早已无数次地想过："在美国做得再好，也都是人家的。国家在最困难的时候把我派出去，我就要为国出力。回国后我要组建自己的团队，培养中国自己的力学和复合材料人才！"

勇攀高峰勤为径

说起复合材料，也许很多人知之甚少，但如果说到交通领域的飞机、汽车、高铁等，体育休闲领域的钓鱼竿、球拍、撑杆等，能源领域的风机叶片、碳芯电缆、输油输气管道等，民生领域的家电、卫浴等，乃至国防领域的火箭、导弹、装甲车等，相信每一个人都不会陌生了。实际上，不夸张地讲，任何领域都很难离开复合材料的身影。复合材料，顾名思义，就是将两种或两种以上不同的组分材料复合而成的新材料，从而具有众家之长。在科技时代飞速发展的今天，离不开复合材料，复合材料是高端装备特别是国防装备的重要基础和关键材料。然而，当1982年9月，杜善义回到阔别两年的祖国时，中国的复合材料作为一个学科和应用领域才刚刚开始，关注和涉猎这一领域的人很少。

为此，杜善义揪心不已。因为他深知：如果中国在复合材料这一步落后，就会"一步慢、步步慢"；尤其中国正在向航空航天事业进军，国防现代化建设也迫在眉睫，都面临着所需材料急需攻关的问题，中国复合材料研究已然势在必行。就是在这样的形势下，杜善义开始了复合材料研究的开拓之路。

"万事开头难"，当时学校支持5000元经费，他没有气馁，以此为契机，带领学生组织队伍。

那段日子里，杜善义真切地体会着什么叫举步维艰，也数不清度过了多少个不眠之夜，各种曲折和挫折更是数不胜数。但杜善义却一点也没想过放弃。时光飞逝，岁月就在杜善义的坚持中流过，终于，他的复合材料研究获得了突破性成果——解决了先进复合材料的多项理论和应用技术的关键难题；发展了航天器典型复合材料与结构的性能表征与评价等方面的理论体系和研究方法；与合作者共同解决了碳基复合材料超高温性能测试和预报的关键技术，提供了超高温力学性能数据；研制了适合固体火箭发动机等典型结构损伤和失效的分析软件，并利用低压信息预报爆破压力；强调用"材料、设计、分析、评价"一体化的思想解决复合材料结构的安全评价问题，建立了复合材料性能衰退的概率统计模型；解决了某国产武器的超强钢薄壁壳体的低应力脆断问题；将细观力学理论应用到复合材料领域，发展了随机夹杂理论，并对复合材料及结构进行了多尺度力学分析；率先研制了基于智能材料与结构技术的结构健康监测、振动主动监控和主动变形控制系统以及复合材料工艺过程的监控系统……一个个成果的取得让杜善义和他的复合材料研究获得了学术界的高度认可。如今的日常生活中，到处都有复合材料的身影。

伴随着复合材料研究与应用的大发展，杜善义顺势而为，在1989年与顾震隆教授一起创建了哈工大复合材料与结构研究所，杜善义任所长。在杜善义的带领下，研究所捷报频传——承担了"国家自然科学基金"、"国防预研"、国家"863计划"及有关工程应用等项目，先后拿到三个"国家安全重大基础研究"项目……杜善义本人也获得多项科技奖励和荣誉。1999年，杜善义当选为中国工程院院士。他和他的复合材料，已举世瞩目！

敢为人先探"两航"

曾几何时，中国的乘客即使在国内也要坐"波音""空客"等外国制造的飞机，什么时候才能有国产大飞机的呼声不绝于耳；难以忘记，当世界各国在太空领域不断展开竞赛时，中国人却只能无奈地做个旁观者……中国航空、航天领域亟待起飞！心系祖国的杜善义将自己的复合材料研究和应用找到了最好的载体，为中国"两航"事业屡立新功！

在杜善义的办公桌上，摆放着一个模型，是一个中国宇航员穿着全套宇航服的英姿。杜善义对这个模型爱不释手，每当有造访者到来，他总是主动引人观赏，满脸的笑意隐藏不住他的自豪。杜善义完全有资格自豪，因为中国航天事业中也凝聚着他的心血和付出。

早在多年前，杜善义就关注祖国航天事业的发展。作为一个热爱航天事业科技和教育工作者，他深知发展航天第一重要的是人才，为航天培养人才、输出人才十分重要。正是基于这种明智的考虑，杜善义积极建议和

杜善义和他心爱的中国宇航员模型

支持学校建立航天学院，并建议与航天有关的系、专业联合起来。1987年，哈工大成立了全国第一个航天学院，他出任首任院长，从而奠定了哈工大鲜明的航天特色。

航天学院到底应该怎么搞？国内无从借鉴，杜善义只能白手起家——学院刚成立，就面临师资问题，杜善义劳苦奔波，一位一位去拜访孙家栋、王永志、闵桂荣等国内航天领域享有盛誉的专家学者，邀请他们做兼职教授；建院初期就制定了发展规划，提出了航天学院学生的培养规格和目标，加大对学生的指导力度，让他们今后能踊跃投身航天领域……航天学院在杜善义等的心血浇灌下，逐渐成长着，并在航天科技领域发出越来越嘹亮的声音。

如今，哈工大航天学院已经扛起了中国航天事业发展的科技大旗，先后参与了"试验卫星一号""试验卫星三号""载人航天工程""空间激光通信"等一批重大工程项目，还为航天输送了大量人才，为中国航天作出重要贡献。杜善义对此评价道："哈工大航天学院的发展历程，见证了中国航天事业的蓬勃发展，为中国航天事业提供了重要技术支撑，培养了一批航天精英。"这个评价极为客观且公正。

杜善义对我国的航空事业也非常关心。他作为中国商飞专家咨询组成员，负责材料与结构审评及把关工作，先后做了数场报告，提出飞机结构复合材料化的见解，并提出有效的实施方案，对我国大飞机成功飞行起到了一定作用。

栽下桃李满庭芳

杜善义身上还有个"光环"——全国模范教师。他对这个荣誉很是看重，作为老师，"教书育人"与"立德树人"是他认为最重要的事。

从哈工大普通教师到航天学院院长再到副校长，杜善义真的很难数清自己带过多少学生了，仅博士生就接近一百人。不要以为这个数字很多，实际上杜善义挑学生"严"的名声响彻哈工大，而且他挑人的眼光也比较特殊："我招的一些研究生，特别是博士生，可以来自力学学科和材料学科学生，甚至有来自与力学和材料有关的其他学科学生。这些学生从不同的专业来，具有不同的基础，在我这里，他们可以进一步相互交流和学科交叉，这样能够解决一些在力学与复合材料研究和应用中非常棘手的问题。我的学生和我研究的复合材料一样，也有一定的复合性。"真不愧是搞复合材料的，杜善义在培养学生方面也彰显着"复合"特色。

有了学生，杜善义难免会回想起当年自己在大学时，那些学术大师们是如何教导自己的。他深切地认为："'三严'学风，无论何时都不会过时。"因此他将"严格、严肃、严谨"的学风当作传家宝，对学生们耳提面命、言传身教。学生们为他的这种认真所折服，都发自内心地称呼他为"杜先生"。简简单单的"先生"两个字，折射出的是一种大家作风、大匠精神和大师风范。

曾有个学生基础好，十分聪明，但一段时间对文体花的时间太多，杜善义担心他不能按期毕业，及时与其交流谈心，并指出必须把主要精力花在论文上，有针对性地提醒和督促了这位学生。后来这位学生潜心学业，博士论文水平很高，成了某知名大学的知名教授，一提起这件事，还是对杜善义充满感激："多亏了杜先生的当头棒喝。"对待学生严，对待自己，杜善义更严。有一次他肩周炎发作，整个肩膀都动弹不得，不得不住院治疗。但在医院的病床上，他生怕耽误学生学业，于是强忍病痛为学生批改论文，疼得汗水直滴仍笔耕不辍。

对待学生严厉而出名的杜善义，在培养学生攻读方向上却又"宽松"得很。他根据每名学生的具体特点，制定不同的学习方案，来个因材施教，鼓励他们自由思考、独立科研。每当在他的悉心指导和鼎力支持下，学生出点成绩了，他又从不计较名利，总是把荣誉推出去。学生们对此都很感动，在一起时常这样评价杜善义："杜先生的言传身教，让我们获益良多。"这种获益，不仅是学业上的，更是人品上的。所有熟悉杜善义的人都有这样的共识："杜先生凡事不争不抢。""在荣誉和利益面前，杜先生选择的是后退。他甘愿做学生们的'人梯'。""杜先生"的称谓里，包含的不仅有尊敬，更有学生们对他由衷的爱戴。

如今杜善义的学生可谓遍布全国各地，且都大有作为。他的学生、哈工大副校长、中国科学院院士韩杰才的话很有代表性："杜先生提携年轻人是出了名的。作为团队灵魂，杜先生一直努力为年轻人创造舞台。在学术上帮助成长，在做人做事上堪称表率。"诚哉斯言。因为这是杜善义从教以来最大的理想："让自己的学生超过自己。只有这样，时代、社会才能进步，国家才有希望！"

老骥伏枥志不已

不知不觉间，杜善义年已耄耋。但他仍然活跃着——各大高校的讲坛

杜善义（右）与国外学者交流

上以及一些有影响的学术会议上，他不知疲倦地向学子们及同行们做各种学术报告；实验室里，他仍目光如炬地指导实验，和学生们讨论课题进展；全国"两会"上，作为全国人大代表的他，大声疾呼要警惕高等教育"政绩工程"；公益活动上，他神采奕奕地为全民科普贡献一己之力……80岁的他，人生永远保持着奔跑的姿态。

如今的杜善义，嘴边最常说的话是"我要挤一点时间"。是的，年已80岁的他，却总感觉时间不够用。他喜欢接触青年学生，总爱走进他们中间，去听他们的心声；为此，只要有机会，他就会到全国各高校去做学术报告，勉励青年学生勇于攀登科技高峰，为国家作出应有的贡献。他也热衷让科技走向群众，做客中央电视台《大师讲科普》节目，为公众讲解科技 ABC。他还坚持要让自己发光发热，为腾飞的中国贡献出一个科技工作者的全部。他，真的很忙。

当然，杜善义也是有业余生活的，不过他的业余爱好比较特别：他特别喜欢看竞技性较强的体育项目，因为觉得这样的项目"不掺假""实打实"。另外他还喜欢散步，一是为了能清醒头脑，利于再度投入紧张工作，二是为了保养好身体，"可以给其他人少添些麻烦"——他的这句话简直让人无法再说些什么，只有深深的钦佩和感动。

桑榆虽晚，却仍红霞满天。回顾自己的人生道路，杜善义很"低调"："其实我一生无非做了三件事，一是做了一点学问，攻破了一些技术难题；二是培养了一些人才；三是成为全国第一个航天学院的首任院长，为国家航天事业做出了努力。"谦虚的他觉得"这是我一生中三件比较大的事"，别的事情他依然是"不计名与利"，并没有多少在意。当问及 80 岁的他今后有什么规划时，他的回答则是脱口而出的一句话："为党为国多做一点事情。"看似很简单，但，无比真诚！

（杨星野／撰稿）

韩杰才

中国科学院院士

院 士 名 片

　　韩杰才，1966年3月出生于四川省巴中市，籍贯四川巴中。复合材料和光学材料专家，哈尔滨工业大学教授、副校长。1985年毕业于哈尔滨科学技术大学，1988年和1992年于哈尔滨工业大学分别获硕士和博士学位。2015年当选为中国科学院技术科学部院士。

　　韩杰才院士长期从事超高温复合材料、红外光学晶体与薄膜材料的研究。揭示了材料超高温烧蚀机理和规律，发展了细观热烧蚀理论，提出了多元氧化物和固溶体抑制氧化烧蚀的机制，实现了材料氧化抑制与高温强韧化的协同，并应用于高超声速飞行器防热系统；发明了大尺寸蓝宝石晶体专用生长方法及生长装备、四面体非晶碳复合增透保护膜及制备工艺，用于多个工程型号的红外窗口，并实现了产业化。曾获国家自然科学奖二等奖、国家技术发明奖二等奖等。

复合材料王国书写精彩人生

——记中国科学院院士、哈尔滨工业大学 副校长韩杰才

"天刚破晓／我就驱车起行／穿遍广漠的世界／在许多星球之上，留下辙痕／离你最近的地方／路途最远／最简单的音调／需要最艰苦的练习……"这是泰戈尔的诗歌《旅行》中的句子。用这几句诗来形容在科研探索道路上的人，似乎其意境更为贴切。

中国科学院院士、国家"万人计划"科技创新领军人才入选者、哈工大副校长韩杰才教授，就是这样一位典型的勤奋刻苦而忙碌的学者。

勤奋是从小养成的习惯

见到韩杰才的第一眼，是在傍晚一个会议结束后，韩杰才急匆匆地回办公室，而此时走廊里，包括记者在内已经排队等了好几拨人。轮到记者采访时，是一个小时之后，前面已经走了四拨人。

谈及每天都处在紧张的忙碌中，韩杰才笑着说，这是从小养成的习惯改不了了。

1966年3月7日，韩杰才出生在四川省巴中市恩阳区一个普通的农民家庭。上小学，离家几里路，每天都自己背着书包上下学；上初中，离

家十几里路，每天必须早起，否则上学会迟到；上高中，离家三十几里路，韩杰才知道自己必须付出比别人更多的时间和汗水才能把学习成绩赶上去。上大学，韩杰才一下子到了离家3000公里以外的哈尔滨。1981年，以科学之名，15岁的韩杰才考上了曾是中国科学院直属的高等学校——哈尔滨科学技术大学，就读机械工程系材料学专业。

回忆起当年的求学生涯，韩杰才笑着说："我中学没有图书馆，上大学后图书馆成了我最爱去的地方，不仅仅看上课用的教材，科技人文类的书籍也都会看；不只是做老师留的作业，我还把《吉米多维奇数学分析习题集》从第一题做到了最后一题。"（《吉米多维奇数学分析习题集》是苏联数学家吉米多维奇写的一套数学习题集，一共4622题。）

1985年，韩杰才大学毕业。这一年，国家开始实行免试推荐研究生。虽然全校仅有几个名额，但韩杰才凭借总平均成绩91.6分的最高分毫无争议地得到了来哈工大继续深造的机会，师从著名的金属材料专家吴忍畊教授。他深知自己将会面临更大的挑战，所以研究生期间愈发勤奋努力。

几乎成了长在实验室里的人

"20世纪80年代，陶瓷材料以其耐热、耐蚀、耐磨和比重小等优点成为材料学科国际学术热点。吴忍畊这时刚刚开始陶瓷结构材料的研究，试图突破陶瓷的脆性，以用于将来替代发动机金属材料。新知识领域对于导师和学生来说都是陌生的。"韩杰才说，吴忍畊教授让他先做文献调研。很快，勤奋的韩杰才凭借超强的逻辑归纳能力和简明扼要的文笔，交上一份内容丰富全面的陶瓷材料文献综述。"面对这样有才智的学生，我感到教学相长，事实上是学生在引领我走入新领域。"吴忍畊对此十分惊喜，觉得自己的学生真是一位值得用心培养的"杰才"。

为了更加深入地研究这个全新的领域，韩杰才几乎长在了实验室。陶瓷材料制备工艺问题在哈尔滨无法解决，他不得不坐一宿火车去牡丹江做实验，第二天在工厂热压合成完材料再返回学校研究整理，晚上又去牡丹江……一直折腾了两周。就这样，靠着坚强的意志力和百折不挠的精神，研究生期间他不仅实验做得出色，还在国内外著名的期刊上发表了四篇文章。1988 年 7 月，韩杰才毕业留校。半年后，一个偶然的机会，吴忍畊教授得知顾震隆教授、杜善义教授那边要做力学和材料交叉学科，想要一位材料方面的研究生，于是就推荐韩杰才去在职读博。

早在 20 世纪 50 年代，哈工大就已经开始了复合材料的研究工作，到 80 年代中期，以顾震隆教授、杜善义教授等为代表的海外归国人员创立了复合材料研究室，开始了先进复合材料的研究工作，1989 年成立了复合材料研究所。1989 年 3 月到 1992 年 10 月，读博期间，韩杰才依然夜以继日地忘我钻研，实现了材料学科与力学学科大跨度的结合，并在跨学科结合点上做出许多创造性的工作。

薪火相传悉心培育每个弟子

"学生的成长离不开导师的引领、指导和训练。好的导师并非工匠教徒弟那样手把手教着干，而是因材施教激发学生的潜力。吴老师、顾老师、杜老师就是这样的好导师，他们会放手让你去做、去思考，观察你，帮助你，而不是替你做决定。"韩杰才说，导师的引领让自己可以自由去寻找感兴趣的方向和事业，并培养了批判性思维。

的确，无论是读研究生期间，还是工作之后，导师们总是鼓励韩杰才充分发挥潜能和主动性，自主寻找切入点，设计实验方案，放手让他迈向崭新的学术空间。即使韩杰才将做出的成果拿给导师看时，他们也不会直接帮他改好，而是提出建设性意见，引导他认真求实、辩证思维、精益求精，这种护航把关式的训练让韩杰才得以迅速成长起来。薪火相传，韩杰才指导学生也是根据每个人的特点和兴趣因材施教，并将导师们对自己的心传口授教给了弟子。如今，他培养的博士研究生、硕士研究生已经桃李满天下。

说到团队，韩杰才所在的复合材料与结构研究所很早就闻名遐迩，这是一支梯队层次合理、知识结构搭配得当、理论研究和工程项目结合特色鲜明、标志性科研成果显著、可持续发展后劲足的教学科研创新团队。飞行器结构力学和复合材料专家、中国工程院院士杜善义以其远见卓识、人格魅力培养和凝聚了一批优秀人才。创建之初，研究所就确立了以人为本的团队建设理念，非常重视青年学者和研究生的培养。很多人在研究生期间或刚刚参加工作就能够取得显著成果，甚至获得国家级奖励。韩杰才就是在那个时期逐渐成长发展起来的。

"我的生活虽然很紧张，但也很充实"

怀着深切的爱国之情和报国之志，韩杰才积极参与和组织我国高超声速飞行器防热材料的战略研究，推动了我国飞行器防热材料的发展。2000℃以上的超高温防热是发展高超声速飞行器最具挑战的技术之一。为此，韩杰才团队建立了超高温热环境等效模拟和在线分析装置，揭示了超高温复合材料非平衡氧化烧蚀机理，发展了细观烧蚀理论、提出了氧化抑制机制与方法，2000℃、2000秒使用的超高温非烧蚀防热复合材料填补了国内空白。该技术因此获2014年国家自然科学二等奖。

科学研究工作是一项充满着智慧、艰辛和挫折的工作，往往会遇到常人难以想象的曲折，经历一次、两次、三次失败，你可能还不在乎，十次、二十次你还能忍受，几十次、上百次失败，你可能就会被失败永远击倒。为了自己所钟爱的事业，为了肩头沉甸甸的责任，韩杰才经历了一次次的挫折，攻破了一个个难关。能力越大，责任越大。除了日常的科研工作，韩杰才还担任了学校主管科研的副校长，他还是国家杰出青年科学基金获得者、"高超声速飞行器防热复合材料的热力耦合问题"国家自然科学基金创新研究群体带头人、国家某重大专项材料专家组副组长、中国力学学会副理事长。

"掌握核心技术，才能不受制于人"

韩杰才团队目前主要是研究高端复合材料，满足国家重大战略需求。谈及现在的研究，韩杰才院士说："比如航空航天领域要求防热复合材料轻量化，那么就需要研制性能更加优越的材料。我们研制的应用于航空航天领域的 2000℃以上超高温防热材料，在国际上也处于领先水平，受到学界认可。"多年从事材料领域的研究，让韩杰才有一个很深的感受，就是要努力掌握核心技术，才能不受制于人。"材料学科是个基础学科，一些高端设备、装备的发展，都要依靠高性能的材料，如果材料跟不上，那么就很难达到相应的水平。"韩杰才说，"所以我们必须要独立自主掌握核心技术，才能不受制于人。"

21 世纪初，韩杰才团队突破了大尺寸蓝宝石工业化生产的技术，使我国成为世界上第三个掌握这项技术的国家。而在他们没做出来之前，主要通过进口满足需求，价格十分昂贵，当时一个 2 英寸大小、1 毫米厚规格的蓝宝石片子，进口就要好几十美元。"经过十几年的不断努力，从生产工艺到装备，我们提供了整套方案，目前已经能做到了上百公斤规格。"韩杰才说，掌握一些关键技术，不仅对整个产业本身有很大的推动，对于国家的发展也有很大的影响，"一种产品、一项技术，一旦你掌握了，国外对你的封锁就失效了，咱们的国防工业用自己研发的材料，安全性和成本上都有保障。"

"向科技强国进军，科学家要有更大作为"

"习近平总书记在全国科技创新大会上强调要把科技创新摆在更加重要位置。这对我们科技工作者来说是一个巨大的鼓舞！"韩杰才说，我们生活在一个伟大的时代，党和国家给科技工作者提供了一个广阔的舞台，科技工作者理应发挥更大的作用。

韩杰才认为，要向世界科技强国迈进，就要更加注重科研团队的建设和后备人才的培养，"科学技术发展到今天，单靠一个人很难做出重大成果，一定要依靠团队的力量，发挥大家的智慧"。

"我现在主要的工作就是给科研团队定方向、做幕后的指导者、搭阶梯。在我读书的时候，我的导师吴忍畊教授、杜善义院士也是这样培养我的。"韩杰才说，到新中国成立100年时使我国成为世界科技强国，正好伴随着现在这批青年才俊成长、进步，成为科技栋梁，正是他们发挥作用的时候，他们是生力军、主力军。

谈及未来的科研计划和主攻方向，韩杰才说，他的科研团队未来主要目标是面向国家重大需求解决某些关键材料的自主可控问题，另外就是要瞄准新兴材料的发展问题，比如探月探火工程对高性能轻质防热材料的需求。

"我们也在努力攻克被称为终极半导体材料的大尺寸金刚石单晶工业化生产难题，希望能做出世界先进的研究成果。"在韩杰才看来，始终面向国家重大需求，面向世界科技前沿，一直是团队努力和坚守的方向。

一寸光阴一寸金，寸金难买寸光阴。在生活中，韩杰才永远是一个同自己赛跑、同时间赛跑的人，一如启动了的导弹，在高温、高速的状态下精准、执着地向着设定的目标冲刺。当然，与此同时，他也获得了追逐梦想的快乐，正如他自己所言："没有'特别能吃苦、特别能战斗、特别能攻关、特别能奉献'的精神是做不了航天人的。我的生活虽然很紧张，但也很充实；虽然很简单，但也省去了许多麻烦。身为共产党员，为实现中华民族伟大复兴的中国梦而奋斗，就能获得无穷的乐趣。"

（贾程秀男／撰稿）

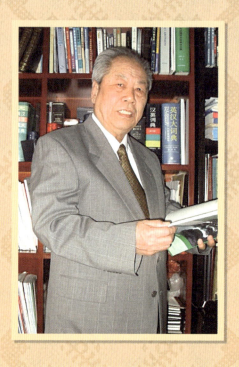

黄文虎

中国工程院院士

院 士 名 片

　　黄文虎，1926 年生于上海，浙江永康人。1949 年毕业于浙江大学，1953 年于哈尔滨工业大学研究生班结业。哈尔滨工业大学教授、博士生导师，教育家、力学家，我国振动工程研究的倡导者和开拓者之一。曾任哈尔滨工业大学副校长、校长，国家自然科学基金委员会委员，国务院学位委员会学科评议组成员，中国振动工程学会理事长、名誉理事长，黑龙江省科协主席、名誉主席。从教 60 余年，培养博士生 70 余人、博士后 20 余人和为数众多的硕士生。将理论研究与应用研究相结合，广泛应用于生产实际和航天领域，在故障诊断基础研究、旋转机械故障诊断技术研究、飞行器故障诊断技术研究、卫星减振隔振技术研究、流体动力学新技术研究等领域取得突出成果，产生了重大的社会效益和经济效益。针对我国大型汽轮发电机组长叶片组的振动安全设计问题，提出了具有创新意义的"三重（合）点"调频理论与算法。获国家及省部级科学技术进步奖二等奖以上奖励 11 项，出版著作 7 部，发表论文 334 篇。

　　1995 年当选为中国工程院院士。

先人后己清正淡泊

——记中国工程院院士黄文虎

笃学报国

黄文虎虽出生在上海，但因家庭收入微薄，不得已送回浙江永康老家由祖父母抚养。1931年，5岁的黄文虎到云靖乡小学上学，两年后转至永康师范附小。10岁时到金华师范学校附属小学求学（简称"金师附小"），在此期间时逢抗日战争爆发，日军进攻上海，威胁金华，小学阶段不得已辗转了三所学校，虽是乱世求学，但较早地接受了系统的国学教育并开始了独立生活，为他今后的人生之路奠定了坚实基础。12岁时考入金华中学初中部，这时的金华中学为避战乱，到乡村办学，他中学期间读书生活可谓颠沛流离。那时的黄文虎已经立下读书救国的抱负。他在后来一首七律中记述了难忘经历：忆昔风云变婺江，弦歌未辍避山乡。蒲塘月冷祠堂暗，方岭风寒衫袖凉。陋室昏灯书堪乐，晨鸡悲舞意昂扬。山河破碎铁蹄虐，热血男儿当自强。

1945年，日本战败投降，19岁的黄文虎考入浙江大学，曾参加反对国民党特务迫害活动的学生运动。1949年4月底，杭州解放，黄文虎一度成为解放军的一员，穿上解放军的军装，任务是协助南下干部对杭州市电信局的资产进行接管工作，大学毕业后，他离开部队，到天津隶属于中央军委的电工二厂工作了一年。1950 年 9 月，当得知国家决定将哈尔滨工业大学建设成为学习苏联高等教育经验的重点大学的消息后，黄文虎觉得东北是当时我国仅有的重工业基地，更需要建设人才，于是他和毕业于南京中央大学的妻子吴瑶华毅然向组织提出申请，得到领导批准后，两人结伴同行，北上出关进入哈工大开始了新的人生之旅。

任教哈工大

黄文虎从步入哈工大至今，已经历经七十载，可以说作为"八百壮士"一员的他，做到了为哈工大的发展贡献自己全部的辛劳、智慧和心血。始建于 1920 年的哈工大解放后进入重要发展时期，当时国家确定北京大学、清华大学、中国人民大学、哈尔滨工业大学、北京农业大学、北京师范大学等六所大学为首批全国重点大学，并选定哈工大为全国理工科院校学习苏联高等教育经验的基地院校，还是苏联专家帮助我国重点建设的两所大学，也是国内大学中聘请苏联专家最多的大学。

参与组建理论力学教研室。黄文虎夫妇到哈工大后，进入电机学科研究生班学习，在这 218 名研究生中，后来有二三十位成为中国科学院或中国工程院院士。1952 年，学校从研究生班抽调部分研究生跟随苏联专家学习基础课并任教，其中黄文虎等九人，跟苏联专家学习理论力学并任教，他的专业由电机专业转为理论力学专业。成立理论力学教研室后，黄文虎任教研室副主任，夫人吴瑶华为教研室秘书。黄文虎的导师是校长顾问、苏联专家组长克雷洛夫教授，是莫斯科石油学院党委书记。他指定黄文虎把振动理论作为论文研究方向，1954 年 3 月，黄文虎通过了论文答辩。1953 年，黄文虎所在的理论力学教研室集体翻译了苏联伏龙科夫的《理论力学教程》一书，这是国内第一部新体制下的工科理论力学课程教材，出版后反响极好，全国工科院校普遍采用。

1955 年，黄文虎晋升为讲师。1959 年，哈工大成立工程数理力学系，任命黄文虎为系副主任。同年 5 月，加入中国共产党。

他创建 541 教研室。1960 年，黄文虎从工程数理力学系转到五系，负责主持筹建飞行器结构强度专业及飞行器结构强度教研室（即 541 教研室），任教研室主任。教研室下设结构力学与强度计算、弹性力学、振动及动力学、高温力学及热强度、实验力学五个组。作为室主任，黄文虎承担了大量行政和教学工作，既要保证学生校内外学习实习的条件，进行厂校协作，指导学生的毕业设计与毕业论文。同时还要组织教师开出新课，保证教学质量及对青年教师的培养。1958—1964 年，连续招生七届，共计 13 个班，约 500 名学生，毕业后主要分配到航空航天部门的研究所、军工和国有大型企业，其中很多人成长为总工程师、总设计师等技术骨干，还有当选为中国科学院或中国工程院院士。

1962 年 10 月，黄文虎被评为副教授，成为哈工大"八百壮士"中的一位骨干力量。

"文革"期间，黄文虎也受到了极大的冲击和迫害。参加过"四清"，作为反动权威被批斗，错当成"特务"蒙冤入狱，发配工地劳动险致残。原有教研团队已经荡然无存，暂时无法回到专业教学。但他却坚信人间正道是沧桑，在下厂劳动或带工农兵学员时，坚持不断提高专业能力，进行一定的生产实验，蓄积继续从事科学研究的实力。1971 年，在哈尔滨汽轮机厂参加我国首台自行设计最大容量的 60 万千瓦汽轮机攻关小组，提出"长叶片组振动设计"的创新方法及"三重点"调频准则，取得重大科研成果。1972 年，"文革"冤案得到平反，任校基础课委员会副主任。1975 年承担"风雷 5 号"反辐射导弹研制任务，任总体研究室负责人（后项目因故下马）。1977 年组建飞行动力学研究室，开展"带柔性太阳能帆板三轴稳定卫星动力学与控制"项目的研究。1979 年 3 月，被评为教授。

学者校长

黄文虎因其为中国航天事业作出的贡献，被授予"航天部有突出贡献专家"和"航天劳动模范"称号；在工作上又是带领哈工大走出"南迁北返"困境的功臣，为哈工大的起步腾飞、蓬勃发展立下了汗马功劳。

1981 年 5 月 7 日，第八机械工业部转发中共中央组织部下发的 [81] 干任字 307 号文件："中央同意：黄文虎、李家宝、姜以宏、靖伯文任哈尔滨工业大学副校长，任期四年。"当时由专家学者出任高校校长尚属首次，《光明日报》曾以头版通栏进行报道，在国内引起强烈反响。自此，国内高校开始从高校教师中选拔校级领导干部。

1981—1982 年，在校长空缺期间，上级指定由黄文虎以副校长的身份主持学校工作。

1983 年 1 月 21 日，航天工业部党组 [83] 102 号文件、干任字 14 号文件，下达国务院任命书，任命黄文虎为哈尔滨工业大学校长。

黄文虎走马上任之初，哈尔滨工业大学可谓经历了"南迁北返"后困难时期，他与前后两任党委书记及几位副校长精诚合作，勤奋工作，为哈尔滨工业大学继续发展，重铸辉煌作出了历史性贡献。

明确办学方向，确立服务航天的优势地位。黄文虎等校领导经过努力，国务院把哈尔滨工业大学等 15 所大学确认为国务院重点支持办学的名单，为哈工大继续发展奠定了坚实基础。后来，哈尔滨工业大学相继进入"211""985"大学行列，得到国家重点扶持。在航天工业部领导的支持下确立了以培养祖国航天人才为主要办学方向，1987 年 6 月，在国内率先组建航天学院，这是我国第一个以培养高级航天专门人才和从事航天高技术研究为主的学院，从而形成了哈尔滨工业大学在航天领域的教学科研优势。

加快基本建设，稳定教师队伍。在中央各部委的支持下，这一期间哈工大建设了全新的图书馆、教学楼、管理学院楼。同时部分解决了教职工住房问题，稳定了教师队伍。

成立研究生院，推动高层次学历教育。1984 年 6 月，国务院批复了教育部《关于在部分全国重点高等院校试办研究生院的请示报告》，教育部同意哈工大列入首批试点建设研究生院的 22 所大学，成立研究生院，黄文虎兼任首任院长。

扶持重点科研项目，大力推进科研工作。黄文虎带领班子成员寻找突破口，确定主攻方向，把有限的资金首先用于那些具有标志性的重点科研项目，通过各种渠道和办法筹措资金等方面支持。后期享誉国内外的重大成果，如超视距雷达、激光光谱学研究、第一台机器人等项目都获得了极大的扶持。同时，哈工大的科研活动紧密联系经济社会发展和国防建设的需要，其中应用研究占 90% 以上。

积极引进人才，加强教师队伍建设。就地取材，精选优秀毕业生充实教师队伍，积极引进留学归国人员，鼓励教师出国留学。

争取世界银行贷款，建设现代化实验室。争取到世界银行 800 余万美元低息贷款，黄文虎主动放弃自己所在学科，主动提出支持校内有望获得更大成果的主要实验室更新新设备。材料学院及化工、电子等专业关键实验室的实验设备优先得到更新，拉开了哈工大现代化实验室建设的序幕。

1985 年 2 月，年近六十的黄文虎主动让贤，退出校长岗位，推荐年仅 45 岁的杨士勤接任校长。事实证明他慧眼识英才，杨士勤在校长岗位一干就是 17 年，为哈工大跨越式发展打下良好基础。

科研建功

黄文虎卸任校长后，虽已近花甲之年，但却进入了旺盛的科学成果研发时期。他曾自述："岁月催人何恋栈，挂冠释手不如归。旧情书卷重相伴，新业旰宵未解衣。栉风沐雨愁无数，攻关排险梦几希。径蹊独辟攀峰顶，科技创新显异威。新秀凌烟成伟业，古稀折桂入春闱。"

他前后主持和参与的立项科研项目累计 72 项，其中，国家自然科学基金资助的重点项目及面上项目 10 项，国家教委博士点基金项目 6 项，国家"863""973"等资助的各类科技项目 10 项，国家科技攻关重大项目 6 项，部省级单位资助立项 6 项，各院所资助立项 16 项，与工厂合作的产学研结合协作项目 19 项。

同时，黄文虎编写或主编的专著共 7 部。其中具有较大学术影响的有：1988—1992 年由国防工业出版社出版的黄文虎主编、组织国内专家通力合作完成的通用工具书《振动与冲击手册》。1994 年，科学出版社出版的黄文虎等主编的《一般力学（动力学、振动与控制）最新进展》。1994 年，科学出版社出版的黄文虎、邵成勋主编的《多柔体系统动力学》。1996 年，科学出版社出版的黄文虎等主编的《设备故障诊断原理、技术及应用》。2006 年，科学出版社出版的黄文虎等主编的《旋转机械非线性动力学设计基础理论与方法》。他还在国内外学术期刊及学术会议上共发表学术论文 334 篇。

黄文虎团队获得的各种奖项主要有：国家科学技术进步奖二等奖 1 项，省部级科技进步奖一等奖 6 项、二等奖 6 项、三等奖 4 项。另有国家科技攻关重大成果奖、联合国技术信息促进系统中国分部"发明创新科技之星"奖等。

黄文虎团队参与研制航空工业 501 所的"东方红二号"卫星，是当时我国首次发射的带柔性太阳能帆板的三轴稳定卫星。该项目成果交付使用后，501 所的评价："哈工大研制的动力学与分析软件的理论性、工程性都很强。已用于广播卫星的分析计算，其结果已提供给控制系统仿真应用。"

1972 年，黄文虎到哈尔滨汽轮机厂，参加了国产 60 万千瓦汽轮机的设计工作。按气动力要求，该机末级叶片长达 1 米，叶片所承受的离心力近万吨，为提高叶片动刚度和强度，决定采用拱形围带和松拉金整圈连接

黄文虎（左）与学生亲切交流

方案。但这一方案结构复杂，调频原则不明，当时国内外尚未见到有关设计方法，这样，长叶片设计就成了60万千瓦机组设计的一个关键问题。黄文虎深入调查，和工厂设计人员一起构造力学模型，推导振动方程，在没有国外资料的条件下，利用自己长期积累的振动知识，提出了一种全新的理论与计算方法。他与设计人员一同编排程序，一起计算，最后又一起做振动模型试验，试验结果证明黄文虎所提出的被称为"三重点"调频理论是正确的，使得长叶片设计工作得以顺利进行。利用这一方法，使设计的长叶片既轻巧，又安全，节省了大量合金材料，和法国同类自由长叶片相比，约轻三分之一左右。他所设计的1米长叶片在东方汽轮机厂已用于生产，并已有三年以上的安全运行考验。这一理论当时在国内外是首创的，已用于20万千瓦、30万千瓦等机组，填补了中国汽轮机长叶片振动计算中的空白，取得了重大的社会经济效益。有关这方面的文章《整圈连接叶片组的自由和受迫振动》《具有随机参数的周期性结构的振动》分别于1981年和1982年发表在美国的权威杂志《美国航空航天学报》上，该杂志的审稿人认为这是没有别的文章所能比得上的。

黄文虎在"六五"期间就承担了国家科技重点攻关项目"汽轮发电机组振动监测与故障诊断方法的研究"。他在诊断理论方面最早引入模糊数学，提出了模糊诊断等新概念和方法，把人工智能专家系统理论及新一代计算机的神经网络理论和方法引入故障诊断。这些开创性的工作为故障诊断开辟了新路。他还重视理论成果的转化，致力于故障诊断设备的研制和开发工作，在国内较早和成功地将微机应用于汽轮发电机组和振动监测与故障诊断上，开发了几套具有中国特色的振动监测与故障诊断系统。这些系统具有振动测试，数据采集、分析、计算、显示、打印、绘图与例行日报的全自动化功能。设备发生故障时，可自动预报并通过计算机专家系统进行故障性质的诊断。这些系统可将大量机组运行资料储存起来，随时通过人机对话查阅历史运行资料。其中，"故障自动模糊诊断系统"可对故障进行自动诊断、自动预报。该系统于1985年10月通过机械工业部的鉴定，通过大庆新华电厂的应用，运行良好。1987年，黄文虎负责的"汽轮发电机组振动监测与故障诊断方法的研究"获航天工业部科技进步一等奖。1989年1月18日，《光明日报》记者还报道了黄文虎、夏松波建议采用先进监测手段，改变现行发电设备检修制度的倡议。该项目在全国推广后，将带来巨大的经济效益。

1990年，哈尔滨汽轮机厂生产的第24台舰用汽轮机因振动超差影响出厂。黄文虎找原因，提出了降低轴承长径比简便而有效的措施，从而使机组振动量从60微米降至了3微米左右，一举解决了机组振动问题，也使得因此问题得不到解决而在港口滞留数月不能出海的某舰终于出港，并为工厂挽回了数以百万元计的经济损失。

有人曾问黄文虎，在他看来什么是人生中最大的幸福，他说："每个人的追求、价值观不尽相同。对我而言，有钱、当官都谈不上，志不在此。作为一介书生，我最大的乐趣就是搞科研，一旦完成了某个项目，在科研上取得某点突破，心理上的那种满足感比得到任何名利上的东西都幸福。"科学家的品质和精神在黄文虎身上得到很好的诠释，在科研上执着探索、百折不挠，在同事中团结协作、开放包容，在师生关系上乐于奉献、诲人不倦，在名利面前先人后己、清正淡泊。在家人眼里，他始终把工作和事业放在第一位。在学生眼里，黄老师总是最勤奋、最忙碌的人。

1995 年 5 月，黄文虎当选中国工程院院士。当年有效报送候选人达到近千人，最后进行差额无记名投票，计有 186 人当选中国工程院院士，黄文虎是机械与运载工程学部新当选的 30 名院士之一。对他的学术成就和社会贡献是这样概述的："在复杂结构的振动分析和振动设计方面，提出了汽轮机整圈连接长叶片振动设计的新方法和叶片调频的三重点理论，解决了我国自行设计大容量汽轮机中的一个技术关键。针对高速旋转机械和载人飞船等设备的故障诊断，提出了模糊诊断等新概念和新方法。开发了多套旋转机械故障诊断装置，取得了较大的经济和社会效益。针对我国航天器和工业机器人，发展了多柔性系统动力学。研制了带挠性附件卫星动力学与控制的应用软件，为我国新一代卫星的总体设计提供了实用手段。"

传道授业

"喜看才人当代出，云帆直济缚长鲸"，这是黄文虎对优秀学子的赞美。黄文虎也是一位功勋卓著的教育家，从教 60 余年，从 20 世纪 50 年代讲授基础课理论力学，60 年代从事飞行器结构强度专业教学，再到 80 年代以来培养硕士生、博士生以及博士后，门下弟子人才辈出，其中博士生就有 70 多人。他的学生现在大多奋战在高校院所、航天事业等各条战线上，成为骨干和精英。黄文虎爱才、护才，在哈工大是出了名的。他爱才惜才，求贤若渴，始终牵挂着专业的发展和人才梯队的建设。

他的博士毕业生、现为哈尔滨工业大学航天学院教授、博士生导师徐敏强这样评价恩师："黄老师是一位待人平易、和蔼的长者，他从不居高临下，盛气凌人；他是为人方正、坚持原则的严师。在教育学生方面总是

2004 年 4 月 16 日，黄文虎（中）与马兴瑞（右）、西昌基地总师（左）在西昌小卫星发射现场合影留念

两手并用，一方面循循善诱，给学生指路，特别是在研究方法上，一是告诉你该做什么，二是教你怎么做，培养人是有独到之处的；另一方面严格管理，紧抓不放。"

他 20 世纪 50 年代的学生之一刘竹生，1963 年哈工大飞行器结构强度专业本科毕业，中国科学院院士，把我国载人飞船送上天的运载火箭长征二号 F 的总设计师。

从寒门学子到省部级领导干部，黄文虎在 90 年代最具代表性的博士毕业生是马兴瑞，矿工家庭出身，1985 年考入哈工大，成为黄文虎招收的第一个博士研究生。1991 年被国家教委授予"做出突出贡献的中国博士学位获得者"，1994 年入选国家教委"跨世纪优秀人才计划"，1996 年被评为国家"有突出贡献的中青年专家"，1996 年担任哈尔滨工业大学副校长。后任中国航天科技集团公司总经理、党组书记。2013 年任工业和信息化部副部长、党组成员、党组副书记，国家航天局局长，国家原子能机构主任，国家国防科技工业局局长、党组书记，国务院中央军委专门委员会委员，国务院振兴东北地区等老工业基地领导小组成员。2015 年任广东省委副书记、政法委书记，深圳市委书记。2017 年任广东省委副书记，省政府省长、党组书记，中央港澳工作协调小组成员。中共第十八、第十九届中央委员。第十二、第十三届全国人大代表。马兴瑞是哈尔滨工业大学优秀毕业生的杰出代表。

（贾诚先／撰稿）

蒋亦元

中国工程院院士

院　士　名　片

　　蒋亦元（1928—2020），江苏省常州市人，中共党员，东北农业大学教授、博士生导师，著名农业机械专家。1950年毕业于南京市金陵大学农业工程系，分别于20世纪50年代和80年代在苏联列宁格勒农学院进修科研和美国密执安州立大学做访问学者两年与一年。曾任国务院学位委员会学科评议组成员，分别任农业部、机械工业部高等院校教育指导委员会学科组副组长与委员，中国农业机械学会与中国农业工程学会副理事长，《农业机械学报》与《农业工程学报》副主编，国家级农业机械化重点学科带头人。

　　1997年当选为中国工程院院士。

颗粒归仓的梦想
——记中国工程院院士蒋亦元

学历与导师的熏陶

蒋亦元在金陵大学就读时，见到有美国先进的农业机械和美国教授执教，遂对农业工程萌生了浓厚的兴趣，于是冒着失去学籍的风险，经再次入学考试，由电机工程专业转入农业工程专业。就读期间，对蒋亦元影响最大的是美国林查理（Charles Riggs）教授。林查理教授在中国从教 30 余年，具有渊博的工程知识、丰富的实践经验、不竭的创新精神和白手起家的创业精神，对他理论密切结合实际、拒绝空谈、坚持在科研第一线学风的形成，起了决定性的作用。在高年级时，蒋亦元已经开始作为学生助教（Student Assistant）为低年级开设农业工程概论课程，并被内定留校任教。但在毕业前，听了沈阳农学院张克威院长招聘人才的介绍后，蒋亦元感到广袤富饶、地广人稀的东北黑土地是发展农业机械化和施展才华、实现志向的广阔天地，于是毅然奔赴东北，到东北农学院（今东北农业大学）任教。

蒋亦元到东北农业大学初期，其工作是担任苏联专家的助教，协助培养研究生。后在两年的苏联访问学者期间，师从苏联农业机械理论权威、荣誉院士列多希涅夫教授，从事收获机械的研究。这段经历使他在理论研究的逻辑思维、分析与综合的技巧等方面得到了较好的培养和锻炼。在苏访学期间，他还到苏联最高科研机构——全苏农业机械制造研究所和全苏农业机械化研究所进行了长期而深入的考察，学习了农业机械的研究与设计方法。后到在苏联领先的罗斯多夫联合收获机厂及其专业设计局学习联合收获机的设计方法，并到北高加索农机试验站考察国家级农机试验规范和设备。

在美做访问学者期间，他继续从事割前脱粒联收机的研究，在美国学会上宣读并发表论文，进修相似理论。受到约翰迪尔公司之邀，做了为期一个月、多个分厂与研究中心的访问。

以上经历对蒋亦元的学术发展和高级人才的培养打下了坚实的基础。在长期的学术研究磨炼中，铸就了他的性格：敢于闯难关，富于创造性。锲而不舍，坚韧不拔。始终在科研第一线。理论联系实际，既研究开发机器又探索其机理，并善于与农业科学技术相结合。

世界著名难题——"割前脱粒"联收机的探索

水稻是黑龙江省的主要粮食作物之一，为了提高品质、避免早雪的袭击，人们日益认识到收获期不宜过晚。而当时使用的全喂入水稻联合收割机，因茎叶潮湿所导致的谷粒分离损失大、堵塞等问题，无法高效作业。

蒋亦元持续探索了30余年，研制了四代样机，经历了从构思、理论分析、计算设计、室内部件试验、反复修改可行后，再进入样机的设计、试制，再在生产条件下的试验、再修改、再试验至满意的全过程。随着竞争对手的技术进步，这四代样机的原理与结构亦是与时俱进地随之变化着的。

第一代样机耗时4年完成，这是一种能在先脱粒的同时进行切割秸秆并搂成条铺的割前脱粒联收机。但该机器作业速度过低，不能收倒伏水稻。第二代样机耗时 6 年完成，该机器能收获倒伏水稻，但落粒损失过大，以失败告终，但其收倒伏水稻的扶禾器是成功的。第三代样机耗时 4 年完成，该机器采用气流吸运，并创制出一系列与之配套的新型工作部件，构成了"割前脱粒"水稻收获机。其突出优点是可收倒伏水稻、谷粒损失又少，但其缺点是不能在脱粒的同时收获稻草。为此，又研发了与之配套的能收割稻草并放铺整齐、同时能将粮袋运出田间的多功能自走式底盘，与前者构成了"割前脱粒"水稻收获机器系统。该系统于 1995 年获国家技术发明二等奖、黑龙江省科技进步一等奖。该机器曾在几个农场与县的农村收获近 900 余亩水稻，受到用户欢迎和美、日、法等国专家的高度评价。发明专利以高价技术转让、实施转化。但蒋亦元认为仍需进一步完善：应在割前脱粒的同时能收获稻草，形成"割前脱粒"水稻联合收获机。

蒋亦元与他的研究团队参考英国发明的、不能收获稻草的"割前摘脱台"，创造成气流吸运的、能同时切割搂集秸秆成条铺的第四代样机——"4ZTL 型割前摘脱水稻联收机"，为此耗时 10 余年。在国家标准规定的作物正常状态下作业时，谷粒损失少，清洁率高，作业速度快。在应用过程中，一方面暴露出机器本身对作物状态的适应能力尚有较大局限性，需要改进；另一方面由于其创新难度大、加工技术、资金等条件的限制，使得这一转化过程举步维艰。在多年田间试验现场发现，这种摘脱滚筒具有将茎秆端部吸附于滚筒的现象。蒋亦元对此，以流体力学理论为手段，深入分析了这一吸附作用的形成机理以及它与有关参数间的关系，指导博士研究生用高速摄影技术加以实验验证了所得理论。这一理论研究是国内外首创，对该部件的设计研究具有重要的指导意义。

为了解决上述问题，蒋亦元与他的研究团队历尽了各种艰难，正如王选院士所言："创新性成果转化为生产力要冒九死一生的风险"。他们之所以能如此执着，就在于这一新收获工艺展现出如下特点。

一是只收谷粒不收割秸秆，实施不粉碎直接还田。收获后的秸秆任其站立田间，之后由铧式犁耕翻，将不经粉碎的秸秆直接还田。在多个农场与农村的试用表明：站立的秸秆在犁耕时由于对地面不会产生相对运动，因而不会产生因粉碎后的长秸秆缠绕犁柱而造成堵塞、拖堆的故障。此外，省去了粉碎秸秆的环节与设备，又节省了粉碎秸秆的能耗。近年来虽有打浆机打茬还田，毕竟打浆耕层浅，隔年仍需翻耕，否则耕层过浅，不利于水稻单产的进一步提高。此项秸秆不粉碎还田技术，既简便又节能，还有利于秸秆还田面积的快速推广，从根本上解决了水田土壤板结问题。

二是可在霜前收获水稻，青绿的秸秆可作青贮饲料。因秸秆不进入滚筒，从而可提前收获高湿度秸秆的水稻。收获后的稻草仍然是青绿状态，可经捡拾打捆并同时喷洒乳酸菌，再经密封发酵，成为牛羊的青贮饲料，进而可以部分甚或全部替代青贮玉米。以稻秆替代玉米作青贮是废物利

蒋亦元在 42TL-2000 型割前摘脱联收机田间试验时的留影

用，节省生产成本，更省下了种植青贮玉米的土地，其社会意义更大。

"割前脱粒"收获工艺与生俱来的特点是——收获直立整齐的水稻，性能优良，但第四代样机的谷粒损失会随着植株倒伏程度的增大而增大，

水稻单产的提高使得解决问题的难度更大，这是未能成为生产力的主因。

对墨非 π 关系式合成理论的修正以至否定

众所周知，相似理论与模型试验技术被广泛地应用于许多工程技术领域。它尤其适用于当所研究的物理现象的各因素的影响规律尚未被充分掌握，但已知哪些是主要影响因素时所采用。采用此技术，可以用较少的试验获得因素与指标之间的响应规律，借此可具有针对性地解决工程中的问题。因而它在创新型探索研究中更有用武之地。蒋亦元在创制单面取土的筑埂机时，运用相似理论与模型试验取得了满意的结果。

当其验证球体在液体中的沉降规律时发现，如果采用墨非 π 关系式合成理论中关于"组分方程必须具有相同形式"的假设进行预测，所合成的 π 关系式得出的结果与实际相比误差很大。通过多年的周密试验研究，首次提出并经实验和理论上证明：组分方程可以具有不同形式，从而使预

蒋亦元院士在实验台前给学生讲课

测精度显著提高。此成果获得院士、专家们的一致好评。

此后的应用过程中，他又发现，按上述方法获得的经验公式来预测性能指标时，它的适用范围很窄。当扩大物理量的变化范围时，预测误差增大，甚至达"荒唐"的地步。经蒋亦元的进一步研究发现，G.Murphy 的"π 关系式合成理论"本身就是错误的，其前后是矛盾的。

蒋亦元虽然感到遗憾，原来美好的愿想竟成为泡影，但并不后悔。因为发现并证明一个定理是错误的，以免误导后人，其价值依然是积极的；通过这个过程培养了自己敢于怀疑，甚至敢于否定权威的科研态度，也获得了一些探索性研究的方法。

在其他农机研究方面的建树

蒋亦元在其他农机研究方面也颇有建树。例如，他综合运用了导师列多希涅夫教授和瓦希连科院士关于键式逐秸器的理论，创建了平台式逐秸器的理论和两种逐秸器的结构参数设计方法。前者由国内学者的实验所证实，并被编入国家统编教材；后者被沈阳农业机械厂所采用。

关于亚麻种子成套机械的研究成果，在生产中被多年应用，清选质量与效率达到国际先进水平。

他所研究的悬挂式水田筑埂机采用单面取土方式，是当时国际通行的双面取土的一次革命，有助于减少平地作业用功量，并使作业功能扩大。他首创了聚四氟乙烯复面，解决了严重黏土的难题，并显著减轻了作业阻力。

高级人才的培养方式与效果

蒋亦元培养的研究生并不很多，但他们在国内外的工作有些是很出色的。赵匀教授发明了新型毯状苗高速前插、后插旋转式插秧机和宽窄行插秧机，通过将机构的复杂运动轨迹进行计算机优化，发明了基于非圆齿轮的钵苗摆栽机，相比传统插秧，该技术可提高产量15%—20%；应义斌教授发明了水果品质在线同步检测与智能化分级技术装备。这两位学生分别在2007年和2008年获得国家技术发明二等奖。他们师生三位是全国奖励办农业装备领域当时唯有的三个发明二等奖、也是最高奖的获得者。

国外的学生如张瑞红发现了加速发酵的细菌，创造出厌氧分级干式发酵系统，利用多种废物产生沼气用于发电，获美国国家环境保护奖；潘忠礼以其新红外加热干燥技术等成就，获得美国青年科学家总统奖；孙秀芝在基于生物质的聚合物与合成物领域取得了卓越成就，出版了专著，并被美国农业部委任生物质产品与生物质能源创新性研究项目制定组组长。

蒋亦元每当谈及学生们的这些成就时就显得兴奋不已。当然这主要是他们自己的努力与智慧的结果，但与蒋亦元的培养方式不无一定的关系。蒋亦元对如何培养学生拥有自己的一套方式，那就是主要传授科学研究的方法论及创新性思维。运用孙子兵法与老子的辩证思维、古诗词的创作、音乐艺术的欣赏，结合农业机械机型的演变过程讲授创造性思维的方法。

在2015年东北农业大学召开的全国农业工程学术年会上，出席会议的40位农业工程界院士（几乎全部）汪懋华、罗锡文、康绍忠、陈学庚在参观蒋亦元研究室后，欣然为其题词："德艺双馨，农机巨擘"。这无疑是对蒋亦元院士学术品德和学术成就的最好诠释。

（孙伟／撰稿　梁冬／编辑）

雷清泉

中国工程院院士

院 士 名 片

　　雷清泉，哈尔滨理工大学教授，博士生导师，中国工程院院士。1962 年毕业于西安交通大学，1981—1983 年公派留学西德汉诺威大学，1993 年被聘为日本大阪大学客座研究员，IEEE 高级会员，ICPADM 2009 国际学术会议主席；现任"电力设备电气绝缘国家重点实验室"学术委员会主任委员（西安交通大学）；"电子薄膜与集成器件国家重点实验室"学术委员会主任委员（电子科技大学）；青岛科技大学双聘院士，清华大学、西安交通大学、上海交通大学、北京交通大学、大连理工大学兼职教授，武汉大学讲座教授；中国电工技术学会工程电介质专业委员会主任委员、中国物理学会电介质物理专业委员会委员；第九、第十届国家自然科学基金材料与工程学部评议组成员。先后主持完成了国家"九五"重点科技攻关项目 1 项、国家自然科学基金 4 项，其他科研课题 12 项。获 2001 年国家技术发明二等奖 1 项及发明专利 1 项，省部级科技进步一、二等奖各 1 项。2009 年，荣获黑龙江省"新中国成立以来感动龙江英才"荣誉称号。

盯住有希望的点

——记中国工程院院士雷清泉教授

献身科学报效祖国

2002 年 2 月 1 日，雷清泉教授主持的研究成果"新型半导电聚省醌自由基高分子粉末材料的制备及其传感器应用"获得国家技术发明二等奖。该成果是他带领课题组经过 13 年的艰辛努力，率先在世界上解决了应用半导电省醌黑高分子粉末材料制作压力及温度传感器的科技难题，为我国油气开发和振兴东北老工业基地建设作出了卓越贡献。2017 年，已当选中国工程院院士 14 年的他，在没有任何项目基金资助的情况下，凭着执着探索和思想创新，在世界纳米电介质领域的研究中再谱华章，首次命名了纳元胞及超绝缘体并获得了实验验证，在纳米结构材料上获得极高的击穿强度，实现了通过结构构筑，以调控材料性能的目的。这是纳米电介质研究领域的突破性进展，它凸显了时间上的超前性、科学上的概念创新性、技术上的潜在颠覆性，其影响并不亚于发表在《科学》与《自然》刊物上前沿或热点性跟踪性论文。该项成果发表在国际著名刊物 *Nano Energy* 上，为他自己八十寿诞献上了具有特殊意义的生日礼物。

雷清泉 1938 年出生在四川省岳池县中和乡。1 岁时失去母亲，7 岁时又失去父亲，年幼的他跟着奶奶，靠着姑姑接济生活。读完小学后，由于家里没有能力供他读书，就辍学在家务农。13 岁时，乡里的干部找到家里，使他享受国家全额助学金及生活补助费，一直到读完大学。雷清泉倍加珍惜这来之不易的读书机会，在锄草、铲地、插秧的空闲，他抓紧一切时间看书，直到现在他都保持着爱读书的习惯。1957 年，雷清泉以优异的成绩考入西安交通大学，师从我国电介质物理的开创者、奠基人陈季丹教授。恩师博学严谨的学术造诣和执着研究的求索精神深深地感染着他，引领他遨游科学的海洋，也坚定了他追随恩师的脚步，沿着恩师的研究方向笃定前行的信念。

1962 年，雷清泉从西安交通大学毕业后，坚决服从国家分配，来到哈尔滨电工学院任教。1981—1983 年，雷清泉在西德汉诺威大学做访问学者，从事高压绝缘材料中空间电荷理论研究。其间，他清醒地看到了我国与发达国家之间的悬殊差距。一颗强烈的爱国心使他暗下决心：外国人做过的，我们要做得更好；外国人不能做的，我们也要做；科学研究就是要争取第一，只有第一，才有意义。在学习期间，他放弃了旅游休闲的机会，甚至把行李搬到实验室，进行介电现象的理论与应用的研究，立志学成后报效祖国。回顾那段经历时，他说："在我看来，旅游什么时候都可以，但学习的好机会，一旦错过，就再也不会回来了。"

"我童年就失去父母，是党和国家送我上学，支持我的生活，我唯有勤奋工作才能回馈这份恩情。"雷清泉感慨地告诉笔者。归国后，雷清泉瞄准电气绝缘领域前沿及相应交叉学科潜心研究。当时，如何解决油田电泵井采油生产过程中连续监测井下地层的压力及温度变化问题，一直是一个世界性科技难题。由于用于监测传感器的制备上所用的半导电高分子材料尤其是其中的聚苝醌自由基高聚物（简称"苝醌黑"）耐热氧化稳定性差，故其规模化应用一直无法实现。基于国内外油田市场对新型压力温度传感器的急需，1987 年，雷清泉组建课题组，瞄准这一国际难题进行攻关。面对没有标准样品、没有参考资料甚至连生产设备都没有的艰苦环境，雷清泉带领团队埋头苦干，专心研究，以惊人的毅力和坚定的信念，历时 13 年，历经数百次失败，终于在世界上首次成功研制了用于潜油电泵井下监测的半导电聚省醌粉末材料制备的温度压力双参数传感器。在该项目申报国家技术发明奖的评审会上，国内知名电子材料学专家韦钰听完答辩后连声称道："这是原始创新，这绝对是原始创新。"更令人自豪的是，从传感器的材料，传感器设计到传感处理的整个研发过程，都是雷清泉率领团队自主创新完成的，拥有多项发明专利。这一科研成果获得 2001 年国家技术发明二等奖。2003 年，雷清泉当选中国工程院院士，时任哈尔滨理工大学校长赵奇动情地说："雷清泉教授是在哈尔滨理工大学贫瘠的土地上厚积薄发、土生土长的院士。"

持之以恒开拓创新

持之以恒，走创新之路是雷清泉对科学精神的坚守与追求。他善于站在时代和科学的高度，以前瞻性和开拓性的思路把握研究方向，一旦确认目标，即坚持不懈，不达目标绝不罢休。回首他取得的许多重要成果，都是历经十年磨一剑的艰辛历程，有抱负、有责任，不气馁、不言败。

"人的伟大是在细微处闪光。"雷清泉平日总是衣着简朴，行事低调，彰显了他豁达开朗的人生态度。在早期科研条件极为艰苦的环境中，他经常鼓励大家发扬红军长征时期的艰苦奋斗精神。在热释光研究时，他和团队成员深夜在军大衣包裹下获得过三个光子背景噪声的测试结果。日常生活中，他最大的爱好就是读书，以对未知世界的探索为最大乐趣，成就了他融合物理学、材料科学、生命科学、信息技术于电介质理论的基础知识，造就了他在导电聚合物传感器制备技术方面的成就和在纳米电介质前沿领域的探索能力，并构成了独到的科研理念。近 10 年，他依旧花大量时间阅读国际知名刊物《自然》和《科学》中的文章，关心国际顶级科学家思考的问题。

关于创新，雷清泉有他自己的体会："创新不能只盯着这些在科学上已经开始闪光和发热的亮点，要瞄准国家科技与经济发展的需求，盯住一个隐约有希望的点坚持下去，就可能产生创新。"

他是国内开展纳米电介质理论研究的开拓者。早于 2001 年，他在电气绝缘领域第一个承担了关于纳米复合聚酰亚胺材料的国家自然科学基金重点项目。在研究过程中，他敏锐洞察到纳米电介质领域存在的问题、解决思路和未来发展方向，盯住这个还未引起科研同行关注的"有希望的点"，他开始了潜心研究。2009 年，他作为会议执行主席主持召开了第 354 次香山科学会议。香山科学会议是国家顶级的科学会议，旨在探讨前沿科学问题，引领科学研究发展方向，为国家高层提供决策支持。会议执行主席多为知名科学家，因为议题侧重基础理论，因此少有工程院院士主持。2009 年，雷清泉主持该会议，这也是黑龙江省首位科学家主持香山科学会议。

会上，雷清泉院士做了"纳米电介质的结构及运动的时空多层次性及其思考"的主旨报告。他指出，纳米电介质研究涉及凝聚态物理学、材料科学、表面与界面科学、电气工程、电子科学与工程以及信息科学与工程等多学科交叉，涉及过去从未研究过的纳米电介质及相应结构这一介观领域。因此，在传统的电介质微观结构—宏观性能理论的基础上，应加强介观或纳米尺度结构与微观结构及宏观性能之间关联作用的研究，探索建立微观结构—介观结构—宏观性能三者之间的相互关系与理论模型。这就是在纳米电介质领域被广泛认同的 3M 关系［微观（Microscopic）—介观（Mesoscopic）—宏观（Macroscopic）］，为纳米电介质发展确立了理论框架并指明了研究方向，得到业界的高度评价。瞄准这个方向，他又持续攻关了八年，首次构建了"一种一维纳元胞超电绝缘体的原型"，又发现了纳结构对高电场下电子运动的调控作用。无疑，这一原创成果将推动纳米电介质研究从技术型过渡到科学型的革命性进展，在世界电气绝缘领域的科研高峰上再次折桂。

务实求臻无私奉献

"落红不是无情物，化作春泥更护花。"作为哈尔滨理工大学高电压与绝缘技术学科建设的带头人，雷清泉以超前的战略思考把握电气工程学科的发展建设。他强调，学科建设的重点是人才队伍建设，要有帅才和一批将才，他们要有雄厚的专业基础知识、突出的工程实践能力和创新思维，更重要的是，要有厚积薄发、远见卓识、献身科学的价值追求，鄙视安于现状、自我满足的心态。他强调，要获得学科同行的肯定，需要不断凝练自己的科研方向，充分发挥自己的特色与优势，科研项目要有一个整体知识系统作支撑，必须有不看小、只看大的精神，要对学科建设有质的而不仅仅是数的贡献。针对如何实现学科跨越式发展，他认为应该目标远一点，心胸宽一点，开始步伐慢一点、稳健一点。在他的率领下，哈尔滨理工大学电气工程学科建设从1997年博士点"零"的突破到2007年成为国家重点学科，仅仅用了10年时间。

2007年，雷清泉以超前的眼光对电气工程学科平台进行长远布局，从国际科学技术发展的前沿角度考虑，把纳米电介质的研究作为学科发展的突破口。为建设黑龙江省新材料支柱性产业，2009年，时任省长栗战书到哈尔滨理工大学重点实验室视察，为雷院士献身科学的精神所感动，为雷院士提出的以纳米电介质为特色的实验室建设落实了3900万元建设经费。翌年，电介质工程国家重点实验室培育基地获批建设。同一时期，国家自2010年起每年投入450万元支持重点学科建设，持续5年。充足的经费极大地丰富了学科发展和重点实验室的基础环境，为学校的学科发展建设带来了新的飞跃。

2009年，雷清泉亲任大会主席，在哈尔滨理工大学成功举办了电介质材料性能及应用国际会议，使哈尔滨理工大学成为我国继清华大学、西安交通大学之后第三个举办该项国际学术会议的高校，增强了学校与国际学术同行的交流。会上，雷清泉院士系统地介绍了纳米电介质理论体系，受到与会学者的广泛关注和高度评价，进一步提升了哈尔滨理工大学在该领域的国际影响力。

传承知识矢志不渝

在58年的教育生涯中，雷清泉一直在教学科研第一线，勤奋努力，默默耕耘。不论科研工作有多忙，他始终坚持给本科生及研究生授课，承担了电介质物理、量子力学及固体物理、半导体物理、高聚物的电性能、固体的光学性能等专业基础课的教学工作。他不仅为学生"传道授业解惑"，更以一个科学家的人格魅力感染、启迪着学生。他重视夯实学生的理论基础和实践功底，每年都从大三的本科生中选拔创新意识和动手能力强的学生参与他的课题研究。他早期的研究生、电缆86级王福来的硕士论文，就在1990年美国 *FERROELECTRICS* 刊物上发表，被SCI收录；硕士生王暄的论文于1992年发表在美国 *J.Appl. Phys.* 刊物上，被国外学者多次在SCI刊物上引用；他的研究生冯雪冰曾获1996年"全国十佳跨世纪优秀人才"的荣誉称号；1998年，他指导的本科毕业生张清悦，因制作正温度系数的自限温电缆，获得了全国大学生"挑战杯"科技竞赛二等奖，成为黑龙江省参赛学生中唯一的获奖者。

在2003年当选中国工程院院士后，雷清泉分别在不同类型院士论坛、高等院校、研究所与企业相继做了30余场关于工程电介质基础理论、材料及其应用等系列学术报告。2007年4月24—25日，雷清泉在清华大学电机系成立70周年学术交流会上做了关于"工程电介质的理论基础及研究进展"的系列专题学术报告，包括电介质物理的理论基础，电介质中的空间电荷效应，纳米高聚物介电复合物的研究现状、方法及思考，介电现

雷清泉院士在指导学生

象及其近代应用等内容，几乎涵盖了他一生对工程电介质理论材料及应用的科学总结，深受同行专家和广大师生的赞许。他出版的专著《高聚物的结构与电性能》篇幅虽然不长，但字字珠玑，深入浅出，深受广大学生的欢迎。该书专业性极强，印数有限，经常发生学生在图书馆中排队抢阅的现象。虽然年事已高，但是他能与时俱进，抓住年轻学者善于利用网络查阅学术资料的特点，主动利用互联网传播基础知识，使更多的年轻学者受益。他的一篇《电介质中的空间电荷效应》的学术报告，分别在百度文库、豆丁网、新浪爱问共享资料、道客巴巴等几个影响很大的资料共享网站上被大量阅读，下载量已超过上万次，在百度文库和豆丁网被评为精品PPT。有网友评论：所有讲解均是建立在别人无法企及的深厚、广泛的基础知识上，深入浅出，浅显易懂。

黑发银霜织日月，耄耋之年霞满天。在哈尔滨理工大学这块"贫瘠"的土地上，雷清泉扎根、成长、开花、结果。如今，他已82岁高龄，走过了58年教书育人、潜心科研、追求真理的人生旅途。在"雷清泉院士从教五十五周年暨八十华诞学术研讨会"上，时任学校党委书记赵国刚评价道："雷清泉院士身上体现出'献身科学、只做第一，终生学习、持之以恒，艰苦朴素、阳光向上'的宝贵精神品质，是我们哈理工人需要认真学习和传承的宝贵品质。"

（王彦　周长群　张强／撰稿）

雷廷权

中国工程院院士

院 士 名 片

　　雷廷权，金属材料及热处理专家，1928年1月生，2007年12月去世。陕西省西安市人。1949年毕业于西北工学院机械系；1955年毕业于哈尔滨工业大学金相专业研究生班；1956—1960年留学于苏联莫斯科钢铁学院金相专业，1960年获苏联技术科学副博士学位。历任西北工学院助教，哈尔滨工业大学讲师、副教授、金属材料及热处理教研室主任；哈尔滨工业大学教授、博士生导师。1997年当选为中国工程院院士。

　　雷廷权长期从事金属材料及热处理的研究工作，开创我国形变热处理基础研究，提出多项新工艺并在导弹及火箭弹壳体、汽轮机叶片、车刀等重要零件上获得应用；率先开展双相钢及双相组织热处理研究，提出新的强度理论，多次获得国家及省部级奖励，发表学术论文400余篇，专著8部。

　　作为一位致力于金属材料及热处理研究的科学家，他是中国材料科学与工程学科的重要奠基人之一，是中国形变热处理基础研究和应用研究的奠基人。作为哈工大金属材料及热处理专业的创始人之一，他在哈工大创建了金属材料及热处理专业博士点。作为哈工大金属材料及热处理学科带头人，他领军的专业成为第一批国家重点专业。作为全国第一批博士生导师，他培养出中国金属材料及热处理专业的第一个博士、中国设立博士后流动站进站工作的第一个博士后……

他是一块闪光的"特种钢"
——记中国工程院院士雷廷权

"读书报国"的种子发了芽
——"在党的教育下培养自己，把生命献给劳动人民"

1928 年 1 月，雷廷权出生于陕西省西安市的一个知识分子家庭。父亲去世时，雷廷权只有十二三岁。他在七个孩子中排行老四，上有两个姐姐、一个哥哥，下边还有一个弟弟和两个妹妹。他的母亲是在封建家庭里长大的，读过师范学校，早期也做过几年小学教员，后因为孩子而停止了工作。

母亲对雷廷权的哥哥姐姐们参加革命给予了极大的支持，后来又鼓励雷廷权的妹妹参军。家庭对于雷廷权的影响很深。在他很小的时候，大哥和两个姐姐都投身抗日救亡的斗争中。两个姐姐于 1939 年同时毕业于西安女子师范学校，抗日战争开始不久，她们还在读书时就和当时正在西安二中读书的大哥先后加入了民族解放先锋队，后来同时加入了中国共产党。在寒暑假期间，三人都在闽中地区做抗日宣传及救亡工作。大哥可以说是个老革命，他在 1938 年后来到陕北，先在陕北大学学习，后调到部队工作，在太行敌后转战 9 年，山西全部解放后调入山西军区政治部，1949 年冬调入北京军委会政治部。

尽管大哥和两个姐姐入党时，雷廷权还是个小孩子，但是年幼的他受家庭的影响，从少年时代就逐渐地建立起了对党和抗日救亡的一些感性的认识。虽然年少的雷廷权无法完全理解哥哥姐姐从事革命工作的真正意义，但仍然对革命产生了一些认识。

雷廷权从小就是个头脑聪明的人，读书很用功，学业成绩始终不错。特别是在初中时代，由于功课出色，他常常得到老师和亲友们的夸奖。

正如师友们所期盼的那样，雷廷权果然不负众望，1945年，他以优异的成绩考入西北工学院（现西北工业大学）机械系。大学时代的雷廷权同样凭借聪明的头脑和刻苦攻读的韧劲取得了优异的成绩，获得了学校的认可，1949年毕业后留校任教。

就在雷廷权刚刚毕业一个月左右，西安和平解放。1950年12月，雷廷权报名参军，立志要为全中国、全人类的永久幸福奉献一生。尽管未能如愿，但此时的雷廷权在思想上已经走向成熟。他对自己说，无论在任何一个岗位工作，尤其是一个自然科学工作者，都必须坚定无产阶级立场，必须要加入党组织。1951年，他在个人自传中写道，"我要以马列主义、毛泽东思想武装自己，确定为人民服务的观念，今天我的方向已经明确，让我在党的教育下培养自己，把生命献给劳动人民"。

1951年，他来到哈尔滨工业大学进修及工作，一干就是50多年，把自己的毕生精力和热情都献给了哈工大。

1956年，雷廷权到苏联莫斯科钢铁学院留学，攻读副博士学位。在那里，他很快注意到苏联金属材料界正在研究形变热处理问题，但当时研究进展缓慢，其他国家也没有研究透彻。雷廷权当时就开始关注这个方向。1960年学成回国，他这个中国金属材料界的"少壮派"大声疾呼要立即在国内进行形变热处理研究。他在哈工大首先干了起来。当时他是教研室主任，在他的领导下，教研室很快形成了一支研究队伍。

凭借"特种钢"般的韧劲披荆斩棘
——"别人在想的事，我们也要想；别人在做的事，我们也要做"

"我很佩服雷老师总是能及时捕捉到新的方向，学术思想特别活跃。他总是能站在世界学术的前沿，在相对稳定住研究方向的同时，适时开设新方向。"哈尔滨工业大学校长、党委副书记周玉是雷廷权的得意门生，在周玉眼中，雷廷权就如同他孜孜探索的特种钢一样，也是一块闪光的"特种钢"。这虽是一个比喻，但雷廷权对事业的执着，的确有着"特种钢"般的强韧。

20 世纪 60 年代初，雷廷权从苏联留学回国后，担任哈尔滨工业大学金属材料及热处理教研室主任，并在国内率先开创了形变热处理方向研究；改革开放后，他又相继开始了双相钢、形状记忆合金、马氏体双相钢、复合材料、陶瓷材料等一系列新的研究方向。

当时，学习研究条件艰苦，一到冬天，师生在宿舍里都要穿着大"棉猴儿"。就是在这样的条件下，雷廷权提出开辟"第四单元"干业务的口号，即在每天正常工作时间之外，增加"第四单元"时间，加班加点工作。雷廷权不但自己坚持每天利用"第四单元"时间加班加点，几乎没有在夜里 12 点之前休息过，同时他还在全教研室大力倡导"第四单元"工作制，很多年轻教师在他的带动下，也开始了每天四个单元的工作。慢慢地，"第四单元"工作制成了金属材料及热处理教研室的传统。

雷廷权还率先提出要创建"东方乌拉尔学派"的发展目标。这个"东方乌拉尔学派"是相对于苏联的"乌拉尔学派"提出的。"乌拉尔"是苏联远东地区的一个地名，苏联远东地区的材料科学研究当时在国际上自成一派，学术水平在国际上颇有影响。

鉴于哈工大材料专业研究水平与国际学术前沿的差距，雷廷权提出，哈工大的材料研究必须自成一派,要在国际上有哈工大的声音。于是,"东方乌拉尔学派"的理念于 20 世纪 60 年代初诞生了。

1970 年,哈工大的一部分教师南迁到重庆,雷廷权他们也去了。不招生,开不了课,设备装在箱子里打不开,没法做实验。没事干,有人学做家具,有人多生了个孩子。雷廷权心急如焚:你停课,人家外国可在上课;你不研究,人家外国可在研究,对形变热处理的探索国际上到了什么程度?一想到这些,急脾气的雷廷权简直要发疯。

就在别人认为他们无法搞科研的时候,雷廷权组织同去的老师们做起了案头工作。他组织老师们利用这段时间认真研究国际上对形变热处理的最新研究进展和学科发展的趋势,整天泡在图书馆里查阅资料,认真记录。

雷廷权的学生、哈尔滨工业大学空间环境材料行为及评价技术国防科技重点实验室博士生导师杨德庄回忆当时的情景,感慨道:"那个时候,图书馆里除了我们教研室的老师,几乎没有别人在那里看书、查资料。整个图书馆看来看去,每天都是我们几个人。重庆的夏天经常是 40 摄氏度左右的高温,当时条件又差,在那样的情况下还要从早到晚地泡在图书馆查资料、写报告,真是没少遭罪。"

然而,这所谓的"遭罪"也是雷廷权和这些年轻的教师乐此不疲的事,因为他们心中始终装着"东方乌拉尔学派"式的理想和信念。他们不甘心因为条件的变化放弃科学研究。

于是,这些身在"火炉"中的年轻人,克服了种种恶劣的环境和重重的困难,凭借着心中的坚定信念和不变的决心,视各种诱惑于不顾,甘于寂寞,以一种高度的使命感和事业心在形变热处理的基础研究方面进行了深入、扎实的研究和积累,一干又是 4 年。

正是这种深厚积累,为后来出版的中国第一部形变热处理专著《钢的形变热处理》打下了重要的基础,同时也传承了金属材料及热处理专业重视基础研究的优良传统。1973 年,由雷廷权主编的《钢的形变热处理》一书完成了。可是，出版社却不愿出版，理由是学术性太强，书中没有"语录"，参考文献都是外文，提议让雷廷权修改。雷廷权不同意，出书一事一放就是四年。

几经周折，直到1978年，这本书才问世，第一次印刷就发行四万多册，很多人看到都有相见恨晚的感觉。1978年，雷廷权科研团队的形变热处理基础理论研究成果获得了全国科学大会奖。形变热处理这朵玫瑰花的强大生命力在于：既可有效地简化加工工序，大量节约能源，又能充分发挥材料本身的潜力。这几乎是材料科学的一场革命。

1981年9月，全国首次形变热处理学术会议在哈尔滨召开。雷廷权主持了这次大会，并在会上作了学术报告。他被誉为中国形变热处理的创始人、领导者，他的教研室也成了中国研究形变热处理问题的权威基地。

雷廷权常说："别人在想的事，我们也要想；别人在做的事，我们也要做。"1979年他去美国考察，接触到形状记忆合金新材料，非常兴奋，立即抓住不放。他把美国搞这方面研究的一位教授请到哈尔滨工业大学讲学，又想办法将这位美国人带来的那块合金留了下来。这项研究课题在教研室另一位副教授的主持下迅速开展起来，并且列入了国家"863计划"。

刚正不阿"挑战"国际权威
——"科学的生命在于否定和创新"

在同事和朋友眼中，雷廷权给人的第一印象是刚正不阿、心直口快，既敢想敢干，又敢于说话。比如对他深爱的哈工大，他曾说过："哈工大应该有股子不甘落后的拼命精神，响亮地喊出'工程师的摇篮'口号。"

对于大学生，雷廷权也语重心长地说过："与过去相比，现在的学生幸福多了，社会安定，经济发展，国家为学生提供了优越的学习和生活环境，所以大家一定要努力学习，报效祖国。"

雷廷权的信条是："科学的生命在于否定和创新。"即使面对国际权威大师，他也同样敢说敢为。

1978 年，雷廷权在国内率先开展了双相钢强度理论及应用的研究，并提出了一系列新观点。在研究中，雷廷权很快发现，用公认的混合律来描述双相钢的强度是不合理的，他坚信肯定存在一个更科学的方法。经过三年的艰苦探索，雷廷权提出了与混合律不同的理论：用剪切滞后分析法解析双相钢强度规律，得到了与试验结果吻合很好的新公式，从而建立了新的双相钢强度理论。雷廷权的双相钢强度理论，1987 年被鉴定为达到国际领先水平。

雷廷权的双相钢理论具有十分广泛的意义。他在这方面的研究论文，在 1983 年美国举行的国际低合金高强度钢会议上发表后，得到会议总主席考尔琴斯基的高度赞扬。美国金属学会当场卖出许多份论文的单行本。以后，雷廷权这方面的文章多次在英国的《材料科学与技术》杂志上发表，许多外国学者来函索取，并表示愿意同雷廷权切磋合作。

雷廷权还探索了利用形变热处理进一步强化双相钢的可能性。雷廷权研究了双相钢中马氏体相变热力学及动力学，证实通常的马氏体转变温度、马氏体亚组织及硬度只取决于含碳量，而在双相钢中，除含碳量外还取决于马氏体的体积分数。在 1996 年的第十届国际热处理大会上，雷廷权在特邀报告中阐述了这一观点，引起广泛关注。

1983 年，雷廷权在金属材料界又进行了一次重大突破。他大胆指出，当时世界公认的麦克曼的回火脆晶界偏聚理论有局限性。他在发表的论文中指出，内耗法是钢铁热处理中研究碳氮等原子扩散规律的有效手段，并提出，高温回火脆性是由 α 相中碳化物微沉淀引起的"沉淀—偏聚"新机制，修正了世界公认了 20 多年的美国宾夕法尼亚大学麦克曼教授"晶界偏聚理论"的不足。

雷廷权的内耗研究在 1985 年召开的第二届国际材料热处理大会上受到关注和称赞，英国《金属科学》杂志和法国《物理学》杂志连续刊载了这方面的论文。

麦克曼是世界金属材料界中的一位巨人，当他在英国《金属科学》杂志上读到雷廷权的论文后，立即给雷廷权写信反驳说："不可能把回火脆性和内耗曲线上的变化联系起来。"

雷廷权坚持了一年半以后，1985 年 2 月，麦克曼从大洋彼岸的美国给雷廷权又发来了第二封信，信中写道："我们相信碳化物沉淀是合金钢失效行为中一个重要因素。因此，是能够导致脆性的。"行家明白，麦克曼此举无疑是表示愿意接受雷廷权的内耗试验结果。

雷廷权的研究，不仅为我国的形变热处理和表面工程研究奠定了坚实的理论基础。更重要的是，他所开创和从事的研究转化成了现实的价值和生产力。

雷廷权注重产学研结合，为促进我国材料科学与工程学科建设，为推进各种先进的金属热处理和表面工程技术尽快转化为生产力作出了卓越贡献，他领导的团队也获得了许多奖项。

1979 年 5 月，雷廷权初次以访问学者身份走出国门，作为哈工大代表团成员赴美国考察。此后，他出席或主持国际会议等活动不计其数，足迹遍布五大洲。他 1983 年 8 月赴瑞典，参加第四届国际材料力学行业会议并宣读论文；1985 年赴日本，参加东京大学与哈尔滨工业大学材料科学报告会，与东京大学井形直弘教授共同主持会议并宣读论文；1986 年 8 月赴日本，参加国际马氏体相变会议并宣读论文；1988 年 6 月赴日本，参加国际形变热处理物理冶金会议，被聘请担任"形变热处理与力学性能"分组会主席；1988 年 8 月赴芬兰，参加第八届国际金属及冶金强度会议，被聘请担任第四分组会主席；1988 年 9 月率中国代表团赴美国，参加第六届国际材料热处理大会理事会会议，担任分组会主席并宣读论文；1990 年 12 月率中国代表团赴莫斯科，参加第七届国际材料热处理大会理事会会议，同时应邀到基辅工业大学讲学；1992 年 11 月率中国代表团赴日本，参加第八届国际材料热处理大会理事会会议，宣读报告，担任分组会主席，并应邀到京都大学和东京大学讲学；1993 年 7 月至 1994 年 4 月，分别在我国台湾、北京、济南等地，以国际热处理与表面工程联合会主席等身份主持召开国际热处理与表面工程联合会执委会及理事会会议，并宣读论文或应邀讲学；1994 年 9 月、10 月，1995 年 5 月、6 月、9 月，1996 年 9 月分别赴法国、英国、波兰、韩国、伊朗、巴基斯坦等国主持国际热处理与表面工程联合会各次会议，并多次作特邀报告或讲学，在巴基斯坦参加第一届国际相变会议时，还应邀担任了国际学术委员会委员……

曾经多次和雷廷权一同出国参与国际交流的周玉，如今回忆起恩师在国际学术舞台上的风采仍滔滔不绝："雷老师在国外同行面前表现出的大将风度来自他的国际视野和战略眼光。他外语特别好，学术水平高，每次跟国外的学者交流总是令人很佩服。"

不仅如此，由于雷廷权在国际交流中得体的谈吐和考究的衣着更是令这位德高望重的学者风度倍增。在国际上的影响和威望来自他一直致力于开创的前沿的方向和成果，也使哈工大的金属材料及热处理学科步入了国际热处理研究的最前列。

"三荐贤才"培养优秀团队
——"你长期搞这项研究，理解比我深，一定能讲好"

雷廷权在哈工大是出了名的"严师"，每一个学生，他都要精心雕琢。他培养学生不仅是"授人以渔"，更是为了学科发展的未来、人才建设的未来、国家战略的未来。

提起雷廷权的得意弟子，人们总是首先提到周玉。2009 年，54 岁的周玉当选为中国工程院院士，成为哈尔滨工业大学材料学科继雷廷权院士、赵连城院士之后的第三位中国工程院院士。一个学科里产生三位院士，这对哈工大来说是具有历史性意义的。

"雷老师在专业的队伍建设特别是培养青年教师方面倾注了大量的心血。"雷廷权是金属材料及热处理教研室的第一任主任，周玉是继雷廷权、杨德庄之后的第三任教研室主任。

周玉说："金属材料及热处理专业的学科和队伍之所以能呈现出整齐划一、稳步提高的态势，与雷老师的高瞻远瞩是分不开的。雷老师多年前开始就对整个教研室每个人的发展都有一套完整和可持续发展的计划。每个年轻人在教学、科研、出国留学等各个方面的路，雷老师心里都有一本账。同时他还善于给年轻人压担子，使得个人和整个队伍的进步都很快。"

"从雷老师身上，我不但学到了如何做学问，更学会了如何做一名老师，如何做个顶天立地的人。"哈尔滨工业大学材料学院博士生导师闫牧夫是雷廷权的得意门生之一，他回忆说，"当年我做博士论文时，雷老师从文章的宏观构思到每个细节都多次进行了逐字逐句的修改。我印象最深的是，为了清晰地描述论文中的试验点，我用了多种不同的图形来标记，有三角形、圆形、菱形，当时描得还十分谨慎，生怕滴了一滴墨汁使整张图纸白费了。最后，我用硫酸纸描完了几十张图纸。但是出乎意料的是，当我把文稿交给雷老师时，他看完却并不满意。他提出要统一用圆形来标记，这样才更清晰、整齐。"

用了半个多月的时间，闫牧夫终于重新描完了这47张图纸，心想，这回该没问题了。可雷廷权看完还是觉得有些图描得不够完美。直至闫牧夫再次重新描了20张图纸后，雷廷权这才满意地点了点头。

闫牧夫说："当论文装订出来时，看着每一页都清晰漂亮的图纸，我才彻底明白了雷老师的用意。这件事对我影响很大，毕业后，我也用这样的高标准、严要求来指导学生。"

雷廷权的关门弟子，如今已成为哈工大材料学院教授、博士生导师的王亚明回忆起恩师的悉心指导和谆谆教诲，眼里涌动着泪光："跟雷老师学习，做项目，必须要有十二分的努力和毅力。雷老师的眼里容不得一丁点儿瑕疵或是模棱两可的结论，所以我们必须要把所有的实验环节和数据抠到不能再细为止。"

"我们感到在雷教授身边工作舒心，有奔头。"雷廷权"三荐贤才"这一佳话的受益人——中国工程院院士赵连城这句发自肺腑的话，代表了雷廷权所有学生们的心声。

第一次荐贤是在1978年全国通用教材会议上，雷廷权觉得上海交通大学毕业后在哈工大读研究生的赵连城年轻刻苦，对马氏体相变研究造诣较深。为帮助赵连城早日进入学术界，雷廷权多次向有关单位推荐，并提名让赵连城编写《金属热处理原理》一书的第三章马氏体相变。

第二次荐贤是1980年，一位外国专家到哈工大讲学，国内一些教授、学者请雷廷权把其中一部分内容再给大家辅导一下，雷廷权又推荐赵连城上了讲台，赢得了大家的好评。

第三次荐贤是1981年，中国热处理学会召开专题讨论会，邀请雷廷权讲授马氏体转变与形状记忆效应。雷廷权又一次连夜写信推荐赵连城。赵连城感到自己年轻资历浅，担心讲不好，雷廷权就鼓励他说："你长期搞这项研究，理解比我深，一定能讲好。"经过这三个回合，赵连城在得到了锻炼的同时，也得到了学术界的充分重视。

雷廷权扶植新生力量大公无私，即使是他提出来或指导的课题，只要**没亲自参与就坚决不署名**，总是尽量把机会留给年轻人。

"规格严格，功夫到家"是哈工大的校训，也是传统，雷廷权以实际行动对这一传统进行了诠释。身教胜于言传，雷廷权严谨的治学态度和工作作风始终伴随着他，并且对学生和年轻教师产生了重要而深远的影响。

2007年12月6日12时45分，雷廷权与世长辞，科学界的一颗巨星陨落了。

"创专业投全部精力领军中国热处理；

建学科注一生心血培育天下栋梁材。"

——这是一个晚辈写给恩师雷廷权的挽联，更是对一位科学工作者和人民教师一生的真实写照。

（张妍 邢丹／撰稿）

李 坚

中国工程院院士

院 士 名 片

　　李坚，1943年生于辽宁阜新，1966年毕业于东北林学院木材利用系，1987年获东北林业大学木材科学博士学位，1989—1990年在英国北威尔士大学院进修。任东北林业大学教授、博士生导师，中国工程院院士，教育部科技委委员、教育部奖励委员会委员、教育部林业工程类专业教学指导委员会主任，东北林业大学国家重点学科——林业工程学科带头人。曾任国务院学位委员会林业工程学科评议组召集人、东北林业大学校长等职务，2011年11月当选为中国工程院院士。

　　多年来，李坚坚持自主创新，引领前沿发展，在生物木材学、木质环境学、木材功能性改良学、生物质复合材料学等领域开展了大量的开创性研究工作，取得了卓越成绩，为我国木材科学与技术事业的发展作出了杰出贡献。先后主持完成国家、省部级重大科研项目20余项，获国家技术发明奖二等奖、国家科技进步二等奖、何梁何利基金科学与技术进步奖等奖励20余项，出版学术著作26部、发表学术论文300余篇。

一生都向自然学

——记中国工程院院士李坚

初次来到东北林业大学的中国工程院院士李坚家中的客人，常常惊讶于这位德高望重的院士竟然居住在一栋老楼里，面积不大、装饰朴素。李坚就在这栋楼里坦然地生活。他最爱吃蘸酱菜，闲暇时最喜欢到操场上散步，看看充满活力的年轻学生。他说："房子、票子都是身外物，不应迷恋。自然地生活最好。"正是这样一位淡泊名利、不断拼搏的院士，把为祖国富强而工作放在科学研究的首位，通过不断地向自然学习，开启了木材领域的新视界，为祖国的林业事业作出了贡献。

坚毅：特殊材料制成的院士
"种子哪怕落在石缝中，只要努力，都会生长"

每天早上 7 点多，70 多岁的李坚都会出现在办公室。只要他没有出差，这个时间没有变过，就连过年也不例外。这样的作息时间，甚至让那些刚和他一起学习、喜欢晚睡晚起的年轻学生有些吃不消。李坚的学生、和他已经共事 30 多年的刘一星教授用"特殊材料制成的院士"评价李坚，因为"不管工作多么繁重劳累，从来看不到他疲倦，总是精力旺盛的样子"。

制成李坚的"特殊材料"，就是他的执着和坚强。"你看自然界的种子，不管环境多么恶劣，哪怕落在石头缝儿里，只要自己努力，也会生根、发芽。人要向自然学习，只要有坚毅的精神，就没有什么克服不了的困难。"李坚说。

1943 年，李坚出生在辽宁省阜新市一户农家。小时候父母给他取名"李财"，希望他将来能够挣钱养家。尽管求学的过程非常艰苦，但是兄长却坚定地支持他读书。初中的时候，兄长把他的名字改成"李坚"，希望"坚"字能够时刻提醒这个寄托着家庭希望的弟弟用坚强面对人生的挑战。

20 世纪 60 年代初，正是新中国成立后经济快速发展的一段时期。意气风发的李坚梦想着穿梭于高山峻岭、为美化祖国山河大展拳脚，所以在高考的时候，选择了当时的东北林学院木材利用系，从此与木材科学结下了不解之缘。

那个时代的大学生是真正的凤毛麟角。成绩优秀的李坚相信，一定有一个美好的未来在等待着自己。可是原本可以预知的美好，却在 1966 年毕业的时候发生了逆转。

"文革"的到来，使成绩最好的李坚被分配到黑龙江省泰康县造纸厂。从天之骄子到基层工人，李坚拿到派遣证的时候，尽管也会因为难以施展抱负而有一丝失落，但他却没有说一个"不"字。"我完全服从组织分配，党让去哪里，就去哪里。"李坚收拾好行囊，到泰康县开始了三班倒的生活。

在泰康的日子里，李坚不仅认真工作，每年都把先进奖状捧回家，他更利用休息时间偷偷地读书。因为经过大学的熏陶，他对木材科学这门内容丰富的学科产生了深厚的兴趣。而且在他的心中，始终有一个信念，祖国需要发展、祖国需要人才。

如果说一腔热血可以让生命在逆境中燃烧，那么十几年的默默坚守，考验的则是一个人的毅力。1978 年，恢复研究生考试第一年，李坚就以他坚持不懈的积累成为当时东北林学院木材科学专业的硕士研究生。

读书是李坚一直的愿望，可是为了实现这个愿望，他的家人却付出了太多。当时李坚已经结婚，并且育有三个宝贝女儿。他和妻子每月的收入加起来只有89元，支撑一个五口之家已经十分勉强，一旦他去读书，只凭妻子一个人的工资，将使日子更加捉襟见肘。可是妻子陈淑清了解李坚，知道他认准的事，就一定会努力做成，她对他说："我就是砸锅卖铁，也要供你再念书。"有一个周日，李坚从学校回家看望久别的妻女。妻子跟二女儿说："你爸念书吃不上什么，去买十个烧饼，改善改善生活。"等了很久，女儿回来了，却只拿回六个烧饼。原来，常年吃不上细粮的女儿实在受不了烧饼的诱惑，边走边吃了四个。至今想起来，李坚还和二女儿开玩笑："你还想吃烧饼吗？你想吃多少爸给你买多少。"

如果说生活上的清贫，是本来就对物质没有过多要求的李坚可以一笑而过的困难，那学业中的挑战，则是他必须翻越的一座高山。

刚入学时，一直学习俄语的李坚根本听不懂英文的任何一个单词，这样的零基础却要直接挑战研究生的课程。有一位以前一直学习英语的同学不相信李坚能够跟上这样的节奏，不服气的李坚和他打赌："毕业时，我的英语成绩一定比你好。"这场看似不可能成功的打赌，却以李坚的获胜告终。"除了刻苦，没有捷径。"那时的李坚，每天兜里都揣着单词卡片，晚上为了抵抗困意，他在脚下放了一盆凉水，"困了就把脚搁里面一会儿，精神了再接着学"。

实践：学识当为社会服务
"我们是林业工作者，那里一定需要我们"

1984年，李坚带学生到广西柳州木材防腐厂实习，工厂请李坚帮忙解决一个问题：如何使马尾松的性能更稳定。原来，广西生长着很多马尾松，可是由于这种木材易开裂、好变形，一直难以存放和应用，已经给企业造成了很多损失。李坚通过试验，提出了化学处理与干燥工艺相结合的《马尾松木材改性综合处理技术》，当年工厂就盈利 300 余万元。

1987 年，大兴安岭发生新中国成立以来最严重的一次森林火灾，过火面积 114 万公顷、过火原木 1500 万立方米。6 月初，火灾刚刚扑灭，虽然没有接到上级的任何指示，但李坚还是带着东北林业大学的老师、学生奔赴现场——"我们是林业工作者，那里一定需要我们。"

而现场的景象更让李坚终生难忘——被抢运下来的火烧原木堆积如山，虫害率高达 98% 以上。如果不及时处理虫害，不仅木材会受损失，居民的健康也会受到影响。云杉小黑天牛和落叶松八齿小蠹是主要害虫，它们其实不难对付，难的是传统的水浸、喷药等方法根本不能适用于这么多、这么巨大的原木。

经过现场实地试验，李坚筛选出适于大规模作业的高效灭虫药剂，还提出了可以处理千立方米以上楞垛的熏蒸法。这一方法不仅为大兴安岭火灾减少了上亿元的经济损失，还成为后来国际大规模保存火烧原木的通用做法。"这个方法看似简单，却体现了李坚的厚积薄发。"和李坚一起到大兴安岭工作的刘一星感慨道。

正是因为看到了大兴安岭的火灾，李坚开始更加关注木材的阻燃问题。2000 年，李坚科研小组研发的新型木材阻燃剂 FRW 突破了国际上未能逾越的技术禁区，全面超越国际王牌产品，在多个国家和地区推广应用。

而这一项目的成功与李坚对团队工作的运筹密不可分。FRW 负责人王清文在接手项目之初，有点发蒙：以目前的基础、数据根本无法支撑起这样的科研，能做吗？"可是做下来，你会发现，我们团队其他课题组的科研成果就会给 FRW 提供必要的支撑。这说明，在李老师的心里有一盘很大的棋，他会为了一个长远的目标调兵遣将、排兵布阵。"王清文说。

"现在是我国木材科学领域科研的黄金期。"中国工程院院士、植物生理学教授尹伟伦这样评价李坚对于我国木材科学领域的贡献。这个"黄金期"的确名副其实，这不仅缘于在重视生态文明的今天，人们的环境意识正在逐渐提高，更因为全国从事木材科研的机构已经破除了壁垒、形成了合力。

前沿：开启木材领域的新视界
"有时种子埋在地下好多年，是为了积蓄破土的力量"

第八次全国森林资源清查结果显示，我国森林覆盖率只有21.63%。作为一个缺少森林的国家，在经济发展的过程中却不得不从森林中获取木材。所以，李坚一直有一个观点：保护和高效利用木材，就是不植树的造林，等于未增加森林面积而扩大了木材资源。

作为全国第一批木材科学领域的博士，李坚很早就看到了木材研究的诸多空白。"木材是经济建设、绿色环境和人体健康的贡献者。木材科学的研究人员可以在很多方面大有作为。"一提木材，70多岁老人的脸上就会绽放出光彩。说到兴奋处，老人走到书柜前，拿出几样东西交给记者："你看，这是扇贝，这是鲍鱼壳儿，它们为什么会这么坚硬？是靠什么把这些钙物质黏合在一起？这种纯自然的东西能不能代替以往的胶合剂，让木材更环保？"和李坚交流，人们总会被他活跃的思维、旺盛的科研热情所感染，更会被他愿意把自然界中的一切都与木材相联系所打动。

作为生物木材学的开拓者，自20世纪80年代开始，李坚就把传统木材科学研究从木材解剖、木材性质和木材缺陷扩大到生物木材学、木质环境学、木材基纳米复合材料、木材纤维素纳米纤维制备、木材基电磁屏蔽等多个领域，开辟了木材科学研究的新视界。

"他有着超前的眼光、一直走在时代的前面。"李坚的学生、全国优秀博士学位论文获得者王清文说。从20世纪80年代起，李坚就注意吸引化学、数学、自动化、艺术设计等专业的科研人员进入木材科学领域，提倡学科的交叉融合，正是这种远见，让李坚和他的团队创造出诸多个第一，给"超前"做了注解：

第一部应用现代波谱分析技术揭示木材内部及作用原理的专著——《木材波谱学》；

第一次运用有序聚类分析、计算机视觉技术以及优化统计理论解决成熟材和幼龄材界定难题的专著——《生物木材学》；

我国第一篇论述木材视觉、触觉、调湿等特性与人类和室内环境关系的论文——《木材、人类与环境》，成为唤醒人们生态意识的开篇；

第一次提出利用生物矿化原理制备无机纳米复合材料；

第一次采用超临界技术制备以木粉为原料的纤维素气凝胶；

第一次将采伐剩余物、木材加工剩余物、废旧木质材料这样的"三剩物"，以及秸秆、竹子等数量巨大却被弃之不用的材料纳入科学研究再利用的范畴；

……

李坚常常告诉身边的科研人员：陈旧的研究方法、陈旧的课题就不要再做了，搞科研必须要有新的思维、新的方法，否则就是误人子弟、误国发展。

这样的思路一以贯之。2011年，李坚当选为中国工程院院士后，仅四年多的时间，他已经带领全国木材科研人员对多项新课题开始了研究，其中很多都是向大自然学习所获得的启示：荷叶可以滴水不沾，我们能做出这样的木材吗？棉花轻柔飘逸，我们可以构筑相似的木质基仿生材料吗？这些木材仿生与智能响应、异质复合材料与智能制造、为3D打印提供支撑的生物质材料等很多课题，现在听起来还像天方夜谭，甚至让做这些科研的师生都有些怀疑——真能做出来吗？就算能做出来，得多少年才能出成果？可是李坚却很坚定："科学研究一定是前沿性的，有些基础研究不可能在短期看到效益，做科研不能急功近利，就像一颗沉寂多年的种子，埋在地下，是为了积蓄破土的力量。"

育人：事业需要一代代人的努力
"我现在只希望能有更多的小树成为栋梁"

现在李坚依然保持着每天阅读文献、追踪前沿科技的习惯。有人问他累不累，他说："我是园丁，施肥、浇水是我的责任。为了给学生提供足够的营养，累也幸福。"

让李坚觉得最为幸福的，并不是自己取得的任何成绩，而是培养了一大批在全国各地从事木材科学研究的栋梁。现在他的学生中，有的已经成长为长江学者、教授、学科带头人、首席专家，甚至很多"徒孙"辈的学生都已经成为博士生导师。所以，"李家军"到底有多少人，连李坚自己都说不清。

身为院士，李坚的工作尽管十分繁重，可他现在仍然在招收硕士、博

李坚实验室改良的木材

士研究生。目前在读的研究生他都亲自指导。"因为我给他们的研究方向，都是从来没人做过的课题，这种'开第一枪'的研究，具有高度的冒险性。我直接指导，会让孩子们少走弯路。"李坚说。

可是要想成为李坚的学生，却并不是一件容易的事情，因为他至今依然保持着一个"让人看起来好笑，但却一直坚持"的选择学生的标准——又红又专。"我觉得这个词一点都不过时。'红'就是热爱党、热爱人民；'专'就是雄厚的专业知识。没有热爱哪来的激情，没有知识哪来的力量。"李坚解释说。

做李坚的学生很累，因为他不仅每周都会去实验室看看科研进展，还要求学生们不能光做实验，更要养成总结归纳的习惯，每天至少要写500字的总结。而多年来，他本人每天写总结的字数则保持在800—1000字。尽管很累，可是很多李坚的学生都说，和李坚结识，自己的人生发生了改变。

生物质材料科学与技术教育部重点实验室副主任许民是木塑复合材料方面的专家。许民考取博士的时候已经38岁。之前因为父亲去世，她心力交瘁，对人生也心灰意冷。当李坚鼓励她考博士时，她说自己已经评了副教授，不想再辛苦地读博士，因为那样"会累、会变老"。李坚说："你不辛苦，就不会变老吗？人的一生怎样都会度过，你虚度光阴也好、刻苦努力也罢，一天的时间都是24个小时。可是不同的是你人生的意义。只有用积极的态度面对，才能收获一个无憾的人生。"这段话许民牢牢记在心里，正是这段话，使她的人生轨迹继续上扬。

高丽坤是一名研究生。高丽坤读本科的时候，母亲患上了骨癌，由于父亲很早就离开了她们，所以高丽坤只能和双胞胎姐姐一边读书、一边给母亲治疗，"那种压力让我看不到人生的希望，有时站到七楼宿舍，真想跳下去算了"。李坚知道后，一面帮她母亲联系医院，一面鼓励她"不管发生什么，都要努力、不能放弃"。李坚还和同事、学生为高丽坤捐款。李坚的鼓励和帮助，让高丽坤母亲的病情得到好转，也让高丽坤从自卑、自闭变得坚强、乐观。现在高丽坤不仅获得了国家奖学金、企业奖学金，并且已经发表了 11 篇 SCI 论文，成为保送的博士生。

如果说教给学生探索知识奥秘的钥匙是"授业"，那么教会学生面对人生的挑战、学会做人，则是"传道"。李坚常说"知识是力量、良知是方向"，他也一直用自己尊重他人、友善待人、低调做人的行动，影响着所有与他相识的人。

李坚教授（前排右二）在指导研究生

每次出差，尽管有学生、同事陪同，李坚也总是自己拿着行李，从不麻烦别人；凡是发给李坚的短信，就连过年时的拜年短信，他都会认真地一一回复……就连学校打字复印社的打字员都说，李坚老师特别随和。熟悉李坚的人都知道，他有一个习惯动作，就是双手合十，身体微倾，以示感谢。这个动作在给 2015 级新生作报告时，每当掌声响起，就会出现。而这个动作，也渐渐成为李坚学生、同事们的习惯动作。"天天守着李老师，自然就学会了。"李坚的秘书李国梁说。

说起这些，李坚不好意思地笑着说："'我'字和'你'字都是七画，人和人都是一样的，应该尊重别人。"

拼搏奋斗，励志笃行。伟大的梦想成就于艰苦的奋斗。李坚院士几十年如一日，钻研木材科学与技术，孜孜不倦，奋发图强。他心系龙江，志诚报国，为我国林业工程领域的科技发展和行业进步倾注了全部心力。在习近平新时代中国特色社会主义思想的指引下，李坚院士率领科研团队和全国同仁一道，通力合作，开启了新征程，去攀登新的科学高峰。

（孟姝轶／撰稿　赵嘉宾／编辑）

李圭白

中国工程院院士

院 士 名 片

　　李圭白，1931 年 9 月生于沈阳，中共党员，河南省偃师县人，市政工程专家。1955 年毕业于哈尔滨工业大学，1995 年当选为中国工程院院士，哈尔滨工业大学教授、博士生导师。长期从事水处理技术的科研和教学工作，在地下水除铁除锰领域，开发出了一种高效的接触催化除铁除锰新工艺，使我国地下水除铁除锰技术进入世界先进行列；在高浊度水处理工艺方面做了大量工作，是我国高浊度水处理技术的奠基人之一；他研究成功的高浊度水透光脉动单因子絮凝自动控制技术在国际上处于领先地位；他还参与水上一体化水厂的研究工作，使水厂建造工厂化取得了很大经济效益；他研究开发成功的高锰酸盐饮用水除污染技术、流动电流混凝控制技术等，都是具有国际领先水平的成果。近年来，提出"第三代城市饮用水净化工艺"的概念，倡导将超滤膜用于城市水厂等，推动了我国给水处理技术的发展。多年来，培养博士后、博士、硕士研究生近百名，为我国给水排水科学技术和教育事业作出了突出贡献。

　　李圭白的一生是与水结缘、与水相伴的一生，更是为水而战的一生。儿时的坎坷经历铸就了他坚毅的品格，为治理水污染，使我国的地下水资源得到充分的开发和利用，多年来，他在科研的道路上从来不畏艰辛，坚持创新思路、拼搏进取，开创了多项国际领先的水处理技术与工艺，是我国地下水除铁除锰的杰出代表。

为水而战

——记中国工程院院士李圭白

坎坷经历铸就成功基石

1931 年 9 月，李圭白生于沈阳。由于战争的威胁，小时候的李圭白跟着父母不断逃难，历尽艰辛。1936 年他在南京上小学；"七七事变"后又从南京逃到原籍河南；河南沦陷，再逃至陕南汉中。当时疯狂的日机经常轰炸汉中，李圭白亲眼目睹了中国同胞被炸死的惨状，因此幼年时便在心中升起对日本侵略者的无比仇恨和振兴祖国的强烈愿望。1943 年，12 岁的李圭白小学毕业，毅然考入设于四川灌县（今都江堰市）的空军幼年学校。由于离家遥远，家境贫寒没有路费，少年的李圭白只身入川竟一去五年没有回家，艰苦无助的生活培养了他顽强的独立生活能力。

1950 年夏，李圭白辗转前往向往已久的北京。在当时学习苏联的氛围下，他考上了哈尔滨工业大学土木系。1952 年，学校里来了苏联专家，李圭白被分配去学习新成立的给水排水专业，从此与给排水结下了不解之缘。

科研创新屡获国际领先

1955 年，李圭白研究生毕业于哈尔滨工业大学给水排水工程专业，后一直在哈尔滨工业大学（曾为"哈尔滨建筑工程学院"）任教，一生奉献于给水排水（市政工程）专业的教育事业，作出了卓越贡献。

中华人民共和国成立初期，东北地区的地下水相对丰富，是东北地区重要的供水水源，但无论是生活用水还是工矿企业用水，铁和锰的含量多数超标，20 世纪 50 年代，东北地区工农业发展和人民生活水平提高较快，用水量大幅度增加，迫切需要解决地下水除铁除锰问题。

李圭白认为，无论是生活用水还是工业用水，都需要进行除铁除锰处理达到用水标准后才能供应。而且，当时采用地下水具有以下优点：取水条件及取水构筑物构造简单，便于施工和运营管理；对于一般用户而言，大多无须澄清处理，当水质不合要求时，水处理过程一般比地面水简单，故处理构筑物投资和运行费用也较省，在一定程度上简化整个给水系统；便于靠近用户建立水源，从而降低给水系统（特别是输水管和管网）的投资，提高给水系统的安全可靠性；便于分期修建；便于建立卫生防护区，易于采取人防措施。

因此，要发挥地下水水源的作用，首先要解决除铁除锰技术问题。当时水处理技术落后，既没有实验所需的仪器设备，又缺乏参考资料，年轻的李圭白就是在这样艰苦的条件下白手起家，排除万难研究下水除铁除锰技术，经常在实验室废寝忘食地工作。他一方面进行深入地调查研究，摸清楚地下水含铁锰的翔实数据；另一方面土法上马，制作必需的实验设备，采用多种方法，进行多次试验，进行对照和比较，并不断总结经验，加以改进和提高。在不断地努力和钻研之下，1960 年，李圭白通过大胆引入催化技术，开发出一种高效的接触催化除铁除锰新工艺。这种工艺不需要投加药剂，经济有效，特别适合我国国情，所以十几年内就迅速推广

调研中的李圭白（右二）

到全国 80% 以上的水厂，成为我国一项代表性的水处理工艺，并使我国地下水除铁除锰技术进入世界先进行列。

在饮用水除污染领域，当时国外普遍采用臭氧氧化和活性炭吸附联用的方法，但价格昂贵，因而不适合在我国推广。李圭白通过反复论证和多次试验，发现高锰酸钾能有效地去除水中的微量有机污染物，特别是对去除水中致突变物质也非常有效，于是李圭白朝着这一方向刻苦钻研，最终成功开发出高锰酸钾及其复合药剂除微污染新工艺。这种工艺只需要向水中投加少量高锰酸钾及其复合药剂即可达到饮用水去除污染的效果，不需增设大型设备，不需改变净化处理流程，经济有效，简便易行，为我国饮用水除污染开辟了一条新途径。在该成果基础上，李圭白又开发出成套的系列产品在我国推广，深受用户欢迎。

凝聚和絮凝是水处理中应用最广的方法，但它又是一种复杂的物理化学过程，影响因素众多而难以自动控制，成为长期困扰工程技术界的一个难题。当时国内外流行的方法是采用多因子检测、建立数学模型的计算机控制法，但由于参数多，投资大，精确度和可靠性低而未获普遍推广。20 世纪 80 年代末国际上出现的流动电流控制法，是一次重大突破，它只需检测一个因子——流动电流，就能实现精确控制。李圭白领导的课题组及时抓住了这个前沿课题开展研究，并于 1991 年研制出我国第一台流动电流检测仪，使我国成为第二个掌握该技术的国家。之后，他又将国际上一种颗粒在线检测技术引入凝聚和絮凝控制，开发出一种全新的絮凝粒子检测单因子控制法。原有的流动电流控制法一般只适宜用于给水处理，而絮凝粒子检测控制法则可适用于一切给水、污水和工业废水处理过程，成为水处理领域的又一大进步。

勤耕不辍助推学科发展

给水排水和水处理工程是一门综合性学科。半个多世纪以来，李圭白始终锲而不舍，注重实践，勇于开拓，从事科学实验和理论研究。他是中国高浊度水处理技术的奠基人之一，用实验检验理论、修正理论，不断创新，在水处理领域提出许多新概念、新理论、新工艺、新技术，为给水排水和水处理技术学科的发展作出了突出贡献。1995 年，李圭白当选为中国工程院院士。

李圭白治学严谨、涉猎广泛、思想敏锐、崇尚自然，不仅学术、事业有成，而且他在育人上能够授业解惑、为人师表，在人品上虚怀若谷、淡泊名利，学术上孜孜探索、一丝不苟，做事上务实敬业、踏踏实实。对待学生平易近人，言传身教，特别注重培养学生的创新思维，教学相长，学生中人才济济，很多学生都已成为教授和著名专家。截至 2017 年，李圭白培养出博士 50 多名，硕士 50 多名，为中国给水排水领域培育了大量科技人才，学生曲久辉 2009 年当选为中国工程院院士，学生傅涛任教于清华大学环境学院，指导的博士田家宇的论文《浸没式膜生物反应器组合工艺净化受污染水源水的研究》被评为 2010 年哈尔滨工业大学优秀博士论

实验中的李圭白

文、获 2011 年全国百名优秀博士论文提名奖，博士俞文正的论文《混凝絮体破碎再絮凝机理研究及对超滤膜污染的影响》被评为 2012 年哈尔滨工业大学优秀博士论文，博士丁安的论文《重力流膜生物反应器处理灰水效能及膜通量稳定特性研究》被评为 2016 年哈尔滨工业大学优秀博士论文。

在科研工作中，李圭白充分关注社会和经济发展的需要，因为他深知，只有社会的需要才是最有生命力的。他在科研过程中，不仅力求站到科技发展的前沿，研究和开发最新技术，并且还特别注意结合我国的国情。依照这样的技术路线，研究和开发得到的成果，就既具有先进性，又具有中国特色，才会得到我国用户的欢迎。在获得科研成果以后，李圭白还十分注重成果推广和生产力转化，取得了显著成绩。

在进行除铁除锰科学研究过程中，李圭白还注意不断总结经验，积累研究成果和资料，注重建立学术体系，著书立说。1989 年与刘超合作编著的《地下水除铁除锰》是我国出版的第一部论述地下水除铁除锰的专著，此后《工业给水》《城市水工程概论》《水质工程学》《给排水科学与工程概论》等著作，为给水排水和水处理技术学科的发展打下了坚实基础。

60多年的科研生涯中，李圭白的科研成果获全国科学大会奖1项，国家级发明奖二等奖2项、三等奖1项，国家级科技进步奖二等奖1项、三等奖1项，以及省部级奖十余项。在国内外刊物上发表学术论文400余篇，出版学术专著6部，参编教材3部，许多成果已列入设计规范、设计手册和高校教材，并在多项工程中被采用，为我国给水排水科学技术和教育事业作出了突出贡献。

2009年，以李圭白院士名字命名的"自然与健康基金会李圭白奖励基金"（简称"李圭白奖励基金"）设立签约仪式在长沙"高校给水排水工程专业指导委员会第四届第五次会议暨2009年给水排水工程（给排水科学与工程）专业相关学校院长（系主任）大会"上举行。李圭白奖励基金由上海市自然与健康基金会投入100万元人民币作为原始基金，并以奖励基金名义接受社会捐赠的款项，该基金的宗旨是促进市政工程学科工学博士研究生创新能力的培养与提高，产生更多的博士创新成果，促进博士生教育的发展及博士论文水平的提高。

如今，给水排水已从一项基础设施发展成为一种庞大的产业——水工业，近90岁高龄的李圭白，时刻以一名水工业参与者的身份自勉，对于给水排水的科学研究，深感任重而道远，尚需继续努力。

（哈尔滨工业大学／供稿　胡蕊／编辑）

梁维燕

中国工程院院士

院 士 名 片

　　梁维燕，1929 年 10 月出生于北京市，原籍山西省襄陵县（今襄汾县）。1951 年毕业于天津北洋大学（现天津大学）电机系，后到哈尔滨电机厂工作，先后任哈尔滨电站设备集团公司总工程师、哈电集团控股的哈尔滨动力设备股份有限公司高级工程师。1995 年当选为中国工程院院士。

　　梁维燕院士是我国发电工程及设备制造领域权威专家，我国大电机和水轮机领域的开拓者，主编了《中国电器工业发展史（水力发电设备制造业）》和《英汉电站工程辞典》等多部学术著作，主持研制达到国际水平的长江葛洲坝 125 兆瓦水电机组获得国家优质金奖和国家科技进步特等奖，这是我国发电设备获得的第一块金质奖章；主持全国第一台引进技术制造的 600 兆瓦汽轮发电机获国家重大技术装备一等奖。他主持突破高压定子线棒主绝缘防晕层电腐蚀的关键技术，实现大型发电机定子线棒主绝缘与防晕层半导体带包扎后一次模压成型的新工艺，无电压击穿，延长机组寿命。他参加长江三峡机组论证、研制和后评估的全过程，并组织科技攻关。1999 年，受聘国务院三峡工程建设委员会三峡枢纽工程质量检查专家组成员；2008 年，担任中国工程院"三峡工程认证及可行性研究结论的阶段性评估"机电设备专家组组长。

让更多"中国创造"走向世界

——记中国工程院院士梁维燕

结缘水电研发六十四载

梁维燕 1951 年从北洋大学毕业来到哈电，直到 2015 年国家实施院士退休制度退休后，才离开哈电。"这么算的话，我的工龄有 64 年吧。从几百千瓦机组到几十万千瓦机组、再到百万千瓦机组的研制，我和我的同事、行业专家们有幸一起见证和参与其中。"梁维燕说，他的人生，就是水电人生，他的成长就是伴随着我国水电机组不断实现突破的进程而成长的。

葛洲坝 125 兆瓦水电机组的研制、600 兆瓦汽轮发电机引进技术制造、三峡机组重新论证和组织科技攻关等一系列重大事件中，都有着梁维燕孜孜不倦的身影，他把毕生奉献给了中国的水电事业。

我国水电重大装备用七年时间实现了 30 年的跨越式发展，实现了我国 70 万千瓦级水轮发电机组从无到有，实现了从"中国制造"到"中国创造"的华丽转身。经过金沙江溪洛渡、向家坝水电站的建设，机组单机容量又成功提高到 80 万千瓦级，我国水电机组的设计制造能力得到进一步提升，白鹤滩水电站已是 100 万千瓦机组。

面对国内水电机组研发与设计能力的飞跃发展，梁维燕颇有感慨：新中国制造第一台 800 千瓦的下硐水电站立式水轮发电机组，到世界最大单机容量 100 万千瓦的白鹤滩空冷发电机组，中国水电制造业经历了 60 年的发展历程。在这 60 年里，中国科研人员一直拼搏不歇，梁维燕始终相信中国能"制造世界一流水电机组"。

在 64 年的水电人生中，梁维燕与三峡结缘 33 年。

梁维燕告诉记者说，1984 年三峡工程重新论证选定 75 米水头开始，又参加三峡电站 70 万千瓦级水轮发电机组制造，再后来到参加金沙江溪洛渡、向家坝水电站水轮发电机组制造，一直到现在白鹤滩 100 万千瓦机组制造，一晃与三峡结缘 33 年。

从 20 世纪 90 年代起，哈电集团哈尔滨电机厂有限责任公司（简称"哈电电机"）开启"三峡时代"。作为我国水电制造伟大成就的见证者，梁维燕是哈电技术总负责人，他的功劳十分卓著。

1992 年 4 月，全国人大会议通过三峡工程的决议，确定设计水头 75 米安装单机 70 万千瓦机组，中央确定左岸电站 14 台机组以外方为主，卖方信贷，转让技术，合作制造，完全达到外方技术标准，满足安装进度要求。右岸电站 12 台机组中有 8 台和地下电站 4 台 70 万千瓦机组由国内自主设计制造。

梁维燕调入哈尔滨电气集团公司后，兼任水力发电设备国家重点实验室主任，工作上与三峡工程和中国三峡集团联系更加紧密了。

"在三峡右岸电站和地下电站机组中，哈电电机设计制造的六台 70 万千瓦水轮发电机是在突破国际上认为大于 60 万千瓦水轮发电机应当采用定子水冷的技术，实现世界首创的采用定转子全空冷技术，广受欢迎，随后建设运行的溪洛渡水电站单机 77 万千瓦、向家坝水电站单机 80 万千瓦机组等都是采用世界首创的定转子全空冷水轮发电机，运行良好。经过计算与模型实验，白鹤滩水电站 100 万千瓦水轮发电机采用全空冷技术完全是可行的。"

梁维燕自豪地说："白鹤滩水电站是世界第二大水电站，安装的却是世界上最大的水轮发电机组。作为国人，十分骄傲。"

不断创新才能立足世界

中国企业要想更好地生存，只有不断自主研发自主创新才能在市场竞争中发展。

围绕白鹤滩百万千瓦机组国家支撑计划项目课题，哈电集团与三峡集团进行密切合作，又联合国内知名研究院所、高等院校和企业，组成七个攻关团队，将产、学、研、用相结合，课题研究项目进展十分顺利，获得了一大批新理论、新技术、新测试分析方法及发明专利。

2007年，受中国水电水利规划设计总院委托，哈电电机承接了《1000兆瓦级水电机组制造可行性分析》专题研究，踏上了百万千瓦水电机组科研攻关的征途。同年，在向国家科技部提交可行性研究报告之后，哈电电机又联合国内知名研究院、所、高等院校和企业组成攻关团队，承

2010年5月13日，梁维燕院士检查三峡定子端部制造质量

接了 7 个国家科技支撑项目课题的研究工作。在项目的研究过程中，哈电电机发表了 74 篇论文，获得国内专利授权 49 项，其中发明专利 16 项。国家科技部《1000 兆瓦水力发电机组研究》课题验收专家组认为，哈电电机研究的成果在某些方面达到世界领先水平，各项科研成果足以支撑工程设计制造的各项需求。

三峡集团根据白鹤滩、乌东德工程实际特点，先后委托哈电电机开展了六个关于 100 万千瓦水轮发电机组专项技术的研究，使哈电电机的研究开发工作更具针对性，更接近工程实际。2008 年，哈电电机承接了向家坝左岸 4 台套 80 万千瓦和溪洛渡 6 台套 77 万千瓦全空冷水轮发电机组研制合同，其中，向家坝机组为当今世界已运行单机容量最大的机组，也是国内首个 80 万千瓦等级的机组。哈电电机在机组研制期间，采用了"白鹤滩百万千瓦水电机组"的多项研究成果，使未来"百万千瓦水电机组"研究得到进一步工程验证。

梁维燕回顾说："当时，我们把百万千瓦水轮机水力设计及稳定性研究，水轮机参数选择及机组结构优化、新材料、新工艺技术研究等全部放在这个试验平台上完成了。之前国际上得出的结论认为，大于 60 万千瓦的水轮发电机定子必须是水冷，我们研究中得出的结论是可以做成空冷的。三峡右岸电站单机 70 万千瓦机组、溪洛渡水电站单机 77 万千瓦、向家坝水电站单机 80 万千瓦机组都是全空冷，这是一个很大突破。积累了很多运行经验。"

2011 年 3 月，白鹤滩水电机组局部通风及温升试验顺利完成，验证了百万机组采用全空冷方式是完全可行的。专家认为，哈电电机已经完全掌握了一套独有的全空冷技术。

"百万千瓦机组"不仅是充分发挥白鹤滩水电站效益的现实需要，也是进一步提升中国水电机组及配套装备的设计制造能力，"百万千瓦机组"推动重大装备国产化达到新高度，有利于打造中国制造升级版。哈电电机从百万千瓦水轮发电机组的安全高效运行角度出发，重点针对巨型机组稳定性、水力开发、电磁、结构、绝缘技术、疲劳破坏和过渡过程、通风冷却试验及测试方法等方面进行科研攻关，取得了丰硕成果，推动着我国巨型水轮发电机组制造技术不断走向成熟。

"百万千瓦机组制造，是全球水电制造业面临的一次巨大挑战，可以让全世界制造业看到中国完全有能力制造百万千瓦水电机组。"梁维燕院士肯定地说。

"在水电装备制造业方面，'以国内为主'的概念任何时候都不能变。哈电电机明确提出：合作可以，合资不行。哈电电机坚持走自主发展的路子，几十年的实践证明，这条路子走对了！"梁维燕自豪地说。

"科研需要抢先的"

退休后的梁维燕，依旧非常关注哈电电机的发展，中国水电的发展。"水电建设比火电建设要复杂得多，需要研究的课题还有很多，决不能止步。如今，国际上制造水电设备的主要知名企业，在中国建立了水电设备合资企业，竞争十分激烈，中国企业只有不断自主开发才能在市场竞争中取得新的发展。看准了的事，抓紧决策去干，不要犹豫。我在哈电工作的几十年，凡事都是抢先的，这不能客气！"

梁维燕告诉记者说，建厂初期，自己来到这里，就感受到这个厂在生产上"抢"的一股拼劲儿，一股劲儿头。建厂不久，哈尔滨电机厂分工制造 800 千瓦立式水轮发电机的部件有定子冲片和推力轴承，在顾乡屯老厂房生产。定子冲片的冲模由工具车间制造，在程星五老师傅率领下，很好地完成我国第一付扇型冲模。其余零部件加工与装配全在电工十五厂水轮机车间进行。梁维燕亲眼看到全体职工以"抢制"精神完成加工任务，投入装配。

在而后的职业生涯中，梁维燕、哈电和哈电电机的科研团队，创造了很多国内第一。国内的百万机组就始于哈电电机。

在三峡、溪洛渡、向家坝机组的研制期间，哈电电机采用了"白鹤滩百万千瓦水电机组"的多项研究成果，使"百万千瓦水电机组"研究逐步在工程上得到验证。三峡右岸和地下电站、溪洛渡电站、向家坝电站机组运行良好，更是积累了丰富的机组运行经验。一些关键的技术已经在之前建设的机组上得到了很好的验证。

早在多年前研制三峡机组的时候，哈电电机就创造了许多世界"第一"，例如打破了国际上曾经公认的"空冷禁区"。在此之前，国际上普遍认为，大于60万千瓦的水轮发电机应当采用定子水冷的技术，而不能采用空冷技术。但是，早在三峡右岸电站和地下电站中，哈电电机自主研发设计制造的6台70万千瓦水轮发电机，便全部采用定转子全空冷技术，成为世界首创，效果非常好，受到了行业专家的好评。

尤其在转轮制造方面，从三峡机组开始就有了很大提高，哈电电机完全掌握了转轮模型试验技术，并且在三峡机组转轮铸造中使用了精炼不锈钢材料、数控加工、按设计规定区域运行，在国内外大型水轮机转轮制造史上首先实现"没有裂纹"。

在绝缘方面，通过承担国家科研课题，哈电电机获得了24千伏/26千伏级线棒绝缘材料、结构、制造工艺及装备一系列研究成果。在模拟白鹤滩项目定子绕组绝缘性能影响而进行的同台对比试验表明，哈电电机研制的水轮发电机定子仿真线棒，完全满足百万等级水电机组的各项指标要求，能够保证机组的安全稳定运行。

三峡集团建设百万千瓦机组，中国引领世界水电发展。百万千瓦机组将进一步提升中国水电机组及配套装备的设计制造能力，打造中国制造升级版。让全世界制造业看到，中国完全有能力制造百万千瓦水电机组，进一步夯实了中国水电在世界上的引领地位，成为中国水电"走出去"的一张崭新的名片。

梁维燕院士虽已离开了我们，但梁维燕院士曾说，我们有了好的产品，不能骄傲，要特别重视加强管理。搞水电的人知道，尤其材料的管理十分复杂，马虎不得。不断提高产品质量，这是我们永远不能放松的话题，产品质量要靠每一位员工去实现，这是全员的行动，这也是一个系统而富有重大责任的工程。

（彭宗卫　张弘　吴利红／撰稿）

廖振鹏

中国工程院院士

院 士 名 片

　　廖振鹏，1937 年出生于四川成都。1956 年，以优异成绩考入清华大学，就读土建系工业与民用建筑专业。1961 年，到中国科学院土木建筑研究所（现中国地震局工程力学研究所）从事科研工作。

　　廖振鹏是国家有突出贡献的中青年专家，国务院政府特殊津贴，全国地震系统先进个人，地震系统优秀研究生指导教师等称号的获得者。1997 年当选为中国工程院院士。

　　廖振鹏一直致力于我国地震工程与工程地震研究。1986 年，主持完成的"人工透射边界的研究及其应用"获国家地震局科学技术进步奖三等奖，1989 年主持完成的"大连市地震小区划"获国家科学技术进步奖二等奖，1991 年主持完成的"非均匀介质中地震波动的研究"获国家地震局科学技术进步奖二等奖，同年由国家地震局推荐申报并获得 1992 年国家科学技术进步奖二等奖。参与获得国家、省部级奖励十余项。1979 年以来，培养硕士研究生 17 名，博士研究生 19 名，博士后 18 名，其中包括国家杰出青年基金获得者 2 名，长江学者 3 名，地震工程与工程地震领域教授 23 名。

科研工作及教书育人者之表率

——记中国工程院院士廖振鹏

他，生于战争年代，因家境贫寒没上过高中，却经过两个月的复习考入清华大学，又在 60 岁时成为院士。

他，长期从事地震工程和工程波动理论研究，是我国地震区划研究的先驱之一，也是地震波动数值模拟研究的开拓者。

他，不忘教育初心，牢记育人使命，一生致力于为国家培养专业人才。

他，在耄耋之年仍坚持学习，思维活跃，始终保持一颗对科研的好奇心。

他，就是中国地震局工程力学研究所研究员、哈尔滨工程大学教授、博士生导师，中国工程院院士廖振鹏。

2018 年 10 月末的一个午后，霜降已至，深秋的味道更浓了。笔者来到位于哈尔滨市南岗区学府路的中国地震局工程力学研究所，满院子金黄色的落叶与工力所的白墙灰瓦相映，透射出自然的气息和古朴的典雅，一进院子里心便会不由自主地沉静而开阔。这里，廖振鹏先生已经工作生活了五十多个春秋。半个世纪的坚守，让他的生命呈现出不一样的厚重。

他，与我们如此相似，也曾顽劣淘气，也曾放飞自我

1952 年，15 岁的廖振鹏初中毕业，同学们大都升入高中，由于家境贫寒，他进入了国家提供食宿和免收学费的成都职业技术学校。那时的廖振鹏对学习毫无兴趣，他曾在一篇回忆文章里写道："我那时很贪玩，把捉的蟋蟀放在课桌抽屉里，不料上课时蟋蟀叫起来，惹得老师大怒；中午偷偷去河里游泳，回到学校已经上课，我不敢进教室，就惶恐不安地站在门外等下课。玩得津津有味，学习则味同嚼蜡。那时我就是这样一个淘气和不爱学习的学生，中专第一学年我补考两门课：语文和政治。"

这种情况在第二个学年有所转变，由于全国院系调整，廖振鹏来到了泸州化工学校。新学年开学的第一堂课上，老师宣布学校新建了工业与民用建筑专业，同学们可以自愿转到该专业学习。廖振鹏听后，二话不说就拿起书包直奔新专业教室。就这样，廖振鹏在 16 岁的时候与土木工程结了缘，并在这个专业领域学习奉献了一生。

"新校园面临长江，背靠青山，两侧是一望无际的甘蔗地。从江边延伸到山脚的开阔地上，散落着许多小平房，这就是我简朴的但难以忘怀的中专母校，我成长的摇篮。"

"也许是因为换了环境使我有了重新开始的感觉，也许是补考使我对自己感到不满，我说不清楚，少年的心理转变常常不可理喻。"而今天回望，廖振鹏说这种转变更多的还是因为一位老师的激励。

中专时期，廖振鹏最喜爱上一位姓杨的老师讲的钢筋混凝土结构课程。一次在做杨老师布置的一道习题时，廖振鹏除了做常规解答外，还附上了一页纸的讨论，内容大致是对问题提法和解决方法提出了自己的看法。杨老师阅后在他的作业本上留下了一句红笔批注：对科学的钻研精神可嘉，勉之！

"这对于一个十几岁的少年是多么大的鼓励！"多年后，那行端正的

楷书所写下的红色批注深深印在了一个少年的心头，并一直激励鼓舞着他去钻研、学习。从那时起，廖振鹏像变了一个人一样，一个少年的青春也在懵懂中摸索着自己的方向。

他，与我们如此不同，独立思考自主学习，让他受用一生

1956 年，国家号召"向科学进军"，以前只招收高中毕业生的高校扩大招生。"中专生也可以考大学了！"廖振鹏听到这条消息时离高考只有两个多月，但仍决定试一试。

谁料，几个月后，自认为考得并不理想的廖振鹏竟然接到了清华大学的录取通知书。

多年后，廖振鹏表示："我之所以能考上清华，只能归之于独立思考和自主学习的习惯，以及逐步提高的自学能力。"

而这一良好习惯，则始于廖振鹏在中专学习时期。

中专教育侧重技术和技能，廖振鹏则愿意深究事物的根本。一次上理论力学课时，老师给了大家一个微积分公式，并告诉大家这个是中专不涉及的教学内容，但是大家可以记下来用。廖振鹏盯着黑板上拉长的"∫"符号，心里激起了理解微积分的强烈愿望。

课后，廖振鹏去查阅微积分教材，立志要把公式弄懂，做到真正的理解。接下来，通过一步一个脚印的自学终于领会了微积分的要点。

廖振鹏表示，这种自主学习方法比单纯地从老师那里接受知识要更加印象深刻。"这使我较之一些科班学生更扎实地掌握了微积分思想，并能灵活地用于解决具体问题。"

中专毕业后，廖振鹏相继在成都和重庆的建筑工地实习，做过瓦工、钢筋工、混凝土工和木工。实习结束时，廖振鹏以"平行流水作业"为主题撰写了毕业实习报告。报告中阐述了从工地特定的人力和物力出发，在

不浪费资源的条件下，如何组织流水作业和平行作业，并尽快完成施工。

多年后，廖振鹏仍对报告的写作过程和其中的内容记忆犹新，他表示，这个过程让他体验到独立从事科学研究的过程：自己提出问题，自己提出解决问题的具体思路，自己动手去做，直到写出报告。

廖振鹏在 20 世纪 50 年代工作照片

廖振鹏说，中专毕业后那段短暂的工作时光对自己良好学习习惯的养成极为重要。在工作中，他很快发现自己在中专学到的知识不能完全满足需要。于是，工作之余，他便结合工作中遇见的问题开始不断学习，将业余时间几乎全部用于自学喜欢的数学和物理。"不明白、不确定的东西就一样要想办法弄懂"，学习上的进步让廖振鹏增强了自信，并激发出更强的求知欲。

20 世纪 80 年代初，廖振鹏曾在美国南加州大学进行交流学习。那时，国内对于波动理论的研究主要应用解析解的方法进行计算，而国际上已经开始应用数值解的方法进行复杂波动问题的测算，且计算机数值模拟技术已经开始应用。为此，他开始自学计算机编程，率先进入了数值解的研究。

1992年，廖振鹏带领的研究小组获得国家科学技术进步奖二等奖。回忆起这次技术研究的过程，廖振鹏表示研究小组从波速有限原理出发，提出了波动有限元模拟的解耦思想和实现解耦的方法；其后对这一方法作了论证，并将它与透射边界研究结果结合，建立了近场波动有限元模拟时空解耦技术的基本框架。这一技术可应用于多个学科领域中大型复杂开放系统内波动的数值模拟，为结构—介质动力相互作用、复杂目标散射、震源附近的波场和大型工程结构动力学问题的分析提供了一条途径。

这一研究过程与廖振鹏在学习阶段提出问题、分析问题、解决问题、形成报告的过程如出一辙。

起步并不占优，先天也非"神童"，成就廖振鹏的就是他坚持了一辈子的独立思考和自主学习的习惯。

他，对科学如此敬重，用工匠精神，守护真理家园

廖振鹏教过很多学生，学生对他的第一感触都是治学细致严谨。

一位学生说："廖老师对待学问、对待科研的态度是极其精益求精的，对任何已知的结果和公式，不是要机械式记忆，而是要求我们要弄懂原理。"

在为学生修改文章时，廖振鹏也极其认真。"几万字的论文，一个英文字母错了，廖老师都能找到"，一位学生回忆说。

而另一位学生则表示，廖老师很能抓住事情要点，"我的一篇文章，廖老师看后，提出一个问题，竟是在这篇文章里面我唯一有些模棱两可的点"。

对此，廖振鹏表示心中明白事情的原理才能把话讲清楚，写论文不可把公式、图表、议论进行七拼八凑，而是要让自己和别人清楚到底在说

什么。

谈到做学问，他认为做学问的前提是扎实的研究和实在的结果，切忌心浮气躁。

"一篇文章，无论是标题、提要、组织结构以及关键字句都需要联系起来反复思考、推敲和修改，才能准确、简洁和清楚地表达自己的思想和研究结果。"

在廖振鹏的学生中，流传着这样一句话，"今天要去廖老师那儿，早上得多吃两碗饭"。学生们表示，与廖老师一起讨论问题，都要做好充分的准备，因为廖老师有一双"火眼金睛"，想对某些问题模棱两可"糊弄"过去，那是不可能的。

在学术研究中，廖振鹏对每个概念、原理都要反复求证。他说，对一件事的认识，不论是从书本上看到，还是从别人口中得知，那都不是自己的观点。

"不能以己之昏昏让人之昭昭"，这是他经常对学生们说的一句话。

不仅如此，廖振鹏在学术研究之外，还是位善于整理、分类的高手。

他的办公室从无杂乱，各类文件、书籍按类划分，摆放整齐；

他的衣着虽然不讲究西装革履、仪表堂堂，但一定要干干净净、清清爽爽；

他在工作中无论如何千头万绪，都从容淡定，他常说，"事情要一样一样做"。

在他的工作电脑中，各类文件清晰可见、条理分明。他甚至为每位带过的学生建立了一个以其名字命名的文件夹，点开之后这位学生的资料信息、研究报告、学术成果等又一一形成独立的小文件。

契诃夫曾说：人的一切都应该是干净的，无论是面孔、衣裳，还是心灵、思想。

想来，廖振鹏就是这样的人。

多年的工作生活中，廖振鹏追求细节，一丝不苟，严谨的态度和良好的习惯让他始终思路清晰。

廖振鹏曾写过很多专业理论书籍以及教材，但他对于这些并没有多少自豪或引以为傲的感觉。他最希望的是听到专业人才对他著作提出些宝贵的修改意见，包括在书中发现的各种缺陷和错误，以及修改工作建议。在他看来，严谨和耐心是一个科研工作者的基本要求。

他，对学生如此看重，用父母情怀，秉守师者风范

在学术研究中，廖振鹏是学生眼中的严师；但在生活中，他却是学生们心中的益友。

廖振鹏说，他近些年的主要工作目标就是培养品学兼优的青年。

"廖老师从不让我们去做重复性的工作"，廖振鹏的一位学生告诉笔者，跟着廖老师做科研，如果他觉得学生已经解决了一个科学问题，那就不会再让学生把时间和精力投入到重复性的工程应用上。

廖振鹏院士（左一）与学生讨论问题

对此，廖振鹏表示，"学生把最宝贵的青春时光拿来与我一起搞科研，就一定不能浪费，要让学生在这段最宝贵的时光里多学知识、多出成果"。

在多年培养科技人才的过程中，廖振鹏还一直强调要与学生成为同学，在学习和工作中与学生们一起相互切磋、融洽共事。

他说，经常和学生一起研讨问题对激发学生独立思考是极为重要的。

为了让学生达到最好的学习效果，廖振鹏自己也一直在不断学习，"老师在鼓励学生努力学习的同时，自己也要下功夫，才能用自己的兴趣、心得和想象力激励学生的学习热情和创造性思考。我体会到，在自己努力不够的时候，就可能抓不住学生在学习和研究中的问题所在，有时还可能对年轻人的创造性火花视而不见，从而不能及时地提出具体的意见和建议。"

回顾与学生共同研究的日子，廖振鹏说："我感到我从他们那里学到的东西未必少于他们从我这里学到的。就研究结果来说，每位参与合作研究的学生都作出了有特点的、必不可少的贡献，没有他们就没有这些结果。"

一位廖振鹏的学生告诉笔者，无论是与廖老师一起讨论问题还是一起做研究，廖老师都不会把自己当成指导学生的老师，而是把自己当作学生的同学、同事，大到整体把关、小到每个细节，他都参与其中，与学生一起完成。

"廖老师是一位给我鼓舞和力量的人，无论是生活中遇到了困难，还是学术研究中遇到了瓶颈，每次与廖老师聊聊天，听他说说话，我就会好起来……"一位廖振鹏带过的学生说道。

廖振鹏带过很多研究生，谈起导师，很多学生都表示廖老师对学生的关心、爱护令他们感动难忘。

"廖老师对学生非常好，没结婚的时候，很多家在外地的同学都是在廖老师家里过节的"；

"廖老师对我们事事关照，我结婚的时候需要买大件儿，廖老师出钱

出力";

"我学生生涯时，逢年过节必去廖老师家里吃饺子，每次离开还要带点水果、点心之类的回宿舍";

"七八十年代生活水平还不高，那时候要想改善一下伙食，大伙儿就去廖老师家里";

"我在博士研究生毕业答辩时，廖老师突然身体不舒服，但是他为了不影响其他人，自己在教室后面一直忍着不出声，这件事我当时没有发现，事后很久才知道，现在想起来都觉得心里不好受";

"有一年夏天，我与廖老师一起去食堂吃饭，我穿着凉鞋脚上不知什么时候割了一道口子，还是廖老师先发现的，他还一路小跑帮我去拿创可贴";

……

像这样的事情学生们说了很多。正是这样一位平易近人、亦师亦友，真诚地与学生互尊互爱、共同成长的长者，让学生们在人生中最美好的日子里感受到师者的温暖与关爱。

他从青春走来，他护佑他们走过青春，这大概就是一名师者最朴素的心路历程吧。

他，对生活如此热爱，用满腔热忱，分享生命的欢喜

如今，廖振鹏先生已经80多岁了，风风雨雨没有磨去他对生活的热情，作为一位爱好广泛、平易近人的分享达人，他是名副其实的"80后"。

先生喜欢运动，年轻时开始打排球，60多岁时还能在排球场上看到他的身影；他还喜欢打乒乓球，而且打得很好，在美国南加州大学交流学习时，一位南斯拉夫乒乓球国家队的队员还向他发起过挑战；他游泳也游

得很好，经常发动其他人一起游泳，不但让几位"旱鸭子"学生学会了游泳，还曾在工力所带动起一阵游泳热潮，如今80多岁高龄的他也经常要下水游几圈儿。

身为四川人，先生爱吃辣，这一饮食习惯多年不变。去食堂吃饭，他总是随身揣着一瓶辣椒酱，碰到同事就顺便拿起勺子给人家舀一勺。

他还经常给学生、同事分享一些自己喜欢的东西，以前是定期发邮件，后来就在微信里面直接发送。他分享的内容包罗万象，有生活小常识、奇闻趣事、好听的音乐、科技新知、美文故事等等。

学生们说，廖老师对社会上的新鲜事物都很好奇、还爱研究。安装一款手机软件，如果学生要帮他安装往往会遭到拒绝，先生常说，"你不要帮我做，要教我做"。但令人惊奇的是，学生们教会他之后，过几天就会发现廖老师对软件的各种功能、操作形式等掌握得比自己还厉害了。

在先生60岁的时候，本以为要过上退休生活的他曾萌生过去幼儿园教小朋友英语的想法，还去一个小型幼儿园毛遂自荐过。后来，廖振鹏成为院士又继续带领团队搞科研、培养学生，这让想成为"孩子王"的廖振鹏还唏嘘了一阵。

工力所的同事们回忆，多年来，先生始终保持着一年只休息一天的工作传统，他的办公室只有大年初一是不亮灯的。很多时候，他的办公桌上的小台灯从早亮到晚，直到别人催促了他才想起下班……

百舸争流，奋楫者先。专业上，他经验丰富、潜心科研、著述颇丰；工作中，他务实严谨、勤耕不辍、精益求精；为人上，他正直坦荡、谦逊豁达，提携晚辈、襄助同事……他就是廖振鹏先生，默默耕耘六十载，用坚守与初心在科研战线诠释使命，承载冀望，堪为科研工作及教书育人者之表率！

（刘淑滨　刘晓萌／撰稿）

林尚扬

中国工程院院士

院 士 名 片

　　林尚扬，1932年3月生于福建省厦门市，中共党员。1961年8月毕业于哈尔滨工业大学，现任机械科学研究院哈尔滨焊接研究所研究员级高工，博士生导师。哈尔滨工业大学兼职教授，中国工程院院士。曾获国家人事部"中青年有突出贡献专家称号"和国务院政府特殊津贴。曾获全国科学大会奖1项，全国机械工业科学大会奖1项，国家科技进步奖二等奖1项、三等奖2项，国家技术发明三等奖2项，机械部科技进步一等奖4项。发明专利18项。发表论文100多篇。培养硕士研究生11名，博士研究生5名。曾获全国边陲优秀儿女金质奖章、全国"五一"劳动奖章、全国先进工作者，全国优秀归侨、侨眷知识分子称号，以及中国机械工程学会"技术成就奖"，中国机械工程学会焊接学会"中国焊接终身成就奖"，国际焊接学会（IIW）巴顿奖（终身成就奖）。

焊花点点耀人生

——记中国工程院院士林尚扬

呕心沥血倾注研究

近九十高龄的林尚扬院士身体硬朗，每天依旧抽出时间看书、指导研究生做研究课题，为焊接事业努力地奉献着自己的才华与智慧。

林尚扬 1961 年毕业于哈尔滨工业大学焊接专业。走出大学校门之后，就与焊接结下了不解之缘。近半个世纪的时光里，林尚扬院士一直奋斗在科研第一线。谈起自己与焊接研究的缘分，林尚扬院士说，就是因为老师的一句话。

1932 年，林尚扬出生在福建厦门鼓浪屿。林尚扬一生经历了三次大选择，正是这三次选择，成为他今天为科学作出贡献的基础。1948 年，出于"在中国人办的学校念书"的单纯想法，他放弃到香港上学的机会，只身前往广州就读。"没有这个转折，也许不会有今天的我。"林尚扬这样评价自己的第一次选择。1951 年林尚扬不顾家庭反对，投笔从戎参加解放军。参军经历使林尚扬逐步认识到自我完善的必要性和如何完善自己，锻炼了思维方法和表达能力。"这段经历奠定了我以后发展的坚实基础"。1956 年，林尚扬放弃转业到地方当干部的组织安排，以自己的实力考入哈工大，原本想学机械制造，为发展祖国工业尽力。"焊接是一门新的学科，目前还有许多问题没有解决。"老师一句看似简单的话，让他再一次作出了人生中最重要的一次选择。他转报焊接专业，从此一生与焊接结下了不解之缘。

1961 年，林尚扬从哈工大毕业后来到了哈尔滨焊接研究所。他细心观察和分析老工程技术人员所取得的成绩，从中归纳从事科研工作的方法：广泛收集资料，亲自进行试验，仔细观察分析，理论联系实际，总结经验抓规律。就这样，林尚扬很快进入角色。

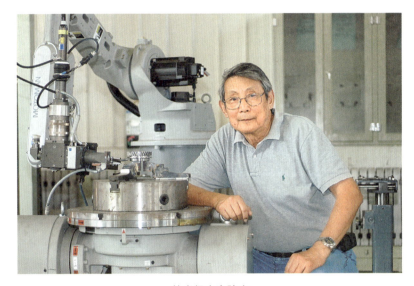

林尚扬在实验室

林尚扬的第一个成果就带有创新性。20 世纪 60 年代初，他采用反常规的深渣池电渣熔炼方法获得微碳纯铁，并制出中国第一批含碳量 0.02% 的超低碳不锈钢焊条。从此，林尚扬在科技创新的道路上一走就是半个多世纪，他在不同的时期，都取得了骄人的业绩。2003 年，他还完成中国工程院咨询项目《我国制造业焊接生产现状与发展战略研究》，总结报告已提交国家科技部等部门。2006 年，完成工程院咨询项目"先进制造发展战略"中焊接行业自主创新战略研究子课题。

"在焊接科研工作中，我是根据不同时期国家建设的需要，不断地变化着自己的研究方向，先后从事过焊接材料、焊接工艺、焊接设备等方面的研究。我没有更多的选择，只能在国家需要的时候，争取新的突破，新的发现。"在攻克科研难关和自主创新的道路上，林尚扬随时接受祖国的召唤。

严谨治学完善自我

回望自己走过的科研之路，林尚扬是颇有感触的：为花为叶应相扶，完善自我创业绩。

林尚扬学风严谨是出了名的。他带的博士、硕士的毕业论文，林尚扬都要亲自修改，并且认真细致到每一个标点符号。

他的博士生林一群清楚地记得，自己的毕业论文林尚扬亲自给修改了11遍。哈尔滨焊接研究所总工程师杜冰也有同样的经历，1994年他陪着林尚扬去国外作学术报告。杜冰的报告时间为一个半小时，全部是英文发言。他作完报告，满以为能够获得林尚扬的赞扬。可是林尚扬却毫不客气地指出，报告里有10个专业方面的单词发音不准，并且一一地把这10个单词给指了出来。

"自觉地去克服自身的缺点，不断完善自我，才能开创一个良好的、稳定的科研环境。"林尚扬就是这样要求自己。

秦国梁是哈尔滨焊接研究所的第一个博士后，谈及林尚扬对自己的影响，他非常感激。"我是1998年入所的，多年来，林老不断地鼓励我们，激发我们的创造力。林老的预见性强，在学科发展上有洞察力，他在把握了大方向后，大胆地放手让我们去做，给我们创造了机会和空间。在科研过程中，他一旦发现了问题，就给我们指出来，并及时给予指导。这对我们年轻人的科研经历来说是极其难得的。"

　　不断创新，不断推陈出新的林尚扬也有着自己的困惑。明明技术上有把握，可是在推广上却处处受制。为此，身为黑龙江省政协委员的林尚扬在不同场合大声疾呼，企业成为技术创新的主体，这并不意味着企业自己关门搞创新，创新仅依靠一个单位的单打独斗是不够的，应该广泛而充分地组合各方面的力量，形成"整体合力"，在广泛的领域促进并实现有效的产学研联合。

　　"创新需要三个条件，具备扎实的知识基础和严谨的科学态度能够激发创新意识，具备超强敏锐的目光能够发现创新点，有一支由学科带头人带领的具有坚韧不拔品格的团队。我们焊研所能够有今天的成绩，是和林老崇高的人格魅力分不开的。林尚扬言传身教，先后带出了几十名技术骨干，为焊接研究带出了一支优良的团队，为研究所的发展作出了巨大贡献。"哈尔滨焊接研究所原副所长何实这样评价林尚扬。

　　几十年的科研生涯使林尚扬深刻体会到，必须重视团队的团结协作。没有一个团结协作的团队，团队中的每一个人没有团结协作的精神，就谈不上什么科研了，也很难出成果。人往往容易发现别人的缺点，而很难看清自己的不足。总是站在自己的立场上考虑问题，缺乏设身处地地考虑他人或全局的需要。这是阻碍团结的主要原因。林尚扬不仅对自己做到自省，也以自己崇高的人格影响着身边的人。

硕果累累不负韶华

　　作为一名焊接界的翘楚，林尚扬一直根据国家各个历史时期的需要，克服各种困难，改变着自己的研究方向。林尚扬先后从事焊接材料、焊接工艺和焊接设备等方面的研究。在哈尔滨焊接研究所工作期间，先后创建了水下焊接实验室、窄间隙埋弧焊实验室、焊接机器人实验室、激光焊接实验室四个实验室，并亲自领导了四个新领域的科研工作，取得多项科研成果。

林尚扬院士先后完成 30 多项重大课题，共获得国家发明奖 2 项、国家科技进步奖 4 项和部委级科技进步奖共 11 项。特别是有关水下焊接的论文和双丝窄间隙埋弧焊的论文受到了国际焊接界的特别关注。

林尚扬院士（左）荣获巴顿终身成就奖

20 世纪 60 年代主持研究成功四种屈服强度 400—600 兆帕低合金高强度钢用的埋弧焊丝和电渣焊焊丝，用于大型氨合成塔、尿素合成塔和电站锅炉汽包等重大产品的制造，这些焊丝现已被列入焊丝的国家标准 GB/T 12470-2003。70 年代，解决了高铝焊条工艺性的技术难点，成功地处理 Al-Mn-Si 三个主要成分的辩证关系，在国内首次研制成功 Fe-Mn-Al 系奥氏体型低温钢用焊条，其焊缝金属在 −196 及 −253 摄氏度低温下 V 形缺口夏比冲击值达 80 焦。同时，还研究成功耐海水腐蚀钢用结 507CrNiCu 焊条，用于水下管线和趸船码头的焊接。为适应中国海洋开发的需要，他主持开展了水下焊接技术的研究，发明了一种水下局部排水二氧化碳气体保护半自动焊接方法，解决了水下能见度差、焊接接头含氢量高和韧性、塑性低三大技术关键，取得重大突破，使中国的水下焊接技术跃进 20 年，并跨入国际先进水平的行列，先后参与 10 多项重要水下焊接施工，包括固定式和自升式海上平台等重要结构的水下焊接施工和修复，其至今仍是我国最好的水下局部干法焊接技术在使用。80 年代，发明了双丝窄间隙埋弧焊方法，解决特厚钢结构焊接的质量与效率的矛盾，以及焊接自动化问题，已经在我国重型机械、化工机械、电站锅炉等重点骨干企业推广应用 110 多台套，先后参与 60 万千瓦电站锅炉汽包、大型水压机主工作缸和当今世界最大（2050 吨，直径 5.5 米，厚 337 毫米）的超大型加氢反应器等关键重大产品的焊接，引领了世界窄间隙埋弧焊设备向双丝方向发展。90 年代，在我国倡导"焊接生产低成本自动化"，在中国焊接界中引起积极的反应。并为企业完成 10 多套机械化、自动化焊接专机和焊接机器人工作站的研制任务，推动了我国焊接机械化自动化设备的自主开发。多次主持对全国焊接生产机械化自动化现状和焊接机器人应用情况的调查，所发表的论文和有关数据受到国内外同行的普遍重视。在他开拓和发展的水下焊接、窄间隙埋弧焊、弧焊机器人应用专业方向培养了一批人才，有的已成为学科带头人。

进入 21 世纪以来先后指导完成科技部有关激光焊接与切割的科技攻关和科技部支撑项目，并作为主持人之一完成一项科技部攀登 B 项目。2003 年亲自完成中国工程院咨询项目《我国制造业焊接生产现状与发展战略研究》。在大功率固体激光与电弧复合焊接技术方面作出新成果，获得四项授权的发明专利，并及时将这些焊接新技术应用于实际产品的焊接，已为企业焊接了 17 万件不同产品，并建立了一个当今我国功率最大的固体激光焊接加工技术中心，推进了我国焊接技术的创新。有多项成果获得机械部科技进步一等奖和国家科技进步二等奖。

林尚扬院士荣获国际焊接学会巴顿终身成就奖，这也是中国专家首次获此殊荣。巴顿终身成就奖（Evgenij Paton Prize）是国际焊接学会设立的重要奖项之一，主要奖励给将毕生精力奉献给焊接事业，在焊接及相关工艺先进技术、材料、设备等科技领域作出重要贡献的专家学者，每年在世界范围内评选出一名获奖者。林尚扬院士获奖，实现了我国在此奖项上零的突破。

林尚扬在做焊接工作的同时，还从事了大量的社会工作，他曾经兼任中国机械工程学会焊接分会秘书长，国际焊接学会（IIW）中国委员会主席。1994年，他作为组织委员会主席，成功地组织了有700多名中外代表参加的"国际焊接学会（IIW）第47届年会和国际会议"（北京）。由他建议的大会主题"低成本焊接自动化"得到IIW的认同，本届年会得到国内外代表的高度好评。现在兼任国家机械局科学技术委员会委员、机械科学研究院博士生导师、技术委员会副主任，哈尔滨工业大学兼职教授、博士生导师等。

林尚扬曾被选为哈尔滨市第六、第七届人民代表大会代表，连续被评为黑龙江省、哈尔滨市劳动模范和优秀共产党员，1984年获全国边陲优秀儿女金质奖章，1986年被评为国家级有突出贡献的中青年专家，1986年获全国总工会颁发的"五一"劳动奖章，1989年获国务院授予的全国先进工作者称号，1989年被评为全国优秀归侨、侨眷知识分子。

（吴利红／撰稿）

刘恢先

中国科学院院士

院 士 名 片

　　刘恢先（1912—1992），江西省莲花县人，中国地震工程学的奠基人，中国科学院院士。1933年毕业于交通大学唐山工程学院（今西南交通大学）。1937年获美国康奈尔大学博士学位；1938年回国后相继担任湘桂、叙昆、黔桂、平汉等铁路工程师，以及浙江大学、西南联合大学教授；1947年再度赴美，任美国纽约工程设计公司副工程师、伦赛纳依尔理工学院教授；1951年归国后任清华大学教授；1954年负责在哈尔滨筹建我国第一所土木建筑研究所（后改为工程力学研究所），并任所长达30年，1984年任名誉所长。刘恢先长期致力于地震工程学和工程力学的研究，推动了中国地震工程学的发展，为国家培养了大批工程抗震研究人才，为我国的抗震防灾研究工作作出了卓越贡献。他不仅是一位科学家，也是一位社会活动家，曾任第二、第三届全国政协委员，第四、第五、第六、第七届全国人大代表，黑龙江省政协副主席，黑龙江省人大常委会副主任，九三学社中央委员会常务委员，九三学社黑龙江省委员会主任委员等职。

中国地震工程学的奠基人
——记中国科学院院士刘恢先

坚定不移的爱国者

刘恢先，一个在中国地震工程领域乃至世界范围内都响当当的名字，他是"中国地震工程学奠基人"，被国际友人称为"世界地震工程之父"；他桃李满天下，曾培养了近百名高级科技人才，有的已成为国内外知名科学家；他曾多次出国讲学、访问，开创并发展了我国与多个国家地震工程学之间的友谊与合作。

在刘恢先的 80 年人生中，经历了两个时代、两种社会，前半段人生中他两次出国、又两次回国的经历为人们争相传颂。1934 年，刘恢先考取了赴美国留学的公费研究生，在康奈尔大学和伊利诺伊大学土木工程专业就读。1935 年他获硕士学位，1937 年在康奈尔大学获博士学位。获得博士学位后，在美国一家桥梁设计公司担任设计工作。当时，正是日本大举侵略中国，国难当头之时。谈起那段时光，刘恢先不禁感慨地说："1937 年'七七事变'，那时是什么心情呢？就是认为要亡国了。那时我在纽约，每周都有舞会，我们年轻人喜欢跳舞，而我当时却没有脸面接近舞场，别人怎么看你，'你们国家要亡国了，你们不知亡国恨，还在这儿跳舞？'那时国民党执行不抵抗主义，节节败退，我感受到作为一个中国人的耻辱。"报效国家、共赴国难的强烈愿望，使他决定放弃在美国的工作和优厚待遇，毅然回国。

回国后，刘恢先在湘桂、叙昆、黔桂、平汉等铁路任工程师，一直坚持在极其艰苦的条件下工作。最后，铁路失陷殆尽，他只好去了浙江大学担任教职。

青年刘恢先

刘恢先 1947 年再次赴美，在纽约一家工程设计公司阿曼—惠特尼公司任工程师，后任伦赛纳依尔理工学院教授。随着 1949 年新中国的成立，百废待兴的新政权生机勃勃，海外科技人员纷纷加入了归国大潮。当时美国与中国关系紧张，身在美国的刘恢先，看到五星红旗时异常激动。他时刻关注祖国的建设和发展，并不顾美国当局的监视，订阅了《华侨日报》，从中了解祖国的情况。他爱国心切，渴望回国参加新中国的建设事业。那时，正值妻子洪晶即将获得博士学位前夕，但在回国的问题上夫妻二人都义无反顾地选择放弃他们在美国的优厚工作条件和生活条件，他们竭尽全力，克服美国政府的重重阻挠，于 1951 年毅然回到祖国的怀抱，投身新中国的建设。

"没有刘恢先，就没有今日的工力所"

回国后的刘恢先在清华大学土木系任教授。1952 年，受中国科学院委托，在哈尔滨筹建中国科学院工程力学研究所（原称土木建筑研究所）。

哈尔滨市南岗区学府路 29 号，一座精美的中西合璧建筑屹立之上，至今仍作为哈尔滨具有特色的建筑一景而为人称道。工力所的这座办公主楼正是在刘恢先主持设计并亲自参与下建造起来的，虽然历经半个多世纪变迁，如今仍散发着独特的建筑艺术魅力。提起当年的建所史，王前信教授回忆道："刘老师和我们几个青年学生在北京完成形势学习后都来到沈阳，借金属所的办公室开始做土建设计。刘老师总负责，下设建筑、结构、水暖、电气四个组。当时刘老师曾携办公大楼建筑设计草图，风尘仆仆于哈京道上，三访梁思成和林徽因两位建筑学大师，征求修改意见，他们三人都倾注了许多心血。"

最后的总平面布置做到了既有利于当前的工作和生活，又有利于今后的发展。建筑方面在哈尔滨具有独特的型式，既美观，又庄重，同时还十分醒目，之后的哈尔滨医科大学和哈尔滨市委均仿此型式建造办公大楼，开创了哈尔滨现代城市建筑的新式样。

在工力所的选址问题上也充分彰显了刘恢先的远见卓识。当时选址有两种方案，一种方案是在和兴路与西大桥之间的一块空地上。这地方离市中心近，电影院、饭店、商店都不用走多远，生活方便。许多人倾向于这一方案。可是，刘恢先考虑更多的是工作，而不是生活。他认为建在稍远的郊区，宁静的环境有利于科研工作的开展，郊区比市区宽阔，有利于将来发展。至于谈到生活，他预计不久以后，随着经济社会的发展，郊区生活也会方便起来。

正如他所料，现在学府路的所址堪称理想，刘恢先为工力所的建立打下了坚实而厚重的物质基础，是他留给后人的一笔财富。

1954 年，中国科学院工程力学研究所正式成立。为了在科研中向苏联学习，刘恢先和一批年轻人一道组班突击学习俄语。建所之初的两年，刘恢先抓紧时机培训科技人员。1955—1956 年间，国家开始下达抗震研究任务，随后此任务逐年加重。刘恢先一面派遣人员到地球物理所学习关于地震的基本知识，收集抗震研究信息；一面博览国内外抗震文献，撰写重要评论，为所内外抗震工作者指引科研方向。

刘恢先还着手组建抗震研究室。一部分人员参与国内历史地震灾害调查，一部分人员研制强震观测仪器和模拟振动的测试仪器，他本人亲率一部分人员研究结构抗震有关问题。稍后，他邀请胡聿贤、陈宗基两位专家来所工作，主要研究地震力学，也研究结构抗震的新问题。他还引导土力学室和材料组转向抗震研究。

刘恢先把抗震研究看作是一盘棋，而他在工力所筹建和初建期的所有付出正是为工力所在"开局"阶段下了一步稳棋，开了个好头。多年前抗震研究就已进入"中盘"阶段，刘恢先不失时机下出了随机振动这步棋，随后又下出波动这步似为闲棋而实为佳招的棋……刘恢先的每一步棋都是敢为人先、稳扎稳打，让工力所的每一步都行稳致远。

勇破科学堡垒的超群科学家

度过了工力所的初创期，到 1956 年年初，土建所的研究阵容已颇具规模。虽然行政事务和社会活动占去刘恢先的大量时间，但他仍然把主要精力放在科研上面。刘恢先亲任第一研究室主任，首先开辟了地震工程这个研究领域。这在当时的国内是个空白，在国际上也尚属起步阶段。他精心撰写的《论地震力》，为地震工程研究绘出了发展蓝图。刘恢先与合作者引进并发展了反应谱理论，编制了《地震区建筑设计规范草案》，这是一部富有科技含量的建筑设计法规，它使我国的建筑抗震设计攀上一个新台阶，为后来我国《工业与民用建筑抗震设计规范》的正式编制提供了蓝本。

为了满足三线建设的需要，除派出大批科研人员到渡口攀钢建设现场进行试验研究外，刘恢先亲自主持了波动理论的研究。他主持了中国地震烈度表的修订工作，通过总结新中国成立后几次大地震提供的宏观资料，充实了烈度宏观标志，厘定了与烈度对应的地震动速度、加速度等物理量，提高了烈度表的科学性和适用性。他最早提出"小震不裂、大震不倒"的设计思想，现在已成为抗震设计的指导思想。

唐山大地震发生后，奔赴现场进行调查研究的科技人员多不胜数，积累的资料十分丰富。但是，这些资料大部分散落在调查者手中，或作为内

刘恢先在地震现场考察

部资料少量散发，而全面、系统、真实的关于各类建筑物破坏情况的记录，更鲜少见诸书刊。有鉴于此，在原国家建委和国家地震局的支持下，刘恢先主持了《唐山大地震震害》一书的编写工作。他为此呕心沥血 4 年，终于使之得以问世。该书获得了国家科技进步奖，国际地震工程学权威 G. W. Housner 教授在对这部书的评论中指出："这一套书中包含的信息，对于其他地震活跃的 35 个国家将有巨大的价值。"因此，他建议出版这部书的英文版，将对世界范围内的地震研究产生积极的推动作用。

为配合国家大规模经济建设的需要，刘恢先开始与同事们进行建筑材料、地基土壤、工程结构、建筑设计等多方面的研究工作，为国家 156 项重点建设项目中的材料检验和地基土壤检验做了大量工作，并因此在 1978 年全国科学大会上受到表彰。

在刘恢先的带领下，工力所把抗震研究作为重要任务，而刘恢先更是把大半生的心血都倾注于地震工程研究领域。开展抗震的研究，他没有把它局限在理论计算的范围内，而是既抓理论计算，又抓实验研究；既抓震害宏观调查，又抓强震观测；既抓地面运动，又抓结构反应；既抓结构原型试验，又抓模型试验；既抓结构试验工作，又抓仪器研制。涉及工业与民用建筑、道路桥梁、水工建筑、海洋工程、核电站、工业设备等，可谓一应俱全，从而在工力所打造出了一个包括宏观调查、强震观测、地面运动及结构动力分析、土动力学、结构原型及模型试验、仪器研制等各个方面兵种齐全的研究队伍。工力所在地震工程领域，扩展研究范围到几乎所有分支，几乎在所有方面都是我国的排头和先驱。

因为刘恢先在科学上的成就，1980 年他被推选为中国科学院技术科学部学部委员，也就是如今的中国科学院院士。

在具体研究中，刘恢先一再强调，地震工程发展的两个基础：一个是震害调查，一个是强震观测。他重视震害调查，凡是大震现场，如邢台、通海、海城、唐山……他都亲自到现场，爬高山，住帐篷，笔录访谈，只为获取第一手资料。正是有了刘恢先的坚持和亲力亲为，才最终形成了供后人查阅的大量震后资料，有力地推动了地震工程研究的深入开展。刘恢先开创并组织了我国强震观测仪器研制和观测分析研究，与美国合作研究的第一批项目就是强震观测。他还力主开发简易的烈度计，希望便宜的像温度计一样，便于架设，一举解决了记录不易获取的难题。1987年，已经75岁高龄的刘恢先还亲自领导了当时处于世界前沿的自然科学基金重大课题"专家系统"的研究任务。

身兼数职的社会活动家

作为一名享誉国内外的地震工程科学家，刘恢先除了科研工作外，还格外重视学术活动、出版工作以及外事活动。

在他的组织推动下，我国先后在哈尔滨、南京、广州、西安、上海等地召开了八次全国性关于地震工程和结构动力学问题的学术会议，这些会议有力推动了我国地震工程与其他振动问题的研究和发展。

在出版工作方面，刘恢先亲自主编工程力学所的《地震工程研究报告集》和国内外公开发行的学术期刊《地震工程与工程振动》，并受聘担任《中国科学》《科学通报》《地震学报》和国际性学术刊物《地震工程与结构动力学》《土动力学与地震工程》的编辑委员。刘恢先在地震工程领域科研工作方面的全面性思想，引导了我国地震工程的研究不断地发展和深入。

在刘恢先的主持下，工程力学研究所接待了多批国外学者，其中包括美国地震代表团、美国地震工程与灾害减轻代表团等。这些国外学者对工力所的工作都有很高的评价。工力所还与日本、俄罗斯（苏联）、加拿大、澳大利亚、英国、德国等国科学家大力开展合作，不仅推动了工力所科研工作的发展，而且促进了科技干部的成长。刘恢先还曾多次率领或参加代表团出国访问。美国、加拿大、日本、俄罗斯（苏联）、波兰、南斯拉夫、土耳其等国家都留下了他的足迹。1982 年，他作为中方主席，出席了在哈尔滨召开的中美双边地震工程学术讨论会。刘恢先还作为中国代表团团长参加了在土耳其伊斯坦布尔和美国旧金山举办的第七届和第八届世界地震工程会议，等等。这些外事活动为促进国际学术交流，加强各国科学家之间的友谊和合作作出了贡献。

1952 年，刘恢先加入了九三学社。随着工作北迁哈尔滨，九三学社的哈尔滨市中央直属小组成立，他被选为小组长。1956 年成立九三学社哈尔滨市分社委员会，他被选为分社副主任委员，不久又被选为主任委员。以后又被选为九三学社中央委员，1982 年又被选为常委。1983 年受命筹建九三学社黑龙江省委员会，任筹委主任委员；1984 年 9 月委员会正式成立，他任第一届省委主任委员。他是九三学社第五、第六届中央委员会委员，第七、第八届中央委员会常务委员，并担任黑龙江省主任委员。他是全国政协第二、第三届委员会委员，黑龙江省政协委员，曾任黑龙江省政协副主席。

1978 年，中国共产党工程力学研究所委员会根据刘恢先本人的志愿，

书架前的刘恢先

根据他的政治表现和他对社会主义科学事业的贡献，发展他为中国共产党党员。不久又被选为研究所党委委员。

除了共产党党员和民主党派人士的身份，刘恢先早在 20 世纪 50 年代起就被连续选为哈尔滨市第一、第三、第四、第五届人大代表，之后又被选为黑龙江省人大代表，曾任省人大常务委员会副主任。他还是第四、第五、第六、第七届全国人大代表。

春蚕到死丝方尽

刘恢先治学严谨，谦虚谨慎，不耻下问。他那实事求是、一丝不苟的治学态度，兢兢业业、几十年如一日为祖国科学事业奋斗的精神，对全所同志有着深刻的影响。刘恢先平易近人，热心提拔青年。他在 20 世纪 50 年代培养的两名研究生，都已成长为高级研究人员。他对在职干部的培养也是不遗余力。有 20 多名同志，来所时都是青年助手，如今都已成为高级科技人员。近 200 名同志成长为中级科技人员。他以自己的远见卓识，引导中青年踏踏实实工作，攀登科学高峰。有近百名同志在所里开始了抗震研究事业，而在调到其他单位后继续取得成就，大部分成为其他单位研究工作的骨干。

学生们至今仍能清晰地回忆起刘恢先的严谨治学态度，也深深地为其折服。刘恢先经常对学生们说，做实验一定要经得起重复，要做好实验记录；搞计算一定要有人校核；引用别人的东西一定要交代清楚，不能含糊。他最反对剽窃别人的研究成果。值得一提的是，刘恢先的中、英文水平在老科学家中也是相当突出的。在编写报告的过程中，他总是反复思考，反复揣酌，一定要使自己写的东西经得起推敲。他总是要使自己写的稿子有新意，而且语言要生动。他多次对学生们说："写文章要学习司马迁，他写的《史记》多好，多生动啊！"在 1988 年第九届世界地震工程会议上，他作了一个题为《减轻地震危害的唯一途径》的主旨报告，报告中他引用了我国汉朝"曲突徙薪"这个成语故事来说明对灾难事故的预防措施的极端重要性。故事讲得十分生动，引起了与会者的极大兴趣。刘恢先写文章打字以后要反复校对，一句话、一个字，甚至一个标点符号都不放过，有时特地从家跑到所里来，只是为了改一个字。

刘恢先具有深厚的思想底蕴和人格魅力。人们会注意到，在工力所办公大楼二楼中厅会议室墙壁上有一块语录牌，内侧是毛泽东同志的指示，指出科研的主要目的；外侧写着马克思的教导，指出科研要有拼搏精神。如今，刘恢先的铜像恰好伫立在这块语录牌下，仿佛在向人们昭示：同志们，毛泽东同志说，"我国人民应该有一个远大的规划，要在几十年内，努力改变我国在经济上和科学文化上的落后状况，迅速达到世界上的先进水平"；马克思说，"在科学上面是没有平坦的大路可走的，只有那在崎岖小路的攀登上不畏劳苦的人，有希望到达光辉的顶点"。

这两条语录用在这里，无比贴切，是刘恢先经过深思熟虑、精心选择的，意在为工力所的工作树立一座指引航向的"灯塔"。刘恢先在科研上提倡合作精神和奉献精神。他曾说："要以学科为经，任务为纬，把各个研究室联合起来"；他又说："一个科研集体，好比一台马戏班子，当表演'叠罗汉'的时候，就需要有人甘居底层，让别人踏着自己肩膀上去"。这种团队思维，对今天的研究工作来说，也是尤为必要的。刘恢先推崇大庆"三老"精神——做老实人、办老实事、说老实话和中科院"三严"学风——严格的方法、严肃的态度、严密的论证。这对培养科研人员的精神素质起到了潜移默化的作用。

刘恢先持身清廉，福利面前，先人后己。在计划经济时期，多年不涨工资，有一次涨工资，本应属于他的名额，他却让给了别人。在经济困难时期，每逢年节，刘恢先有一份特殊供应。有一次，他听说一位退休的老同志没有份，他便让身边的同志把他的那一份送给了老同志。刘恢先的这种解衣推食的古道心肠，让很多人受益，也感染着身边的人。有一次，刘恢先出差到北京，住在第七招待所，物资供应还不丰富，每当吃晚饭的时候，人们为了能买到有限的好菜，都提前去排队。刘恢先却去得比较晚，售饭窗口已静无一人，餐厅也已座无虚席，只见他一个人端着一碗米饭和一碟小菜，走近一张饭桌，站在桌角旁，默默地吃着他那过于简单的晚餐，事虽平常，但却感人。

刘恢先是一位忠厚的长者。他质朴无华，平易近人。即使在工作上或学术上看法有分歧，引起争论，甚至被顶撞，他也从不介意。他有容人的雅量，待人真诚，因而赢得同志们的普遍信任和尊重。在刘恢先最后的日子里，有一次工力所开大会，讨论研究方向问题，他不顾个人安危，坚持让所里派车把他从家里接来，四个人用座椅将他抬上四楼，给同事们作了最后一次报告。可以说，他真正做到了"鞠躬尽瘁，死而后已"。

这就是科学家刘恢先、共产党员刘恢先，他无愧于党和人民的信任，终其一生实现了自己当初报效国家的初心，也为我们留下了一笔最可宝贵的物质和精神财富。

（郭存发／撰稿　王沫／编辑）

刘兴土

中国工程院院士

院 士 名 片

　　刘兴土，1936 年 9 月出生，1959 年毕业于东北师范大学地理系，2007 年当选为中国工程院院士，中国科学院东北地理与农业生态研究所研究员、博士生导师，兼任中国科学院湿地研究中心副主任、中国科学院湿地生态与环境重点实验室学术委员会主任等职。

　　刘兴土院士主要从事全国湿地和东北区域农业研究。多年来，主持国家科技部、国家基金委和相关部委、省市下达的科研任务 60 多项。在松嫩平原—三江平原主持有关农业自然资源复查、沼泽湿地生态工程建设、低湿农田水土调控和区域农业可持续发展等方面的国家科技攻关项目和课题，"九五"期间，担任区域科技攻关的专家组组长；在国家林业局主持的第一次全国湿地调查中担任专家委员会主任。在完成各项科研任务的同时，主编了《沼泽学概论》《东北湿地》《东北区域农业综合发展研究》《三江平原自然环境变化与生态保育》《中国主要湿地区湿地保护与生态工程建设》等专著 9 部，参编专著 15 部，发表论文 160 余篇。作为第一完成人或主要完成人完成的成果获国家科技进步奖二、三等奖 3 项，省、部级科技进步奖与自然科学奖一、二等奖 7 项。曾被评为国家级有突出贡献的中青年专家、全国优秀归国华侨知识分子、国家"八五"和"九五"科技攻关先进个人、吉林省首批省管优秀专家，1991 年获国务院政府特殊津贴，2008 年获中国科学院杰出贡献教师奖，2014 年获中国地理科学成就奖。

八十尤有报国志
坚守湿地与东北区域农业研究
——记中国工程院院士刘兴土

情系三江　虽苦尤甜科研成果丰硕

刘兴土，1936 年 9 月出生于马来西亚马六甲市，原籍福建省永春县，1959 年毕业于东北师范大学地理系并留校任教，1961 年进修于北京大学地球物理系，1972 年调入中国科学院长春地理研究所。

到中国科学院长春地理研究所的当年，刘兴土就承担了国务院科教组和农业部下达的三江平原沼泽与沼泽化荒地考察任务，对三江平原区域内的 22 个县（市）和 52 个大型国营农场的沼泽地分布、面积、数量和特征进行逐县逐场的实地调查，并担任完达山以南区域的考察队长。

考察工作是十分艰苦的，刘兴土回忆当时的工作环境说，那个时候，北大荒的路很不好走，崎岖不平，科研人员就把有些路称作"搓板路"。那个时候，二龙山到抚远是国防公路，用石头垫的路，车行时颠簸得很厉害。还有一种路，被称为"泥水路"，一碰到下雨天，又是泥又是水，根本就不能走。

刘兴土和科研人员的工作地点在沼泽里，需要蹚水进去。沼泽地的积水深到膝盖，有些地方甚至深到腰部，进去时要穿靴子或皮衩。沼泽地还有一种类型，叫"漂筏垫子"。其表层是草根，浮在水上，人一踩就漂。草根薄的地方，是泥潭，人要踩在上面就会慢慢沉下去，很危险。有次考察时，一位同志就在那里突然陷进去了，他立即把棍子横过来，才避免了危险。"那个时候搞采样、植被和土壤调查都要到这些地方来。所以在这种地区工作时，大家都是一身泥一身水。"

沼泽地还有一个特点就是蚊子、小咬、瞎虻很多。有些同志很敏感，被叮了以后脸都肿得变形了。晚上七八点钟观测时，蚊子最多，记录都很困难，手被叮咬得很厉害。为了获取第一手数据，刘兴土和队员还曾多次在荒无人烟的沼泽区进行连续多日的小气候昼夜观测，面临着各种危险。

用水都是从地下抽出来的含铁很高的水，洗衣服都不行，水烧开以后需沉淀才能喝。在这样艰苦的条件下，刘兴土和同志们仍坚持工作。

1977年完成了考察报告和图件的编制之后，刘兴土团队又承担了国家科委下达的任务，进行三江平原大面积开荒的环境变化研究。

20世纪80年代，由于三江平原大面积开荒，该区的合理开发与综合治理列为国家"六五"至"九五"科技攻关项目，在农业自然资源复查、合理开发与综合治理规划和建立不同类型示范区等方面进行了持续研究。刘兴土连续承担了"六五"至"九五"的有关攻关课题，"六五"主持农业自然资源复查的土地利用、沼泽资源和气候资源；"七五"和同志们一起攻关，在宝清示范区建立了沼泽湿地"稻—苇—鱼"生态农业工程模式；"九五"期间，担任区域科技攻关的专家组组长。

为了保护和合理利用湿地资源，1988年，刘兴土向国家提交了缩小开荒规模的建议报告，建议由原计划开荒1000万亩缩小为500万亩，被国家农业综合开发办公室所采用，起到了保护自然沼泽湿地的重要作用。1998年，他又应国家环保局和农业部的邀请，作为专家组组长主持审查利用日本政府两亿美元贷款进行三江平原农业开发的环境影响评价，提出的停止开垦湿地的建议被采纳。

在三江平原沼泽与沼泽化荒地考察的基础上，为黑龙江省科委调查和规划了三江平原第一个沼泽自然保护区（洪河自然保护区），并在洪河农场建立了三江平原沼泽湿地生态试验站，推进沼泽湿地研究由考察进入定位研究阶段。如今，该站已成为我国野外生态观测网络的重要台站。

刘兴土院士说，在自己一生对湿地的研究中，最难忘的是在三江平原进行沼泽湿地的考察研究，研究条件虽然艰苦，但这里让他的科研工作有了丰硕的成果。

刘兴土院士的大部分研究课题都在东北，在黑龙江、在三江湿地，刘兴土院士的汗水洒遍龙江的湿地。

刘兴土院士的足迹踏遍了三江的湿地、沼泽，蚊虫的叮咬、行进中的淤泥，挡不住刘兴土院士的科研热情与爱国情怀。本应颐养天年的福寿之年，却依旧行走在这茫茫无边的泥沼中。他常说，自己看到的不是荒凉，而是希望。

坚持中国湿地与东北区域农业生态研究

在三江平原湿地考察研究的基础上，1980 年，刘兴土赴芬兰考察泥炭沼泽。1982 年，受外经贸部的派遣，作为我国唯一代表出席在芬兰召开的联合国泥炭能源利用会议；1985—1987 年，又为国家环保部门组织编写的《中国自然保护纲要》撰写了"中国沼泽和海涂的保护"一章，这也是我国最早的保护沼泽之作。在中国科学院特别支持项目"中国湖沼系统调查与分类"中，刘兴土担任沼泽湿地项目的总负责人，组织实施了由该所沼泽研究室研究人员承担的全国各区域沼泽的补充调查，并提供了沼泽分类方案。1994 年，作为组委会主席，在我国首次主持召开了"湿地与泥炭利用"国际会议。同年，在林业部主持召开的中国湿地保护研讨会上，作了"我国湿地生态系统研究若干建议"的大会报告。1995 年，他开始担任中科院湿地研究中心副主任，并积极在组织中科院各有关研究所从事湿地研究方面做了许多工作，是中科院湿地保护行动计划的主要执笔人。

这期间，他还曾担任国家林业局主持的全国第一次湿地调查专家委员会主任，在技术培训、建立分类系统、成果汇总等方面做了许多工作。2004 年之后，为保护重要湿地，主持编制了"大庆湿地保护规划"和"鄱阳湖湿地保护规划"。

在湿地科学理论研究方面，1983 年，刘兴土作为执笔人之一编写并出版了《三江平原沼泽》专著，这是我国最大沼泽区的综合研究著作，首次系统阐明了三江平原沼泽生态系统的成因、类型、演化、特征及环境功能，至今仍被广泛应用。主持"沼泽地甲烷排放量及其变化规律研究"的国家自然科学基金项目，是国内最早开始从事天然沼泽甲烷排放系统观测研究的单位。近几年，他已经先后主编了数十万字的系列专著，为湿地环境保护与合理利用提供了宝贵的资料。

古稀之年坚守一线执着于科学研究

已逾 80 岁高龄的刘兴土院士仍然勤奋地工作在中国湿地与东北区域农业研究第一线。他带领着科研团队，深入实践，先后承担多项国家级科研课题，包括："973 计划""围填海活动对滨海湿地影响及生态修复"相关课题、国家基础性工作专项"新疆北疆地区泥炭沼泽湿地资源调查"、国家"十三五"重点研发计划专题"松嫩平原退化盐碱湿地复合经济产业示范"、中科院知识创新工程重大项目"东北地区粮食核心产区建设""吉林省西部退化湿地生态修复"和中国工程院农业学部咨询项目"提高粮食综合生产能力与保障国家粮食安全若干战略问题""中国湿地保护和生态工程建设""东北黑土地生态保护与地力提升工程"等。

刘兴土院士在现场指导学生

由于课题研究任务重，刘兴土每年有半年以上时间要在野外考察和调查，2015年还曾到新疆的阿尔泰山区考察和采样。

2017年，刘兴土参加并主持中国生态学会组织的长白山区生态保护的实地调查。在调查基础上提出加强生态保护的对策与建议：一是制定科学合理保护区管理模式，扩大保护区范围；二是推进林区企业转型；三是加强湿地保护和恢复；四是矿泉水资源合理开发与保护；五是提高生态效益补偿标准；六是加大科技投入力度，建议启动长白山地区生态保护科技专项；七是大力开展跨国界生物多样性调查与保护。

刘兴土的博士生杨艳丽介绍，直到现在，刘兴土依然每天都认真上班，坚持在一线工作。如果刘兴土不在研究所工作，只有两种情况：一是出差了，二是住院了。在杨艳丽眼里，老先生科研作风严谨，为人慈祥，待她如亲孙女一样，对待其他师兄师姐也像爷爷一样，既手把手教做学问，又言传身教教做人。她说，跟院士学习这三年来，和院士培养出深厚的感情，仿佛一家人一样，刘兴土院士身边的人都跟她一样非常钦佩他。"院士毫不保留地把他拥有的知识都传递给我们。"杨艳丽颇为感慨地说。

　　刘兴土一直坚持和崇尚创新理念，遵循求实的精神。在哈尔滨召开的第二届全国土地生态学术研讨会上，刘兴土就学科发展及创新、人才培养等方面，提出了自己的科学见解，他提出，在土地生态的调查研究中，应善于拨开土地生态问题的表象，追根溯源，寻找土地生态问题的根本症结。应继续发扬以往土地生态调查中艰苦工作的优良传统和求真务实的科学精神，树立良好的道德风尚。要注重人才培养，把发现、培养青年科技人才作为一项重要的责任，将求真务实、勇于创新、严谨求实的学术风气传承下去，做到有传承、有创新、有超越。

　　当前，刘兴土和他的团队正结合新时期湿地学科建设与发展及我国生态系统研究网络建设的需要，以湿地生态系统及湿地农田生态系统为对象，开展生态系统与环境要素和关键生态过程的长期定位监测研究，揭示湿地生态系统及其环境要素的变化规律，湿地生态系统结构与功能的变化趋势与驱动机理，湿地生态服务功能变化及其区域环境效应，探索退化湿地的恢复重建与湿地科学保护，合理利用生态工程模式与技术，为解决湿地及区域环境研究中一些基础性及关键性问题，提供理论基础和

刘兴土院士带领学生做实验

长期的数据支撑，为我国区域生态与环境安全提供重要数据积累与技术支持。

刘兴土院士在谈到保护湿地时，明确提出了要划定湿地保护红线，严格保护湿地面积不受侵害；要加强退化湿地恢复，通过水文调控，建立长效补水机制，恢复湿地植被；建立湿地保护区与湿地公园。与此同时，将不合理开垦的土地退耕还湿，扩大湿地面积。

刘兴土院士作为老一辈科学家的杰出代表，无论是在国家计划经济建设时期还是改革开放后经济发展时期，都怀揣报国理想，无论在多么严酷的环境下都热爱着科学事业，勇于创新不忘钻研，为国家创造财富。"家国情怀需要靠奋斗书写"。这就是刘兴土院士，一位朴素的老人，一位曾经的战士，一位扎根黑土地的科学家，一位具有家国情怀的院士。刘兴土院士仍然勤奋地工作在中国湿地与东北区域农业研究一线，笃定前行，无怨无悔。笔者在采访刘兴土院士时，深深感受到作为一名科研人员的严谨，没有浮夸的语言，从双眸中看到一位科学家学到老、研究到老的执着与奉献。

刘兴土院士没有筚路蓝缕的传奇，但长期坚守在中国湿地与东北区域农业研究第一线的执着，令人敬佩；没有显赫动人的故事，但让美丽湿地风景重现、让中国农业发展更长远的梦想却从未改变。

刘兴土院士说，每天清晨起床，看到东方那灿烂的朝霞时，我都鼓励自己：依旧要用一路的拼搏和一路的耕耘，为后人留下一名奋拓者的足迹，为挚爱的祖国留下一笔丰富的科研成果。

（吴利红　汪思维／撰稿）

刘永坦

中国科学院院士
中国工程院院士

院 士 名 片

　　刘永坦，1936年12月生于江苏南京，中共党员，著名雷达与信号处理技术专家，对海探测新体制雷达理论与技术奠基人和引领者，中国科学院院士，中国工程院院士，哈尔滨工业大学教授；1958年毕业于哈尔滨工业大学后留校工作至今；曾任第八、第九、第十、第十一届全国政协委员，哈尔滨工业大学研究生院院长，哈尔滨工业大学电子工程技术研究所所长。

　　"我只是一名普通的教师和科技工作者，在党和国家的支持下，做成了点儿事。这事离开团队的力量也是绝对无法做到的。荣获国家最高科学技术奖是一种无上的光荣，这份殊荣不仅仅属于我个人，更属于我们的团队，属于这个伟大时代所有爱国奉献的知识分子。"

　　这是2018年度国家最高科学技术奖获得者刘永坦院士谈及自己的贡献时所说的一段话。很难想象，这位老人朴实谦虚的话语背后，是一段波澜壮阔的新体制雷达发展史。40年来，他心无旁骛，一直致力于新体制雷达事业的发展，为我国筑起"海防长城"作出了卓越的贡献。

为祖国筑起"海防长城"

——记 2018 年度国家最高科学技术奖获得者、两院院士刘永坦

战火纷飞山河碎　碧血丹心图自强

1936 年 12 月 1 日，刘永坦出生在南京一个温馨的书香门第，父亲是工程师，母亲是教师，舅舅是大学教授。然而，生活在内忧外患的乱世，无论什么样的家庭，都无法摆脱那挥之不去的阴霾和苦难。国家蒙难，民何以安？出生不到一年，他就随家人开始了逃难生涯。从南京到武汉，从武汉到宜昌，从宜昌到宜昌乡下，从宜昌乡下再到重庆，后来又从重庆回到南京，饱受 10 多年流离之苦的刘永坦自懂事起就对国难深有体会。"永坦"不仅是家人对他人生平安顺遂最好的祝愿，也是对国家命运最深的企盼。正因为如此，自强、强国的梦想从小就在他的心里深深扎下了根。

1953 年，刘永坦怀着投身祖国工业化的决心，以优异的成绩考入哈尔滨工业大学（以下简称"哈工大"）。早在中学念书时，他已经在学业上初露锋芒，尤其是在数学方面展示出超人的天赋。在哈工大，他更是如鱼得水，尽情地在知识的海洋里遨游。对于学校开设的工科数学和物理，他觉得"不解渴"，又自学了理科数学和物理的有关部分。在这个过程中，他也培养了自己顽强的意志力、坚韧的性格。

经过一年预科、两年本科的学习，成绩优异的他作为预备师资之一，被学校派往清华大学进修无线电技术。短暂的两年时光，他毫不懈怠，扎扎实实地完成了学习任务。1958 年，刘永坦回到哈工大参与组建无线电工程系。这年夏天，他走上了大学讲台，正式成为哈工大的青年教师和科技工作者，成为向科学进军的中坚力量之一。

1965 年春，刘永坦参加了科技攻关第一战，承担了国家"单脉冲延迟接收机"研制任务，主持并提出了总体设计方案。遗憾的是，他还没有来得及完成人生第一项研制任务，"文革"就开始了。1970 年，刘永坦插队落户到黑龙江省五常县，暂别雷达尖端技术的研发来到农村种大米，深谙历史进程的刘永坦非但没有心灰意冷，反而愈挫愈勇，历苦弥坚。因为他知道，社会在发展的过程中难免会出现波折，处于逆境之中的个人必须经得起考验。

"爱国就要真正了解我们的国家，千千万万的农民不都是这么辛勤劳苦吗？我有什么好抱怨的？"积肥、插秧、除草……这些一样都不会也没关系，学就是了！繁重的水田劳作没有使刘永坦消沉下去，反而激励他做起了"合格的农民"，但也因此落下了伴随一生的腰病。

1973 年重回学校后，刘永坦所在的专业正在从事声表面波的器件研究。由于研究需要大量数字计算，他成为系里第一个学会使用计算机的人。

1978 年，刘永坦被破格晋升为无线电系副教授。同年 8 月的一天，刘永坦正在修抗洪江堤，一纸去北京语言学院参加出国人员外语培训班选拔考试的通知，让没有任何准备的他奔赴北京，走进阔别已久的考场。凭借扎实的"内功"，他以优异的成绩考上了出国外语培训班的快班，成为改革开放后第一批出国的人员之一。

1979 年 6 月，刘永坦到英国埃塞克斯大学和伯明翰大学进修和工作。伯明翰大学电子工程系拥有丰富的文献资料和先进的实验设备，聚集着一大批雷达技术的知名专家和学者——刘永坦的指导教师谢尔曼就是其中之一。刘永坦来进修之前，这里曾接收过少量的中国留学生。不过，他们大多做的是科研辅助工作。

了解情况之后，刘永坦心里不是滋味儿。因此，他更是严格要求自己，铆足劲去学。刘永坦常常提醒自己："我是一名中国人，我的成功与否代表着中国新一代知识分子的形象。"

异域未敢忘报国　壮士归来获突破

来英国之初，谢尔曼给了刘永坦大量的英文文献去学习。凭借过硬的英文功底、深厚的专业知识，刘永坦很快完成了"作业"。他的勤奋、刻苦和才华赢得了谢尔曼的信赖和赏识。谢尔曼开始让他帮带博士生，并让他参与到重大科研项目"民用海态遥感信号处理机"的全部研制工作。这一技术对刘永坦来说是一个全新的领域，他深知此项课题的艰巨性。

设计—试验—失败—总结—再试验……无数个日日夜夜在刘永坦的钻研中悄无声息地溜走。终于，一年多以后，他顺利完成了具有国际先进水平的信号处理机研制工作。谢尔曼评价说："刘永坦独自完成的工程系统，是一个最有实用价值、工程上很完善的设备，其科研成果无论在理论上还是实践上都很重要。他的贡献是具有独创性的。"进修期间，伯明翰大学授予刘永坦"名誉研究员"的称号。

通过这次难得的科研任务，刘永坦对雷达有了全新的认识。传统的雷达虽然有"千里眼"之称，但也有"看"不到的地方。世界上不少国家因此致力于研制新体制雷达，从而使"千里眼"练就"火眼金睛"的本领。

"中国必须要发展这样的雷达！这就是我要做的！"刘永坦说，"我学有所成，当然要回国。在英国，无论我工作多么努力，取得了多大的成绩，终归是在给别人干活。回到祖国，我可以堂堂正正地署上'中华人民共和国'，这种心情是何等舒畅！"

1981年的金秋，进修结束后的刘永坦立刻起程回国。此刻，他的心中已萌生出一个宏愿——开创中国的新体制雷达之路。

新体制雷达被俄罗斯人称为"21世纪的雷达"。当今世界的千余种雷达中，新体制雷达不仅代表着现代雷达的一个发展趋势，而且对航天、航海、渔业、沿海石油开发、海洋气候预报、海岸经济区发展等领域也都有重要作用。20世纪70年代中期，中国曾经对这种新体制雷达进行过突击性的会战攻关，但由于难度太大、国外实行技术封锁等诸多因素，最终未获成果。

除了基本理论和思路外，刘永坦根本找不到多少资料，更没有相关的技术可供借鉴。对此，当时有人说，大的研究院所尚且不具备这样的条件和能力，更别说一所大学了；还有人说，这样的研究风险太大、周期太长，很可能把时间和精力都搭进去了却一事无成……但是刘永坦不改初衷。

1982年初春，刘永坦专程赶赴北京，向当时的航天工业部预研部门领导汇报，翔实地介绍了当时发达国家新体制雷达发展的动态，并畅谈了自己的大胆设想。预研部门的领导听得十分认真，当场拍板支持刘永坦的设想，希望他迅速组织科技攻关力量，早日把新体制雷达研制出来。得到支持后，刘永坦立即进行了细致的策划和准备。他根据当时世界上雷达的最新技术信息，运用自己在国外取得的科研新成果，采用了独特的信号与数字处理技术，提出研制中国新体制雷达的方案。也是在这一年，刘永坦光荣地加入了中国共产党。

经过十个月的连续奋战后，一份20多万字的《新体制雷达的总体方案论证报告》诞生了。1983年夏，原航天工业部科技委员会召开方案评审会，对这份新体制雷达方案报告做详细评审。专题会开了整整四天，最后与会专家们一致表决通过该报告。有两位与会的知名老专家深有感触地说："我们已经多年没有看到过如此详细的论证报告了！"

这是一场填补国内空白、从零起步的具有开拓性的攻坚战。接下来的

刘永坦与团队在威海试验现场

战斗更加艰苦卓绝，经过 800 多个日日夜夜的努力、数千次试验、数万个测试数据的获取，刘永坦主持的航天部预研项目"新体制雷达关键技术及方案论证"获得丰硕成果，系统地突破了传播激励、海杂波背景目标检测、远距离探测信号及系统模型设计等基础理论，创建了完备的新体制理论体系。这些关键技术的突破为中国新体制雷达研制成功打下了良好基础。

1986 年 7 月，航天工业部在哈工大举行了新体制雷达关键技术成果鉴定会。50 多位专家认真审查、讨论和评议，一致认为："哈尔滨工业大学用两年多的时间在技术攻关中取得了重大进展，已经掌握了新体制雷达的主要关键技术，某些单项技术已经进入国际国内先进行列。由于主要关键技术已经突破，证明原定方案是可行的，已经具备了进一步完善雷达系统设计并建立实验站的条件。"从此，新体制雷达从预研项目被列为国家科技应用与基础研究项目。

自古英豪成大器　功夫皆是苦中来

刘永坦和他的团队已经完成了预研使命，完全可以结题报奖了。但是，他认为仅仅纸上谈兵是不够的，国家真正需要的是进一步建立有实际意义的雷达实验站。1986 年，刘永坦开始主持"新体制雷达研究"，再一次出发，为研制成完整的雷达系统而奋力拼搏。

从 1987 年开始，刘永坦和他的团队还承担了国家"863 计划"项目新体制雷达研制工作。他们与航天工业总公司的有关研究所联合，成功研制了中国第一台逆合成孔径实验雷达，为中国雷达技术的进一步发展奠定了坚实的基础。

进行雷达研制，研究人员大部分时间都要在现场做试验。外场试验期间，刘永坦团队常常在条件恶劣的试验现场一干就是几个月，临到春节前一两天才能回家与亲人团聚，短短几天之后又得返回试验现场。

刘永坦曾反复对团队成员们说："跟理论相比，实际情况会有很多意想不到的事情掺入其中，需要仔细分析各种各样的原因，一件件解决。这也是好事，因为不碰到实际问题永远也提高不了，你有的都是书本上的很漂亮的理论，但往往套到实际中去就发现不是那么回事了，只有在实际中解决问题，才能体现出理论的完美。"

调试初期，系统死机频频出现。问题究竟出在哪里？几十万行的大型控制程序，再加上发射、接收、信号处理、显示等设备组成的庞大系统，任何一个微小的故障都可能导致整个系统无法运行。要从这么大的系统中找出问题的症结，工作量无疑是很大的。可试验中的运行状况是决定项目能不能顺利转入下一阶段研制的关键。刘永坦率领他的团队，每天工作十几个小时，从系统的每一个程序开始检查，发现一个问题就解决一个问题，保证了系统的稳定运行。

作为主帅，刘永坦承担着比别人更加繁重的工作。虽说有了当年在农村的磨砺，他并不认为工作有多辛苦。可即便如此，他们在外场做试验的劳动强度也远非常人可比——每天工作十几个小时，常常由于赶不上吃饭而用面包充饥，困了就倒在实验室的板凳上凑合一觉……超负荷的脑力和体力付出，铁打的汉子也会被击倒，疼痛难忍的腰间盘突出曾让他几个月不能行走。有一次，在攻克某个关键技术时，他因为长期劳累而倒在了现场。上不了"前线"，就"运筹"于病床之上，刘永坦硬是躺在床上，坚持和大家一起"奋战"，终于打败了挡在必经之路上的"拦路虎"。

对于刘永坦来说，腰间盘突出复发已经是"惯犯"了。有一年春天，哈尔滨寒流未消，他旧病复发，腰像是断了一样疼，但仍坚守教学岗位，照常默默地忍住剧痛为学生讲课，旁听青年教师试讲课……直到有一次从课堂上下来，一位研究生发现他脸色苍白，知道老师病痛又突发了，才不顾老师反对，扶着老师打伞冒雨送回了家。在家养病的日子里，刘永坦又多次请教研室的同事把自己的研究生邀请到家里来，一起讨论论文的修改，并给予精心指点。他必须战胜病痛，争分夺秒，因为还有新体制雷达的工作等着他去完成。

新体制雷达不同于以往的微波雷达，就连当时航天部的专家们在论证时也低估了其工程化的难度。批复的经费在采购完必要的仪器设备之后，可支配的资金已经所剩无几。有道是"巧妇难为无米之炊"，面对这种境况，有些人灰心了。关键时刻，刘永坦不但没有退缩，反而奋勇直前。经过反复讨论，他们决定自筹资金并争取到国家有关部门的大力支持。

随后的日子，这群优秀的科技工作者顶风冒雪，日晒雨淋，终于在1989年建成了中国第一个新体制雷达站，成功研制出我国第一部对海新体制实验雷达。

1990年4月3日，对于团队所有人来说，都是一个难忘的日子。这一天，刘永坦团队首次完成了我国对海面舰船目标的远距离探测试验，标志着新体制雷达技术实现了我国对海探测技术的重大突破。当目标出现在屏幕上时，团队成员们都流泪了，为的是成功后的狂喜，为的是八年来不为外人知晓的艰辛。8 年之中，刘永坦的团队也从当初的六人攻关课题组发展成了几十人的研究所。

1990 年 10 月，国家多个部门联合举行的鉴定会宣布："新体制雷达研究成果居国际领先水平"。1991 年，该项目荣获国家科技进步奖一等奖。

黄沙百战穿金甲　不破楼兰终不还

"一定要把实验室里的成果变成真正的应用"。研究成果虽然获得了国家科技进步奖一等奖，但刘永坦觉得还远远不够。他认为这些成果倘若不能变成真正的应用，那无疑就像是一把没有开刃的宝剑，好看却不中用，这对国家来说是一种巨大的浪费和损失。

一切为了国家的需要，面对人生的又一次重要抉择，刘永坦又一次作出了继续勇往直前的决定。这一次，他知道不止需要 8 年。随后发生的事情，让刘永坦"意外"地深深感动了一回。在得知他的决定之后，团队成员竟然全部义无反顾地作出了全力支持的决定。

由于在雷达、制导技术方面的创造性科学成就和突出贡献，刘永坦于 1990 年被人事部批准为有突出贡献的中青年专家，1991 年当选为中国科学院学部委员（1993 年改称"院士"），1994 年又当选为中国工程院首届院士。对此，刘永坦说过这样一句话："我这个'双院士'称号，是整个研究所集体智慧的结晶。"的确，科学技术发展到今天，科研活动不太可能再允许一个人去单打独斗。新体制雷达研制队伍就是一个相互协作的团队。

任何一支团队都有着自己的"精神"。这精神是什么？是一种性格，也是一种情怀。刘永坦所秉承的性格和情怀是敢于迎难而上、挑战自我的气魄，是困境之中勇往直前、毫不退缩的决心，是难题面前义无反顾、敢于亮剑的斗志。他的性格和情怀早已润物细无声般深深植根于团队每一个成员的心中。

"新体制雷达项目得到了国家高度重视。它对国家、学校和专业都意义重大，我们压力很大，但必须做好。"1997年，新体制雷达被批准正式立项，哈工大作为总体单位承担研制工作，这在国内高校中尚属首次。大家深知，面前是一条只能进不能退的路。

"能为国家的强大作贡献是我们最大的动力和使命。国家把这么重要的项目交给我们做，这是我们最大的荣耀。"刘永坦说，"钱对一个知识分子来说有什么意义？情怀和理想才是最重要的，所以我们团队成员尽管清贫，尽管每次去外场常常要干两三个月后才能回来休整几天，却依然干得有劲、觉得光荣。"

为了解决国家海防远程探测的迫切需求，必须研制具有稳定、远距离探测能力的雷达，然而，从原理到工程实现涉及电磁环境复杂、多种强杂波干扰等国际性技术难题。面对世界各国均难以逾越的技术瓶颈，刘永坦带领团队，历经上千次试验和多次重大改进，对长期以来困扰雷达的诸多威胁提供了有效的对抗技术措施，终于在21世纪初形成了一整套创新技

刘永坦与团队在威海试验现场

术和方法，攻克了制约新体制雷达性能发挥的一系列国际性难题。

回忆起从试验场地转战到实际应用场地的岁月，团队成员都唏嘘不已：很多理论、技术上的难点和空白仍然需要去解决、去填补，再加上地域环境的差异，实际工作中又产生了许多新的问题和困难。的确，这太不容易了。因为这类项目一般都是由专业院所才能完成，绝非一所高校的团队能做到的。

"宝剑锋从磨砺出，梅花香自苦寒来。"按照国家有关部门提出的继续提高雷达性能的要求，又是十余年的艰辛努力和刻苦攻关，刘永坦和他的团队又一次圆满完成了任务，2011年成功研制出我国具有全天时、全天候、远距离探测能力的新体制雷达——与国际最先进同类雷达相比，系统规模更小、作用距离更远、精度更高、造价更低，总体性能达到国际先进水平，核心技术处于国际领先地位，这是我国对海远距离探测技术的一项重大突破。2015年，团队再次获得国家科技进步奖一等奖。

三尺讲台哺新秀　学为人师育群星

"一年之计，莫如树谷；十年之计，莫如树木；终身之计，莫如树人。"刘永坦既是成就卓著的雷达技术帅才，同时又是善于教书育人的优秀教师。无论获得什么荣誉和头衔，他最看重的还是"教师"这一身份。作为人民教师，他觉得培养创新人才责无旁贷。

在60年的教育生涯中，虽然科研任务繁重又兼多项社会职务，但他一直坚持在创新人才培养上下功夫，不仅为我国科技队伍的建设和人才培养作出了重要贡献，也获得了当之无愧的荣誉。他1992年、1993年连续被航天部评为"人才培养先进个人"，1993年被评为全国教育系统劳动模范并获人民教师奖章，1995年获哈工大"伯乐奖"，1997年获香港柏宁顿（中国）教育基金会"孺子牛金球奖"……

刘永坦1978年破格晋升为副教授，1985年评为教授，1986年以"通信与电子系统"学科带头人身份评为博导。从教60年来，他一直致力于电子工程的教学与研究工作，先后讲授过十多门课程。有两年，他给本科生和研究生连续讲授四门课，近300学时。1989年5月，他主编的《无线电制导技术》作为全国统编教材出版。1999年10月，他出版的专著《雷达成像技术》获得首届国防科技工业优秀图书奖、全国普通高等学校优秀教材一等奖。

"必须志存高远，大胆创新，走别人没走过的路，攻占世界前沿高地，打败那些科研实践中遇到的'拦路虎'；必须实事求是，脚踏实地，不畏艰险沿着陡峭山路攀登，一步一步达到光辉的顶点。"基于这样的教育理念，他培养的学生都获得了较强的分析和解决问题的能力。他认为，科研和教书育人是相辅相成的，重大科研课题为培养高层次科技人才提供了丰富生动的课堂，思想活跃的青年学生是科研中十分重要的生力军，也是创新思想的重要源泉。

刘永坦与团队在一起研究课题

从 2001 年开始，刘永坦着力进行梯队建设，将接力棒传递到了年轻人手中。正如原国防科工委副主任聂力将军所赞誉的"刘永坦是个难得的帅才"那样，他带出了一支作风过硬、能攻克国际前沿课题的科技队伍。

面向国家未来远海战略需求，自"十五"开始，刘永坦带领团队规划实施了对海远程探测体系化研究，逐步开展了分布式、小型化等前瞻技术的自主创新，为构建由近海到深远海的多层次探测网、实现广袤海域探测提供有效的技术手段。

在一穷二白、一无所有之时，很多人都可以为了梦想去战斗、去拼搏。可是，当有了一定积累、功成名就之时，还有多少人能够心甘情愿为了伟大的事业艰苦奋斗，为了最初的梦想继续前行？真正考验一个人的不仅是逆境，还有顺境。国家科技进步奖一等奖得两次了，"双院士"的头衔也早早拿到了，中国的新体制雷达已经是世界领先，刘永坦却从来没有"因为走得太远而忘记为什么出发"。

"雄关漫道真如铁，而今迈步从头越。"投身教育科研事业 60 年的刘永坦始终有一种强烈的紧迫感和使命感。他始终不忘初心，一直践行着身为知识分子的强国梦想和爱国情怀，凝聚了一支专注海防科技创新的"雷达铁军"，培养了包括两院院士等在内的一批科技英才，耄耋之年仍奔波在教学、科研一线，继续为我国筑起"海防长城"贡献力量。

(吉星／撰稿　徐朝／编辑)

马建章

中国工程院院士

院 士 名 片

　　马建章，1937年7月生，辽宁阜新人，1960年毕业于东北林学院林学系后留校任教，曾任野生动物系主任、野生动物资源学院院长，1995年当选为中国工程院院士。东北林业大学野生动物资源学院名誉院长、国家级重点学科——野生动物保护与利用学科带头人、林业部野生动物保护生物学重点开放实验室学术委员会主任、浙江大学教育部濒危动物遗传学与繁殖生物学重点开放实验室学术委员会常务副主任、农业部北方鱼类生物工程育种实验室学术委员会主任、国家自然科学奖评委、国务院学科评审组成员、IUCN/SSC委员。

　　马建章院士是我国野生动物管理学科和野生动物管理高等教育的奠基者，20世纪60年代创建野生动物保护专业，该专业现已发展成为我国高校中唯一的野生动物资源学院；编著了我国第一部《野生动物管理学》和《自然保护区学》；主讲课程"野生动物管理"被评为国家级精品课程，2008年获国家级教学名师称号；曾获国家科技进步奖二等奖1项，省部级科技进步奖二等奖4项、三等奖6项，省级教学成果一等奖2项，国家级教学成果一等奖、二等奖各1项。1991年开始享受国务院政府特殊津贴，主编、主审专著及教材20余部，在国内外发表论文200余篇。

用一生守护野生动物

——记中国工程院院士马建章

　　对于用一辈子时间和野生动物打交道的中国工程院院士马建章来说，他正是用执着的坚守，开创了我国野生动物保护事业众多的"第一"，用实际行动谱写了对于祖国和事业的热爱。马建章说："我一生最大的快乐就是培养出了一大批野生动物学科的管理、教学与科研人才。别人看我走得很累，我却从中找到了乐趣。"

　　一辈子倾注于做一件事的人，是幸福的。作为中国工程院院士，马建章用一辈子的时间跟野生动物打交道，倾心、倾力、倾情。

　　他觉得自己很幸福。这种幸福不是描述出来的，而是用付出的青春、流走的岁月一点点证实的。

　　1937年出生的马建章属牛，有毅力、耐劳苦。俯首甘为孺子牛，是他的性格写照，也是他一生经历的概括。1956年进入当时的东北林学院，毕业后留校任教至今，马建章堪称野生动物保护与管理界的"牛人"。

一项事业和一群弟子

　　1937年7月的一天，马建章出生在辽宁省一户普通农民家庭。后来，一家人移居到内蒙古通辽市农村。童年生活尽管艰辛，但那里的广阔天地激发了马建章热爱大自然的天性，在科尔沁草原上的成长经历培养了马建章对动植物的兴趣。1953 年，少年时代的马建章自作主张报考了内蒙古扎兰屯林业学校。

农家出秀才自是一大幸事，马建章成了马家的骄傲、邻里的期待。16 岁的马建章立志努力学习，报效国家。

1956 年，从林校毕业的马建章面临第一次人生选择。"有北京林学院和东北林学院两个保送机会，但因为东林学制是五年，我想着能够多学习一年知识，就选择了东北林学院（1985 年更名为东北林业大学），这一去就是一辈子。"马建章忆起往事，清晰得仿若就在昨天。

筚路蓝缕，开启山林。五年后，毕业留校任教的马建章担任了新成立的东北林学院林学系森林动物教研室主任，着手创办森林动物繁殖与利用专业（野生动物专业的前身）。

创业难。没有经费，没有教师，没有资料，没有教材，一切都是零。

想要干一番事业，就要有一股冲劲、一股热情。马建章和他的同事们，带着对大自然和野生动物的热爱，也带着 20 世纪 60 年代青年教师向科学进军的一腔热血，满怀激情，投身创业。

为加快森林动物繁殖与利用专业的发展建设，学校决定从林业专业 1959 级学生中抽出一个班作为该专业首届学生。这个专业十分注重野生动物保护及宏观生态学研究，注重所学知识对中国野生动物保护与管理的实际应用价值。

原本攻读林学的马建章迎难而上。他和同事们一边授课，一边组织人员翻译苏联资料，学习狩猎专业经验，结合中国的实际国情，日夜兼程地编写教学大纲、讲义教材。

1962 年，马建章在讲台上开设了中国第一门狩猎经营学（现野生动物管理学）和狩猎产品学（现野生动物产品学）课程。

马建章一边学习苏联的相关理论和教学方法，一边通过野外考察获得第一手资料。北上大小兴安岭，南下西双版纳，西进呼伦贝尔，为教研室收集标本和积累教研素材，翻开了他认识和研究野生动物的重要一页。

1979 年，马建章和同事创办了《野生动物》杂志，任社长兼主编。

1980 年，学校决定从林学系分出野生动物系。

1988 年，马建章建立中国第一个自然保护区资源管理本科专业。

1993 年，东北林业大学野生动物资源学院成立，马建章担任首届院长。

1995 年，马建章创建中国野生动物保护与管理人才培训中心并兼任中心主任，同年当选为中国工程院院士。

2008 年，马建章荣获国家级教学名师称号。

2012 年，国家林业局猫科动物研究中心建立，挂靠野生动物资源学院，马建章任主任。

从无到有，从有到强，马建章与中国的野生动物保护教育事业一起走过了半个多世纪的漫长道路。

如果说在野生动物专业方面的建设，是马建章创造的两笔财富之一，那么培养出一批野生动物保护事业方面卓有建树的人才，就是他创造的另

马建章为学生授课

一笔财富。

"学生的成就让我感到作为一名教师的无上光荣和崇高价值。"马建章笑着说。他形象地将野生动物保护人才由一而十、由十而百的培养过程比喻为核裂变，提出独特的人才培养"裂变性"原则，并以此为指导思想培养了大批的学生。

60年来，马建章培养出博士后20多名，博士、硕士研究生100多名，其中很多人已经成为国内外野生动物管理、教学、科研事业的排头兵，在中国野生动物保护事业中发挥着巨大作用。

目前，马建章所创办的野生动物系已经发展成为我国唯一一所野生动物资源学院，培养各级各类人才5000余人，他们遍布大江南北成为我国野生动物保护事业的中坚力量，被学界尊称为"马家军"。

"我一生最大的快乐就是培养出了一大批野生动物学科的管理、教学与科研人才。可以说，我所取得的成绩中包含学生们很多的心血和汗水。成绩是大家共同取得的，不是我一个人的。"马建章说。

用脚步丈量祖国的名山大川

不到30平方米的办公室，一整排书柜占了一面墙的位置。柜门贴着近百张标签，这是每次学术会议的会徽贴图，从省内到省外，从国内到国外，鲜明的图案和色彩记录着马建章的学术交流足迹。

"其实，也没做特别的收集，就是每次开会带回来顺手粘贴在柜门上的，也算是个纪念吧。"马建章指着这些小玩意儿笑着说，神情像个调皮的孩童。此刻，很难把这个乐观的老人家跟名声显赫的院士画上等号。

翻看着电脑里留存的几万张照片，每一张的拍摄背景、每一个人的过去现在，马建章都能娓娓道来，高兴之余还会站起身来个现场还原，每个事件的细节之处都清晰得令人咂舌。

一张张或黑白或彩色的照片闪现着一个个精彩的瞬间，串起了马建章这辈子的整体记忆。

魂系万物生灵。作为我国野生动物学科和野生动物管理高等教育的奠基者和开拓者，马建章这辈子一直在奔走。带队实习，野外观测，寒来暑往，马建章到过国内外几乎所有的名山大川，从大小兴安岭、青藏高原、张家界、祁连山，到北美的落基山、欧洲的阿尔卑斯山、新西兰的库克山……几十年来，马建章的足迹踏遍与野生动物相关的地球版图，但几万张照片中，没有一张轻松游乐的照片，报告、会谈、考察现场，每一张照片都是一份珍贵的学术资料。

为加快野生动物保护与利用专业的发展建设，1980 年，东北林学院从林学系分出野生动物系。走过开创期艰难的岁月，野生动物系已成为中国高等教育培养野生动物专门人才的中心。

1981 年，野生动物系接到了一项艰巨而又意义深远的任务——"三北防护林地区"野生动物资源和自然保护区考察。马建章带领动物系 77 届、78 届的学生，长途跋涉 11 个省区，行程 10 万公里，写出 200 多万字的科考成果报告，获国家科技进步奖二等奖，为国家决策提供了科学依据。

20 世纪 80 年代，由马建章主持，首次在 380 多万平方公里的国土上，对"三北防护林地区"的陆栖脊椎动物资源进行了全面系统的调查与规划，并创造了发现 33 种鸟类的新纪录，为"三北"地区野生动物保护和自然保护区建设提供了科学基础。

20 世纪 90 年代，马建章对野生动物种群的数量动态、生境改良与科学管理进行了深入系统研究，他提出的冬季大型兽类痕迹法、逆截线法等已成为北方各省区野生动物资源调查的基本方法。

马建章主持的中美合作课题——《艾鼬生态学研究》，不仅填补了艾鼬生态学的许多空白，也为拯救在北美已濒危的黑足鼬提供了重要的科学依据，获得了美、日学者的高度赞誉。

1990 年，马建章出版了《野生动物管理学》一书，这是中国学者撰写的第一部野生动物管理方面的专著，也是培养专业技术干部的教科书。

几十年来，马建章的教学研究大部分是在野外的自然保护区和重点实验室进行的。野外考察常常是艰辛伴随着惊吓和危险。

为了调查我国仅有的一批驯鹿，他冒着零下 40 摄氏度的严寒奔走在大兴安岭深处的林海雪原；

为了寻找贺兰山岩羊，他拖着疲惫的身体多次攀爬峭壁和怪石林立的海拔 2000 多米高的山峰；

为了获得犀鸟的资料，他深入西双版纳，一次次直面剧毒的眼镜蛇；

为了调查黑熊的数量，他孤身在浩良河边被黑熊追出几百米；

……

马建章考察野生动物资源

"纸上得来终觉浅，绝知此事要躬行。"即便到了古稀之年，马建章依然坚持与学生们一起到野外进行观测，手把手地指导学生。

"通过实践，放手让学生自己解决问题，把在书本中学到的知识应用于实践，就会使他们在思想上更成熟，在专业上更精通。师生朝夕相处，也能建立起友谊和感情。"马建章说。

几十年来，马建章南征北战，从不停歇，不知走坏了多少双鞋，走过了多少里路，经历了多少次生死，数字已无法计量，文字亦无法记述。

讲台是实现人生价值的舞台

无论是教学，还是野外考察，马建章总是以饱满的热情冲在第一线。直至今日，马建章还在坚持给本科生上课。

1995 年当选为中国工程院院士以后，马建章的科研任务变得更重，社会活动也更多，但他在教学方面的任务雷打不动，特别是给本科生上课。他说，院士在本科生的讲台上，就要发挥自己多年从事开创性科研工作的优势，把领域内国际最前沿的发展动态、研究现状告诉学生，让学生知道将来努力的方向，知道怎样和国际先进水平接轨，这样学生才会有前进的动力。

"马院士总是结合自己的学术研究，把国内外最前沿的研究成果讲给我们听，专业性很强的东西在他形象生动的讲述中变得易于接受，让我们很容易理解，更拓宽了我们的视野。"本科生王宏和他的同学一样，都很期待听马建章院士的课。

"本科生教育是高等教育的基础，只有走上讲台，和本科生接触，我们才能发现教育的规律和教学改革的方向。"马建章主张院士给本科生定期作讲座。他说："讲座的效果可能比讲课更好，因为讲座的内容学生在课堂上一般是听不到的，而且来听讲座的学生不受年级、专业限制，能有更多人受益，院士也能发挥更大的作用。"

马建章说："科研能力是提升教师业务水平的源泉和不竭动力，教学没有科研做底蕴，就是一种没有观点的教育，没有灵魂的教育。"

哈尔滨北方森林动物园副园长王进军是马建章的学生。讲起和马建章院士几十年的师生情谊，王进军很激动："我 17 岁考到林学系，那时候马老师是我学习的榜样。我和马老师相处了 30 多年，从学业、工作到为人处世，我从马老师身上学到了很多，他是影响了我一生的人。"

1982 年，王进军的毕业论文得到了马建章的很多指导，他说："从列提纲到细化再到成文，马老师仔细修改了三稿。毕业到齐齐哈尔扎龙自然保护区工作以后，我依然得到了马老师的很多帮助，和马老师一起进苇塘、看湿地，他那份吃苦耐劳、精益求精的科研精神让我终生难忘。"

已是黑龙江省农业科学院党组书记、副院长的刘娣更愿意称呼马建章为"马先生"。"马先生总是把学生的成长放在第一位，课题选择也从不为自己添光增彩，都是从有利于学生的角度考虑，从不计较自己的得失。"

刘娣说，自己考博的时候已经有了工作基础，也有固定的专业方向，当她慕名找到马建章的时候，没想到得到了很大的帮助。马建章针对刘娣的实际情况，详细分析后帮她明确了保护野猪资源的研究方向，今天，刘娣在这个领域已然很有名气。

生活中的马建章是个温情的人，他的热心是众所周知的。

刘学东教授和她的爱人郑冬教授是马建章弟子中小有成就的一对小夫妻。记者采访时，刘学东拿出一个泛黄的老信封，含泪讲起了这个信封的故事。那是 1998 年 1 月，就读硕士的她刚结婚一年，小两口一个月的助学金加起来也就 500 多元钱。年初她跟爱人去逛街，装着 500 多元生活费的钱包被偷，焦急的刘学东当时就哇哇大哭起来。

马建章院士无意间听说了这件事，就用这个信封装了 500 元钱，并手写了一封慰问信，送给了刘学东。泛黄的信封和那封信成了刘学东夫妻俩最珍贵的纪念、最温暖的记忆。

因为听力障碍，几年前马建章就戴上了助听器，但这并没有妨碍他和学生们的交流。发送手机短信成了师生之间最寻常的交流方式。刘学东说，每次给马建章院士发短信，他都会在第一时间回复，有时候重要问题会认真回上几十条，文字加起来有上千字，并且每次都坚持在最后回复时说句"再见"。

马建章爱他的事业，更盼他所钟爱的事业后继有人。现在，马建章依旧工作在教学、科研一线，但更多的时候，是让他的同事和学生担当科研项目的主力和科研成果的实际受益人。他说，是该把这些年轻人推到台前的时候了，我要做的工作就是把他们扶上马再送一程。

保护与发展要拧成一股劲

作为野生动物保护与利用学科带头人，马建章关于野生动物"不可一味保护、杜绝猎杀，而应合理开发利用"的主张并不是合乎很多人的想法。

袁力 1992 年毕业于野生动物资源学院，曾为马建章做了几年秘书，目睹了这位德高望重的院士的苦苦奔走。"马院士早期的学生都有退休的了，可他依然保持着竞技者的斗志和热情，为野生动物的保护与发展振臂疾呼。"袁力说。

翻看马建章的著作，他所有的艰辛和心血都凝聚在书里介绍的一个个动物中：《野生动物管理学》《自然保护区学》《森林旅游学》《三北防护林地区自然资源与综合农业区划》《中国野生动物保护实用手册》《黑龙江省鸟类志》……

在野生动物资源保护与管理征途上，马建章无疑用汗水开辟了一条大路。

1992 年，在俄罗斯举行的国际鹤和鹳保护会议上，马建章被推选为会议执行主席。国际鹤类基金会主席阿齐勃赞扬说："你在中国扎龙搞了一项最有基础、最有价值的调查，为鹤类保护立了大功。"国际熊类专家组主席赛尔温赞扬道："马先生在熊类研究领域独树一帜，为世界熊类保护事业立下了汗马功劳。"美国地质调查局生态研究中心主任雷伊博士在考察了艾鼬野外工作站后赞叹："我对中方人员在极其艰苦的条件下，完成如此高质量的课题深表钦佩，你们为拯救北美濒危动物作出了重要贡献。"

保护和发展都要讲究"科学"二字。马建章说，随着人类活动的加剧，许多野生动物面临被猎杀、食物短缺、栖息地被破坏等威胁，种群数量锐减，这时候需要人类进行干预和保护，帮助种群恢复。他说，中国野生动物养殖业发展加快，有不少野生动物养殖企业在其养殖的野生动物达到一定数量后，会选择野外放归，希望通过这种方式帮助该物种野外种群的恢复与发展。

从海南蟒蛇的放归到江西桃红岭野生梅花鹿的保护，马建章每到一处都会解说自己的主张。"我认为对野生动物只能一味保护而不能合理利用的观念是错误的。在保护的基础上，当野生动物种群达到一定容纳量时，就可以适当开发，但要科学地利用。这部分资源不但要为我们这一代利用，还要保留给子孙后代，从这个意义上它可以称之为世界公众遗产，而保护区正是提供了这种遗产的保存地、基因库。"马建章说。

马建章研究野生动物标本

从如何利用好现有生态资源、进行动物饲养到如何促进旅游、经济发展，结合我国国情，马建章首次提出了"保护、驯养、利用"的野生动物管理方针。他提出的"濒危物种的管理、环境容纳量"等概念，奠定了我国野生动物管理及自然保护区建设的理论基础。

齐齐哈尔龙沙动植物园开园时，马建章给予了充分肯定。他还建议，动植物园应该在科普教育，特别是动植物保护方面发挥作用，成为中小学生宣传科普教育的基地，发挥好动植物园的公益作用。

"在积极保护野生动物资源的基础上，要进行合理利用。"马建章主张把有限的资源创新性地开发利用，并取得了有效的成果。他积极支持并主持论证建立了我国第一个猫科动物繁育中心。该中心已人工繁育东北虎1000余只，是目前世界上最大的老虎种群基地。他还主持建立了我国第一个科学化管理的熊类饲养场，规划设计了桃山国际猎场和连环湖水禽猎场，这是我国第一个经国务院批准对外开放的猎场和第一个对外开放的水禽猎场。他还参与指导了甘肃、青海、湖南、北京等猎场的资源调查和规划设计。十几年来，这些猎场为国家累计创汇几千万元，一定程度上推进了我国旅游事业和经济建设向前发展。

"学参天地，德合自然。"马建章用自己一辈子的言行传承着东北林业大学的校训精神，教书育人，勇攀科学高峰。

"别人看我走得很累，我却从中找到了乐趣。"马建章这辈子在野生资源保护与管理的路上付出了所有，对生生不息的后继者倾注了全部的爱，默默地用自己的言行感化、温暖、影响着身边的每一个人。

偶尔闲暇时，马建章还会给学生们变魔术，在大家热烈的掌声中喜笑颜开；也喜欢抽几支香烟，在校园里漫步；抑或泡上一杯淡茶，读一本文学书籍。

(曹曦／撰稿　赵嘉宾／编辑)

马祖光

中国科学院院士

院 士 名 片

　　马祖光（1928—2003），北京人，1952年加入中国共产党，光电子技术专家。1946年至1950年在青岛山东大学物理系学习。1950年9月，响应国家支援边远地区发展的号召，到哈尔滨工业大学工作，同时在研究生班学习。在学习期间，因表现出色被抽调到物理教研室任副主任、讲师等职。1958年8月至1970年创办了哈工大核物理专业，任主任、副教授。1970年，创办了哈工大光电子技术专业（原激光专业），这是我国第一个激光专业。1987年，入选第一批国家"863"激光领域专家、顾问。1986年至2000年担任中国光学学会理事。1988年10月，担任国务院学位委员会委员、光学工程学科评审组成员、国家教委军工学科组成员、国家教委科技委员会委员。1990年，担任航空航天部科技委员光电子专业组副组长，同年担任国家自然科学基金委学科评议组成员。1991年，担任航空航天部科技委员会委员。1994年，创建了国家级重点实验室——可调谐激光技术重点实验室，任主任。2001年，当选中国科学院院士。

追寻"光"的脚步

——记中国科学院院士马祖光

你是光，你的名字就是一片光

给予事业，给予艰难，温暖寒窗

你是光，你的生命就是一片光

不会熄灭，不会索取，永远善良

你是光，你的理想就是一片光

追求探索，追求创新，追求梦想

你是光，你的执着就是一片光

报效祖国，报效人民，点燃希望

——摘自哈工大师生自创纪念马祖光

歌曲《你是光》

攀登科学的珠穆朗玛峰

有一个故事是马祖光给博士生必讲的，他的学生陈德应教授仍清楚地记得当初的情形。刘连满是我国登山队的队员，在攀登珠穆朗玛峰时，他自告奋勇地用冰镐在前面刨台阶，用双肩搭人梯，把战友一个一个托上去。体力耗尽的刘连满，在离顶峰只有 100 米的时候，自愿留了下来，在缺氧的情况下，毅然关掉氧气瓶，把生的希望让给了战友，把登上珠峰的荣誉让给了别人。

科学的珠穆朗玛峰众人向往，然而能登上峰顶的毕竟是少数，因为这需要具备非凡的智慧和勇气，付出常人所不能忍受的痛苦和艰辛。马祖光为此付出了一生的心血。

1950年7月，马祖光大学毕业。毕业后本可以回到条件较好的家乡北京，但他却响应国家支援边远地区发展的号召，怀着一腔热血，毫不犹豫地选择来到哈工大当物理教师，同时在研究生班学习。"聪明、勤奋、朴实、谦虚"的马祖光成为哈工大在新中国成立后党组织在研究生里发展的第一名党员。

马祖光听从组织的安排，研究生班未毕业就被抽调出来，进入苏联专家主管的物理教研室，边读研，边工作。次年，洪晶教授来校任教，马祖光协助洪晶共同组建物理教研室，并担任副主任。作为年轻的学科带头人，他当时给人留下最深刻的印象就是"为人正派、业务精通、治学严谨、讲课效果突出"。有的学生本来是学工科的，但听了马祖光的物理课后，竟对理科也产生了兴趣。

1958年，根据国家需要，李昌校长在学校建了6个新系，当时马祖光负责创办核物理专业。在三年困难时期，马祖光患上了心脏病，腿和双脚时常浮肿，在饥饿和严重营养不良的情况下，他带领师生苦战，使这个专业从无到有，逐渐形成了规模。1964年，我国第一颗原子弹在新疆试验成功，他们第一个测到了在哈尔滨地区大气沉降的本底辐射的变化，受到了国防科委的重视。

1965年，核物理专业经过7年的艰苦创业，成为当时哈工大录取分数线最高的专业之一。马祖光领导的核物理专业培养的学生质量受到用人单位的一致好评。在原子能研究所，钱三强热情地接待了马祖光，并鼓励他办好专业，还为这个专业提出了科研课题，使马祖光受到了很大的鼓舞。这一年，他带领师生们以最快的速度研制出了"快中子闪烁晶体"和一些核辐射测量仪器，并参加了全国首届科学仪器展览。核工业部对这些仪器给予了高度的重视，还专门派人来哈工大学习。作为他的学生又是并肩创业的同事、北京市政协原副主席朱育诚回忆他们那段创业史时说："那个时期是马老师风华正茂、艰难创业的时期。马老师兢兢业业的奉献精神和严谨治学的态度，为核物理专业打下了一个好传统。"

回忆起当初创建激光专业的艰难，跟随马祖光学习工作了45年的同事王骐说："马老师在国家没投入的情况下，敢于创办激光专业，这不是一般人能做到的。这是我国的第一批激光专业。我们一分一分地攒，没向国家和学校伸手。"

强烈的事业心和使命感是马祖光创办激光专业的动力。刚从"牛棚"回来的马祖光，大干一场的愿望十分强烈。当时在国内专门介绍激光的书和资料非常少，激光专业怎么办谁都说不清楚。

"中国的激光研究不能落后。"马祖光搞激光研究心切。虽然他的核物理底子比较厚，但激光对他来说却是陌生的领域。专业初创时，精通英、俄两门外语的马祖光天天坚持到省图书馆看外文书。当时，偌大一个外文资料室，只有他一个人如饥似渴地摘抄国外的激光文献资料，并用透明纸把图描下来，甚至连吃午饭的时间都舍不得耽误，经常看到图书馆关门。图书馆的人跟他开玩笑："这是哪个'牛棚'里出来的反动学术权威呀，是不是为下一次挨整准备材料呢？"后来，图书馆的人都被这位大学教师感动了，马祖光忘了吃饭，他们就悄悄地递上一杯开水和一个面包。春夏秋冬，一年又一年，马祖光摘抄了厚厚的几十本资料，并把这些资料和文献卡毫无保留地提供给教研室的每一位老师。

马祖光常在晚上花大量的精力把英文资料详细地翻译过来，第二天再给大家讲解。他们每周开两三次调研报告会。谭铭文教授说："我们讨论得很激烈，有时争得面红耳赤。马老师在引导大家讨论时，始终瞄准前沿，总是不断地提出很前沿的问题，对激光的论证也很深。"有人惊奇："马老师的脑子就像一个喷泉，里面怎么会有那么多新东西！"

在建专业10多年后的一次回忆中，马祖光激动地说："当时办专业是一无所有，我和谭铭文、于俊华、王斌在一堆废旧的物资中拣回了我们的第一台没有示波管的示波器，第一台机械泵是花 200 元钱在哈尔滨灯泡厂买的退役泵。我们是在没资金、没设备、没资料，甚至没有一颗螺丝钉，连桌椅板凳也没有的条件下开始干起来的……"

当年和马祖光一起创业的王雨三教授说起那段人拉肩扛的艰难日子，感慨万分："一个大雪天，我们几个人推着手推车到香坊区的一个废品收购站买旧的蒸馏水玻璃瓶。回来的路上，一直是老马'驾辕'。他的脸上淌着雪水和汗水，浑身冒着热气。马老师比我们大十几岁，我们争，他不肯，累活他一定要干在前头。当时我们还开玩笑地说'老马识途''老马驾辕'。其实，马老师那时就有心脏病，只是我们年轻，对病没有体验，现在想起来，真于心不忍啊！"

创业之初，为了尽快把激光技术推广出去，为人们所认识，在搞理论研究的同时，他们很快又开始了应用研究。马祖光带领大家完成了许多激光民用项目，并获得成功。

1976 年，他们接受了第一个国防重大项目——"× 号导弹加装激光半主动制导"。1981 年，他们研制的激光器得到了国防科工委的好评并获了奖。

在此期间，他们还搞了 CO_2 激光器、YAG 激光器等。"八五"期间，014 中心听说哈工大 TEA CO_2 激光器做得好，便找到了他们。马祖光参与指导的课题组不到一年就赶造出了第二代激光制导用的 CO_2 激光器。演示试验成功后，专家们对此赞不绝口。之后 CO_2 激光器先后得了航天部的 4 个奖。激光教研室主任王骐说："我们自己研制的激光器得到了应用，这对我们鼓舞很大。这两个军事课题为我们'八五'和'九五'期间研制军用激光器打下了一个很好的基础。"

1978 年，全国科学大会召开。马祖光非常兴奋，他对课题组的同事们说："科学的春天来了！这对我们搞激光研究是一个非常好的机遇。"他带领大家干事业的热情空前高涨，先后研制的多项产品，在 1978

年均获得黑龙江省科学大会奖。

马祖光

学生心中的指路明灯

在攀登科学珠峰的道路上，马祖光是团队和学科的领军人物，但同时又一次次主动扮演着"刘连满"的角色。

马祖光说过："做学问也好，做事情也罢，首先一定要做一个高尚的人。顾大局，让荣誉，要具有无私无畏的精神。"

马祖光坚持"博士生要德才兼备和创新并重"的培养方法。他说："'献身、创新、求实、协作'是'863'精神，这精神也同样适合指导研究生的科研工作。'创新'要紧紧跟在'献身'之后。"

2002年，马祖光已74岁，有个博士生要做"毛细管放电"课题试验。他觉得这个学生的论文有个数据还拿不准，就和学生一起研究，一起做试验。这个试验一做就是六个小时。那位学生被导师严谨治学的科学态度所感动:"马老师一刻也没有离开过实验室,眼睛时刻盯着测试仪器,数据出来的时候已是晚上 10 点多了。天下着雨,我搀着马老师,他深一脚浅一脚地走着……到他家门口时,我看着他的背影,心里一阵发酸。"

"做学问来不得半点马虎,要能经得起别人的考问,经得住时间的考验。"电子工业部委托马祖光主编一本激光专业统编教材,他多次召开编者会,要求取材一定是当今最新成果,每个定义、概念要准确恰当。他再三嘱咐:"千万不能误人子弟。"25 万字的书,几易其稿,他对每一章、每一节、每一页、每一行,甚至包括标点符号,都仔细推敲。当大家认为可以印刷的时候,他还建议再改几遍。他说:"严谨是做学问最起码的态度,可不能在知识界里当奸商啊!"

马祖光治学严谨,对学生要求严格,在学校是出了名的。他培养学生一丝不苟,责任心极强。每位博士生开题,他必须参与,并帮助学生选题、分析、查资料。研究生的每次答辩,他也总要亲自参加。马祖光的同事说起这些事很感动:"博士生答辩的时间长,年迈的马老师从不迟到、不早退,常常一整天认真听,不断询问。有一段时间他的脚浮肿得很严重,正巧这时有个博士生答辩,马老师一定要坚持参加完答辩后再去住院。就在马老师去世前一周,他已感到很不舒服了,但还是连续参加了几个学生的论文答辩。"

马祖光倡导博导、教授上讲台给本科生讲课。就在他去世前一个月,还应邀到哈工大二校区为学生作题为《做人与做事》的讲座。老伴劝他:"你身体不好,二校区还挺远,就别去了。"可马祖光说:"二区的学生都在等着我,我哪能辜负他们的热情啊。"讲座结束后,学生们围着这位平易近人的院士问这问那,回家时已是夜里 11 点多了。

在马祖光的办公桌上摆放着一本本论文集,他的名字总是列在作者栏最后的位置,这让人十分不解。王雨三教授介绍说,这些课题都是马老师亲自设计并带领学生们完成的,可是每次论文完成他都要求不署自己的名字，经过别人苦劝实在没办法的时候就把自己的名字署在最后面。他的理由很简单——"这是年轻人的荣誉，我老了，这些对我没用。"

马祖光的外国博士生达尼的国家只提供了4年的留学经费，眼看签证期限就要到了，达尼很着急，就跟马祖光商量做实验时能不能简化一点，马祖光坚决不同意。马祖光理解达尼的心情，帮他查资料，做了大量的工作。达尼做的是一个新领域的课题，他的论文马祖光整整改了7遍。这篇论文被刊登在一本国际权威杂志上，还被评为哈工大优秀博士论文。达尼认为，马祖光从实验到论文撰写都做了大量的工作，论文署名理所当然列在第一位。但在马祖光的坚持下，他的名字还是排在了最后。

就是这样一个事事都谦让的马老师，却做过一件据理力争的事情，而且名声在外。

1980年，马祖光到德国汉诺威大学做访问学者。通过几个月的刻苦攻关，他首次在世界上实现钠双原子分子第一——三重态跃迁发射谱。当时，汉诺威大学认为马祖光的成果是在德国的实验室研究出来的，所以在他的论文中把他的名字列在第三位。马祖光为了祖国的荣誉，据理力争，认为这个发现是中国人做出来的，这个荣誉应该属于中国。最后，汉诺威大学研究所所长写下了这样的证明："发现新光谱，这完全是中国的马祖光一人独立做出来的"。

有人问马祖光："你在国外争得那么厉害，在国内怎么什么都不争呢？"马祖光说："这很简单，在国外我争的是国家的名誉，在国内我让的是个人的名利。"

坦坦荡荡，高山仰止

马祖光淡泊名利、一生坦荡，做人与做事堪称楷模。在马祖光眼中没有学术"保密""封锁"之类的藩篱，他认为，"学术界这种风气不好。搞学问的态度应该是大胆地对人家公开，欢迎大家超过我们。"

1983 年，哈工大激光实验室进口了一台先进的多种气体准分子激光器，一个兄弟单位派人来学习，马祖光热情接待，并毫无保留地让人家看个够。从德国回国，他在中科院作了题为《激光光谱的发展和激光材料》两场报告，非常受欢迎。那时在国内开展光谱研究的很少，有些单位研究的内容对外都保密，可马祖光除了给人家讲自己的成果外，还介绍了国外的先进技术。当时许多人都埋怨他："没有像他那样的大傻帽儿了。"

马祖光还曾帮助安徽、上海、牡丹江等地的有关人员做了许多工作，毫无保留地为他们提供了大量重要的资料。在他的帮助下，有的单位作出了重要成果。

有人问马祖光："你这样做，不是太亏、太累了吗？"他说："对同志不该留一手，这是最起码的道德标准。把方便让给别人，把困难留给自己，科学工作者应该具有这种品德。"

他特殊的人格魅力深深吸引着周围的人，也引得国内外立志科学的人们慕名而来，一生追随。

有好的学术带头人，好的学术研究环境，就会吸引来好的人才。陈德应从复旦大学博士后流动站出站后，又返回哈工大原专业；海王奖获得者掌蕴东在哈工大毕业时，本没打算留下，但最终还是被这里的学术环境吸引，在专业上作出了成就；光电子专业在哈工大第一个招收了来自国外的洋博士达尼，这位曾获本国总统奖的学生说："我在巴基斯坦就知道马老师的名字，我们那儿有很多搞激光的人都知道马老师学术水平高，知道哈工大光电子技术专业工作非常好，我就是慕名而来的。"

曾经有人给马祖光写过一封信，信中写道："先生对待评院士的达观态度，对我教育很大。……现在我已经放弃了'跑院士'的想法。"马祖光对待评院士是什么态度，从一段故事中可见一斑。

1997 年，哈尔滨工业大学为马祖光申报院士，马祖光不同意，把申报材料从学校人事处追了回来。

1999 年，学校已将评审院士的材料寄出，马祖光知道后坚持给中科院写了一封信，"我是一个普通教师，教学平平，工作一般，不够推荐院士条件，我要求把申报材料退回来。"

2001 年，新的评审规则要求必须有申请者本人签字才能申报，马祖光坚决不同意签字，无奈之下，学校让当时的党委书记李生去做马祖光的工作。

李生回忆道："一开始我和马祖光说到这个事情，他急了，冲我瞪眼睛，说：'你非要逼我吗？'我和他磨了快两个小时，他都不同意，我也没招了。后来，我们就聊到学校的党建工作，他说：'我这一辈子都听党的话。'我抓住这个话头，说评院士是学校党委的决定，你就再听一次党的话吧，他很无奈终于同意了签字。可是，我走的时候他板着脸坐在那里一动不动，平时他都要送我到楼梯口的。"

哈尔滨工业大学原校长李家宝教授回忆起马祖光对评院士的看法时提到，"他曾经对我说，他看不惯一些人为了评院士到处做工作，所以才不愿意报院士。他不是不在乎院士的头衔，而是过于珍视这个名誉了。"

在马祖光评选院士的时候，一些专家提出了这样一个疑问：马祖光作为光学领域的知名专家，他的贡献是有目共睹的，但是在许多论文中他的署名却在最后。

这个谜底，哈尔滨工业大学光电子技术研究所的老师们最清楚。

老教师王月珠不会忘记："马老师刚从德国回来时，他把自己在国外做的许多实验数据和照片交给我，让我测试。论文他改了三四遍，我便把他的名字署在了前面，他坚决不同意，最后还是把他的名字排在了最后。"

刘国立也不会忘记，当年马老师决定让他出席全国激光会议，并在会上宣读论文《紫外激光激励 Na_2 的 2.50 ~ 2.56μm 激光振荡》。这是根据马祖光提出的理论首次发出激光、属于世界前沿水平的研究成果，马祖光做了很多工作，刘国立自然把马祖光的名字写在了第一位。当刘国立在四川开会前，收到由马祖光最后修改的论文时，他发现论文中自己的名字赫然排在第一位，而马祖光的名字又排在最后一位。

这样的事，教研室每一个人都遇到过，并且不止一次。

绵绵情意，山高水长

马祖光把一生都献给了祖国的光电子事业，无愧于时代和人民。但对陪伴他一生的老伴孙悦贞来说，他这个丈夫还不够满分。尽管有过抱怨，但孙悦贞却一直坚定地站在马祖光背后，默默支持他、追随他，而马祖光也尽可能多地陪伴妻子，这份感情令人动容。

1946 年，马祖光与孙悦贞在山东大学相识。1950 年，两人共赴哈尔滨工业大学，从此结下一生情缘。

1997 年，孙悦贞瘫痪了，马祖光和老伴一样难过。害怕她一个人躺在床上寂寞，马祖光录了一盘磁带："for auld lang syne my dear，for auld lang syne，we'll take a cup of kindness yet.……"磁带里流淌着马祖光深情的歌声，伴随孙悦贞度过了 7 年时光。

老伴瘫痪了，两个孩子在国外，家里没有别的人，照顾老伴的事情就落到马祖光身上：为她擦洗身子，照料她吃喝，还要逗她开心。孙悦贞床头的一张小卡片上写着"宇宙总统委员会主席""傻大姐""老天真""马列主义老太太"，这些，都是马祖光送给老伴的爱称。

"在我有生之年，一定要让你站起来。"为了这句对老伴的承诺，2003年 7 月 14 日，马祖光不顾自己双腿浮肿、心脏不适，坚持到北京找专家给老伴诊断病情，没想到，他这一走就再没回来。

马祖光爱妻子，可他不仅仅爱妻子一个人。"他心里装着所有人，唯独没有他自己。"孙悦贞这样评价自己的丈夫。

哈尔滨市按摩医院的盲人按摩师孟宪全说起马祖光唏嘘不已。1988

年，马祖光腰椎间盘突出，学校找来孟宪全给他治疗，两人从此相识。1998 年，孟宪全想去国外工作，但又担心自己语言不通，在给马祖光治疗时，他说起了这个事情。"别担心，我帮你准备准备。"马祖光安慰孟宪全。几天后，马祖光打电话给孟宪全，说已经给他录了一盘英语磁带。取回这盘磁带，孟宪全发现里面录着"俯卧、侧卧、伸出你的胳膊"等按摩医生常用词汇，他被深深感动了……

马祖光一生只求奉献，不求索取，在生命的最后时光里也从未停下工作的脚步。在逝世前的几个月里，他的工作记录如下：

3 月 28 日，组织有关人员研究学科发展规划。

4 月 15—17 日，带领大家两次讨论了本学科进入大学科学园的二期规划。

4 月 18 日，汇报"2003 年中国科学院技术科学论坛"情况。

5 月 7 日，组织本学科进行"高等学校中长期科技发展规划"讨论。

5 月 22 日，修订光电子技术专业本科生教学计划。

5 月 23 日，主持修订光电子技术专业博士生、硕士生招生简章。

5 月 25 日，参加学校"凝练重大科研方向"会议。

5 月 27 日，组织学科讨论"凝练重大科研方向"问题。

5 月 30 日，组织学科进行关于"激光推进技术"课题协调会。

6 月 10 日，组织讨论"激光推进技术"研究进展。

6 月 11 日，参加本单位学科岗位聘任讨论。

6 月 13 日，主持学科论证"激光推进技术"。

6 月 16 日，参加了学院召开的关于物理电子学学科建设座谈会。

6 月 24 日，参加博士生的开题报告会。

7 月 1 日，主持光电子信息科学与技术系教授会。

7 月 3—4 日，参加了两天的本科生毕业论文答辩。

7 月 7 日，参加 2001 级硕士研究生学位论文答辩。

7月11日，也就是他逝世的前3天，他给一起创业的老教师王雨三打电话，还谈了他对专业在21世纪前30年内如何发展的设想。

以史为镜，可以知兴替；以人为镜，可以明得失。纵观马祖光平凡而伟大的一生，就如一面镜子，闪耀着炫目的理性光芒，折射出人世间最美好的东西。马祖光为我国的教育科研事业殚精竭虑，奋斗了一生。他给我们留下的，不仅仅是大批优秀的科技人才、众多的科学发明创造和世界一流的科研机构，更有他在多年生活和工作中体现出来的克己奉公、淡泊名利的崇高美德和甘为人梯、谦逊质朴的无私襟怀。这种伟大的人格力量感人至深，催人奋进。

（王沫／撰稿　郭存发／编辑）

欧进萍

中国工程院院士

院 士 名 片

　　欧进萍，中共党员，中国工程院院士，哈尔滨工业大学教授、研究员，博士生导师，结构监测、控制与防灾减灾工程专家。

　　欧进萍1959年4月15日出生于湖南省永州市宁远县，1978年毕业于湘潭大学水电系，1983年于武汉理工大学结构工程专业获工学硕士学位，1987年于原哈尔滨建筑大学结构力学专业获工学博士学位。1999年起任原哈尔滨建筑大学副校长，2000年任哈尔滨工业大学副校长，2003年当选为中国工程院院士，2006年至2012年任大连理工大学校长（副部长级），2011年当选为中国振动工程学会第七届理事会理事长。现任哈尔滨工业大学教授，智性科技南通有限公司董事长，兼任寒区城乡建设可持续发展协同创新中心学术委员会副主任、中心主任。

　　欧进萍主要研究方向是防灾减灾工程与防护工程领域，重点针对建筑结构、桥梁结构和海洋平台结构及其对地震、台风、波浪、冰力和爆炸冲击等具有空间分布、随机特性和动力效应的灾害的作用，开展多学科交叉和高新技术融合的防灾减灾工程和防护工程研究。先后主持完成国家自然科学基金重大项目课题和国家杰出青年基金项目等24项；发表学术论文210篇、出版著作4部；获得国家发明专利6项、实用新型专利10项。

博采百家自成一体

——记中国工程院院士欧进萍

王光远，中国工程院首批院士，欧进萍的老师。在王光远的眼中，感觉这个小伙子很"特别"。也许创新能力和独立思考能力对别人来说只是一个空泛的概念，但在王光远眼中，它却实实在在有着具体的体现。举例来说，如果当时教给学生的是"3"，但学生却能由"3"自行推导出"4"，那么，这个学生就具有创新能力和独立思考能力。在王光远的眼中，欧进萍正是这样的学生。

除创新能力外，欧进萍的勤奋也给老师留下了深刻的印象——他是一个每天只睡五六个小时，却能保持旺盛精力的人。从上学到现在，他日日如此，年年如此，已几乎成了习惯。

谈到欧进萍的勤奋，王光远的爱人叶崇敏也"有话要说"。她说，她从没见过像欧进萍那样的学生。在他的宿舍里，除了书还是书，他用一条床单把自己的那些书围起来，然后坐在书堆中埋头苦读。爱人从老家来看他，他从书堆中爬出来和她说话，之后又爬回去，闷头读书，没了声响。用叶崇敏的话说——"不闻其声，不见其人"。

从读博士到读博士后，欧进萍有几件事给王光远留下了深刻的印象。读博期间，王光远派欧进萍去美国参加一个国际会议。会议期间，由于欧进萍的出色表现，美国教授想出高薪把他留下。他打回电话问老师该怎么办，王光远告诉他说，如果是他，那么一定选择回国，中国人的事业还在中国。听了老师的话，欧进萍第二天就去买了回国的飞机票。

博士毕业那年，无论从什么角度来讲，他这个南方人选择回南方都是件顺理成章的事情，但欧进萍却说，还要继续跟随老师学习。于是他留在了哈尔滨。不久之后他被国务院评定为博士生导师，但他跟随王光远的学习却始终没有间断过。

正是这一份"特别"之处，让欧进萍44岁便当选中国工程院土木、水利与建筑工程学部院士，也是这份"特别"之处，一直支持着他一路向前，为国家作出巨大贡献。

在地震面前为国夯基垒台

我国地震活动的范围很广，地震活动频度高、强度大，几乎全国各省均发生过因地震引发的灾害。而我国抗震减灾能力相对较弱，每次地震过后造成大量财产损失，这些在欧进萍心中成了一直放不下的问题。对此，欧进萍反思我国发生的大地震：为什么美国和日本等发达国家、智利和墨西哥等发展中国家，在发生与我国同样级别，甚至更大级别地震时，土木工程基础设施的损坏比我国小得多？造成的人员伤亡少得多？我国应采取何种有效措施减少地震等灾害造成的人员伤亡？在他看来，我们必须坚持"以防为主"的抗震防灾指导思想，在积极借鉴他国先进经验的基础上创造出适合中国国情的方法。"国内外地震灾害表明，目前人类减轻地震灾害的最有效的办法是提高建筑工程和基础设施的抗震防灾能力。研究表明，房屋建筑抗震设防烈度提高一度，所增加的投入不足房屋建筑总造价的5%。这样的房屋抗震性能好，使用寿命长，也能为广大民众所接受。"

"村镇成为我国防灾减灾的'死角'，占地震人员伤亡比例最大。农村房屋抗震减灾问题不解决，我国整体防灾减灾能力就无法得到根本性的提高。我国需要尽快推动村镇建筑防灾减灾体系的建立和实施。"欧进萍这么说，更是在这一方面作出自己的贡献。

欧进萍院士多年来致力于工程科学技术新兴领域的开拓和应用研究，在结构控制与防灾减灾工程领域取得了重大的、创造性的成就。他在我国较早开展结构抗风、抗震动力可靠性研究，与王光远院士一起创建了模糊随机振动的基本理论，并获国家和省部级多项奖励。是我国结构控制与防灾减灾工程有重大贡献的学科带头人，开发了有自主知识产权的大型软件系统——IMRSE 系统。

欧进萍院士在结构动力可靠性、模糊随机振动、结构累积操作、结构耗能减振技术和海洋结构工程等领域取得创新性研究与应用成果。研究完成的"模糊随机振动"成果居国际领先水平；主持研究的"钢筋混凝土结构地震损伤理论与应用"成果通过国家建设部鉴定，并已运用于抗震加固中。主持研究并完成的"海洋平台结构的服役安全度评定与维修决策"成果运用于我国渤海 8 号采油平台的安全评定，主持研究完成的"结构耗能减振设计方法"成果正被我国建筑结构抗震设计规范修订采用，提高结构

欧进萍院士在中国海洋油气工程峰会上发言

的抗震能力。

欧进萍研制开发了多种有自主知识产权的耗能减振装置并逐步形成型号产品批量生产和进入工程实践，包括组合钢板耗能器、拟粘滞摩擦耗能器和国产粘弹性耗能器等；1993年提出调谐质量阻尼器（TMD）和调谐液体阻尼器（TLD）减振结构的抗风设计方法；研究了结构耗能减振效果的参数影响并得到了相应参数最佳取值范围；提出了耗能减振体系地震反应分析的振型分解法和地震损伤分析的拟静力推导法。

欧进萍另一项成果"结构振动的智能控制"，研制开发性能优良的磁流变材料、磁流变材料性能测试成套装置以及磁流变减振驱动装置，并用于建筑框架结构和海洋平台结构半主动控制试验与理论研究；研制开发了压电摩擦复合型智能减振驱动器；提出了结构振动智能控制的作用模糊子集控制算法、神经网络预测控制算法和变结构控制算法等多种智能控制算法，其中部分控制算法已实现单片机硬件化并用于智能控制的试验研究。

"院士企业"为创新发展助力

2013年7月，欧进萍院士创业团队与南通市政府、南通经济技术开发区管委会签订投资框架协议，在南通经济技术开发区内投资土木工程结构振动控制装备与系统产业化项目。该项目包括结构智能监测、振动控制和高性能材料三大核心领域，目标打造成国家级土木工程智能材料与结构系统创新研发、产品产业化、工程设计与实施、高端人才集聚的重要产业基地。

欧进萍对创新情有独钟。"建立企业自主创新体系，关键在人才，要把培养好特别是使用好人才提升到国家战略高度来考虑，解决好高层次人才的就业问题。大学生、硕士生、博士生等高层次人才的就业不能简单采取市场化。如今，人才的竞争不仅是国内竞争，还有跨越国家间的竞争，这就更加需要我们高度重视人才，采取措施发挥高层次人才的作用，否则，我们用国内生产总值的4%作为教育投入承担全世界规模最大的教育，培养出来的人才却不能为我所用。"

没有技术创新就没有自主产业。在欧进萍眼中，建立企业为主体的技术创新体系关键在人才。要下大力气创新体制机制，用好各级各类人才，促进经济增长方式的转变，加快企业为主体的技术创新体系建设，培育和发展自主的实体经济和支柱产业。大学是培养和输送人才尤其是具有突出创新能力高端人才的主战场，要充分发挥和调动大学积极性，源源不断地为企业的技术创新提供人才保障。

关于下一步如何调整产业结构，提升企业自主创新能力，欧进萍讲道："一是国家的科研经费可以适当分流，给予企业更大的自主权。以当前国家科研经费使用体制机制来看，企业能够自主支配的经费很少，自主权很小。国家应尽快改革相关体制机制，给予企业一定的自主权，同时加大对一些行业、企业激励和约束的力度。比如，明确规定某些类型和规模的企业应以其产值的一定比例投入技术开发，并在政策扶持上考虑对自主创新的投入采用抵税、免税等方式。这样可以激发企业自主创新的积极性、主动性、针对性，形成以国家牵动为龙头之一马当先、众多企业丰富多彩创新之万马奔腾这样的局面。二是创新、深化改革产学研的模式。这些年来，在企业自主创新能力不强、技术队伍不全的情况下，大学承担了相当的企业技术创新责任。这当然也是我国大学在现阶段发展中应该承担的责任和使命。大学通过科学研究取得的技术、项目甚至产品，在完成转化之后，需要企业围绕产品继续做精做细，继续不断创新。但由于我国企业没有高水平规模化的技术队伍和自主创新能力，也就没有创新接力的能力。大学不是没有做到位，大学的职能使其难以做到产品的持续开发，大学需要面对新的研究项目，而且从人才培养等方面来看，大学也不可能一跟到底。事实上，中国大学在产学研方面所做的'一竿子插到底'已经超过了任何国家的大学所做的。目前主要是由于企业缺乏自主创新能力，造成产学研的脱节。从长期发展来看，国家应该尽快促进社会分工明晰合理，加强企业自主创新能力和实体的建设。"

为国家未来发展培育精英人才

关于精英人才的培养，欧进萍表示，精英教育是培养英才的一种教育理念和行为模式，是一种优质教育过程。研究型大学要充分地利用教育教学的优质资源，努力培养"对民族、社会和未来具有强烈责任意识，具有高尚的道德品质、宽厚的知识基础、突出的能力潜质、优秀的综合素质和开阔的国际视野，能够成为先进思想文化和社会主义核心价值体系的捍卫者和引领者以及国家政治、经济、科技、文化等领域的开拓者和领导者"的精英人才。研究型大学必须以提高人才培养质量为核心，深化培养模式、培养机制、教学模式和管理模式改革，努力构建精英人才培养体系。

本科教育是研究型大学人才培养的基石，在担任大连理工大学校长期间，欧进萍把本科生培养作为学校基础性、战略性的首要任务，按照培养精英人才要求，构建研究型大学本科生培养新体系。对于全面提高高等教育质量的问题，欧进萍认为核心和重点是提高人才培养的质量。具体他谈了六个方面。

第一，提高人才培养质量，教师的基本精力和学校的基本资源必须要放到人才培养上来。教师要进一步提高履行人才培养基本职责的自觉性，学校将以"教师履行人才培养基本职责"作为教师聘任和履职的基本要求，并在教师考评晋级、定编定岗、岗位津贴等基本人事制度方面充分体现。学校要整合和引导一切资源向人才培养资源转化，包括人才培养基本平台建设、学科平台和科研资源向人才培养资源转化等等。

第二，提高人才培养质量，必须要吸引优秀生源。吸引优秀生源与吸引优秀教师同等重要，两者相辅相成。全体教师和职工要以提升师德师风、学术水平、教书育人水平、管理和服务水平为引领，以提升专业水平、学科水平、学校声誉和育人环境为基础，以自觉与引导相结合的参与意识、行动意识和政策措施为抓手，吸引优秀生源、揽天下英才而育之。

第三，提高人才培养质量，必须要改革完善人才培养模式。人才培养模式的重要体现形式和实现方式是培养计划。在学生不同的层次和有限的学制内构建和培养起学生什么样的知识结构、什么样的才能结构需要认真研究和系统优化，并体现和落实到培养计划上来。要修订完善培养计划，要认真研究人才培养的层次、定位和目标，社会现实和未来人才需求的内在要求，科学技术发展的系统成果和未来趋势，以及专业和学科传统的特点和发展的趋势；注重本科生通识教育、学科大类基础教育和专业教育的结合，注重知识传授、实践环节和创新环节的有机结合，注重突出专业和学科主线的专业复合、学科交叉和最新成果整理吸收；注重硕士、博士研究生的课程体系建设、研究课题的合理定位、创新能力提升和创新成果并举；注重本科生、硕士生、博士生培养计划的相对独立和有机结合，努力构建本硕贯通培养、本硕博贯通培养以及学术型、应用型、学科交叉型研究生培养模式。

第四，提高人才培养质量，必须要改革完善教学模式。教学模式是如何夯实学生基础、启迪学生心智、激活学生自我并自主学习、主动思考、积极创新，真正实现教与学最佳效果与最高目标的主要途径和手段。要认真研究学生能够接受掌握知识、灵活运用知识、主动拓展和创造知识的教学模式。要大力提倡和推广启发式、探究式、自主式的教学模式，要下大力气培养学生的批评思维、创新思想和善于表达、踏实肯干的精神和能力。

第五，提高人才培养质量，必须要改革完善管理模式和积淀营造良好的育人环境。管理模式和校园环境既是学校的制度体现，又是学校的文化氛围。办学没有规矩不成方圆，但制度要与时俱进、宽严有度并人性化，身在其中能够自觉遵守而又感觉无拘无束——那就是说，本来就应该是这样；大学办学，其实很大的部分和努力是办个氛围，身在其中能够如沐春风、催人奋进、自我感悟、自觉成才。我们不仅要改革完善学生第一课堂的育人环境，而且要改革完善学生第二课堂的育人环境，促进第一、第二课堂环境的相互作用和共同提升；我们不仅要关心学生勤奋学习、勇于创新、本领过硬、成果卓著，我们同样要关心学生心胸宽广、思想活跃、品格高尚、身心健康；学生在课堂之余，那种热爱知识、崇尚科学、追求真理、胸怀天下、引领未来的思考、辩论、谋划和追求，始终是我们需要关心、引导和营造的氛围和环境。

第六，提高教育质量，必须要拓展有利于学生发挥才能、服务乃至引领社会的就业空间。我们广大教师和职工要自觉、主动地帮助和引导学生谋划学业、谋划职业、谋划未来，帮助和引导学生研究就业、行业和社会发展的需求和走向，帮助和引导，甚至牵线搭桥助推学生合理择业就业，更好地服务和引领社会、更好地实现人生的价值和个人的理想。

大学人才的培养要防止过于"功利化"的倾向。人才培养要在全面的"人"的培养基础上构建拔尖创新人才培养体系。我们首先要培养学生对自己民族、文化、思想和价值的认同感和自豪感以及对世界文化与思想的

欧进萍院士在中美会议开幕式致辞

理解、批判与借鉴能力，其次在这个基础上培养学生对习近平新时代中国特色社会主义思想理论、实践和成就的理解、掌握和运用能力，然后是我们专业创新人才的培养。大学探索和实施通识教育，不一定照搬国外的模式，中国古代甚至科举制的人文素质教育，虽然过于偏废，但我们可以从中借鉴和吸取精华，或许"中国古代过于偏废的人文教育和当代过于功利的技能教育"会是我国特色的人才培养模式。

欧进萍认为学生责任担当意识（对民族、对社会、对未来的责任）、先进的价值理念、深厚的文化底蕴源于全面的"人"的培养以及对民族、社会和未来的理解、认同和憧憬。"如果我们培养的有些'人才'，连起码的饮水思源的良知、报效祖国的意识都没有，那我们的教育要反思；如果我们培养的有些学生的父辈津津乐道谈孩子在国外效力和成就时，那我们的社会就需要反思。"他如是说。

"让学术成长像市场经济自然优胜劣汰"

学术成长优胜劣汰，应该是一个自然的过程。欧进萍说："现在我们各种评审太多，人才要评审、项目要评审、成果要评审、基地要评审等。不是说完全不要评审，而是尽可能做到能不评审的就不评审，让其自然地成长，或者是规范地划拨资源或赋予权力让其自主地来做，这一点非常重要。"

"人才和成果有些方面就不要过多地设立这样那样的头衔或名誉评审来确定，要营造宽松的环境让其自然地成长和认同，不要造成好像我们的人才和成果都是评出来的。"

"要评审就要认真准备、就要想方设法让不太是同行的或不太了解自己的来了解自己和自己的成果，这个过程事实上就是运作的过程，甚至是'毒化'学术环境的过程。这就造成既有客观的判断，也难免有人情的因素，而且出现评审不对称。你找到了、认识了就对你更多地了解和关照，结果有些评审评出来的就不是那么客观也不令人那么愉快和轻松了；而且好像评上去了就是人才，评不上去就不是人才。事实上把人才成长的空间弄窄了，甚至弄变形变味了。这样的评审一层叠一层，到了更高的评价、更多的外行评价一个人的时候，就是看得了多少奖、多少证书，哪个奖或证书'大'了等等。"

在欧进萍看来，有些东西是有发展过程的，是需要经过历史检验的，到了一定程度就能评价一个人学术上的贡献了。所以，学术环境、学术成长应该像市场经济那样，优胜劣汰是一个自然的过程，应少一些这样那样的干预。

为国家储备优质师资人员

"师者，所以传道受业解惑也。"关于大学教师素质问题，欧进萍说，"研究型大学要建设一支以领军人才、杰出人才、拔尖人才、骨干人才为主体，精干高效、结构合理，具有高尚的职业道德、全面的综合素质、宽广的国际视野、突出的创新能力和发展潜力的教师队伍。"

为了建设这样一支教师队伍，欧进萍深入实施人才强校战略，有计划地扩大教师队伍规模、提升教师队伍素质，建立健全竞争、激励和约束机制；深入推进人事制度改革，积极探索建立符合学校发展要求的现代大学人事管理制度，努力营造公正、公平、公开、透明的用人环境，形成培养、引进和汇聚高水平人才，提高师资队伍整体素质的制度氛围。

科学制订岗位设置方案，努力实现分类、分层次管理。实现"按需设岗、公开招聘、平等竞争、择优聘任、严格考核、合约管理、岗变薪变"的用人机制，实行岗位动态聘任和管理。通过岗位设置，围绕学科（专业）和科技平台建设，形成以学术方向、研究团组或教学团队为主要型式的运行机制；通过强化学术方向的队伍结构和赋予教授一定的用人自主权，实现"人适其位、位司其职"。

稳步推进教师岗位评聘机制改革。高效平稳实施专业技术岗位分级聘任，岗位分级聘任采取履职考核方式，坚持公正、公平、公开的原则，建立校内外同行专家学术评价制度，充分发挥学术委员会和教授会的作用。考核标准综合考虑学术成就、学术影响和贡献，既鼓励优秀人才脱颖而出，也尊重历史贡献。实施年轻教师五年考核淘汰制，促进和优化高水平师资队伍建设。实施行政人员职员职级聘任工作，初步建立行政人员发展和晋升长效机制。

研究型大学的教师队伍建设不仅是学术水平问题，长期从事什么样的工作任务、这样的工作任务如何能够提升学术水平、教师队伍的综合素质和教师的主要精力和责任都集中在什么方面，同样是要解决好的问题。

让科研工作者放开手脚搞科研

"无论学术界还是政府部门，现在都在为了争取各种资源、跑各种项目，忙得不亦乐乎。"欧进萍在接受采访时直言，"这不一定合理，而且还弄得大家很累。"

其实科研工作者都深有体会，申报项目、项目答辩、接受项目审查验收、申请各种奖励……这些事把大家都"套住"了。

"有些的确是必要的，但现在似乎太多了，弄得学术界很'热闹'。今天你评我，明天我评你，甚至有的专家一年中的大部分时间都用在评审会场上。"

学者之间的交流交往原本应该是轻松愉快的，但现在在争取项目、接受评审的过程中，一些人往往要预先通过各种渠道跟主管官员或相关专家说上话、做工作。"人与人之间的关系变复杂了，有的人甚至丧失了骨气和脊梁，整个学术界的风气也被'污染'了。"这令欧进萍感到揪心。

"有时候对长者、对学者专家已经不是正常的尊重，而是带有目的的。不是对他们学问和品格的尊重，而是对其话语权、评审权、所操纵的资源的'尊重'。"

为此，欧进萍认为要下大力气进行改革。"能不评就不评，能不立项就不立项。不是说完全不要，而是通过更好的机制来配置资源、推动人才和科技的发展。"因为在他看来，正常的学术交流，自然有学术界正常的评价。科学成就需要学术界和国际同行的认同，应用性的科研成果需要通过真正支撑起产业发展来检验，急不得。

欧进萍表示，政府的行政权力主要体现在资源配置、干部任用、评价管理上，要将政府原本想通过权力操作的事情，通过更合理的体制机制来实现。

"有时候资源不一定由政府某个部门来掌握和配置，只要把资源通过一定的合理渠道下放就行了。"

欧进萍曾向科技部建议，不一定方方面面的科研项目和计划都从国家层面来推动。他认为，企业的自主创新就不一定通过国家立项来推动。

高技术企业必须要有持续的研发，要有研发投入和研发队伍。欧进萍认为，可以规定高技术企业将产值的1%—2%作为研发经费，投了，就减税；不投，就做税费收走。这样，企业自主创新的积极性就调动起来了，"变被动为主动，既能提升企业的自主创新能力，又能将政府权力有效分解"。

（汪思维／撰稿）

秦裕琨

中国工程院院士

院 士 名 片

　　秦裕琨，中共党员，中国工程院院士，哈尔滨工业大学教授、博士生导师，热能工程、燃烧学专家。祖籍江苏省扬州市，1933年5月30日出生于上海。1953年毕业于上海交通大学机械系，1956年于哈尔滨工业大学锅炉制造专业研究生班毕业，在此学习期间，同时任教并参与组建哈工大锅炉专业（后改为热能工程专业）。历任哈工大热能工程教研室主任、动力工程系主任兼党总支书记、汽车工程学院院长、哈工大副校长等职务。

　　先后从事流化床燃烧和煤粉燃烧等主要研究工作，科研成果多次荣获省部级奖励，其中"风包粉系列煤粉燃烧技术的推广与应用"荣获2000年度国家技术发明奖二等奖。2001年，秦裕琨当选中国工程院院士。2001年和2003年，秦裕琨两次被评为黑龙江省优秀共产党员。2006年，秦裕琨被中国教科文卫体工会全国委员会授予"全国师德标兵"称号。主编和合编著作7部，在国内外学术刊物上发表科研论文150余篇；先后培养博士生30多名，硕士生20多名。

激情燃烧的人生

——记中国工程院院士秦裕琨

了解秦裕琨院士的人都说，他就是一团熊熊燃烧的烈火，始终以党和人民的利益为考量；他燃烧了自己的青春，为祖国能源事业照亮前进的路，为后辈能源人带来温暖与能量……

"如果说马祖光院士是哈工大的光，那秦裕琨院士便是哈工大的火，永不熄灭。"在哈工大举办的一场"谈党的十九大精神学习"校园讲座中，学生们在海报上为研究了一辈子"燃烧学"的秦裕琨写下了这样的引言。纵览秦裕琨的人生足迹，便会深感此言恰如其分。

为"强国梦"负笈北上

秦裕琨出生于 1933 年 5 月，正是"中华民族到了最危险的时候"，时局动荡，民生寥落。他在战火纷飞中度过了童年，亲眼目睹过外国人在旧上海的耀武扬威，感受过旧中国受人欺辱的无奈。秦裕琨的一个伯伯就是在街上行走时被日本人突然抓走，此后一生杳无音信。国恨家仇激发了他的爱国情怀，让他"从小就有个强国梦"。

1950 年，新中国成立后的首次高考，17 岁的秦裕琨以优异成绩收到了包括清华大学在内的四所著名学府的录取通知。经过权衡，他最终选择了上海交通大学机械系，成为新中国第一届大学生。

"说实话，当时也不知道机械是做什么的。但是，我想新中国成立了，国家要发展建设，就需要强大的工业，而工业的基础是机械。因为飞机大炮坦克是机械，汽车轮船火车也是机械，国家需要机械方面的人才。"满怀报国之志的秦裕琨选择机械专业的原因朴素而真诚。

1953年，正值我国第一个五年计划开始实施，由于全国各地人才紧缺，秦裕琨和同学提前一年毕业了。当时，秦裕琨的哥哥姐姐都已响应号召远赴祖国各地，父母年迈，他完全可以以此为由留在上海。但是，"一五"计划的重点在东北，秦裕琨的所学要在东北施展，强国梦想要去东北实现。他积极响应国家"发展建设东北"的号召，毅然选择了远赴哈尔滨，离家千里负笈北上。

到哈尔滨后，秦裕琨被分配到哈工大做师资研究生。初到冰城，从小在上海长大的秦裕琨遇到了生活上的诸多困难——条件简陋，三十多个人挤在一间宿舍里；零下三四十摄氏度的气温让他头一次体会到了"严寒"二字的真正含义；吃惯了大米的胃也需要尽快适应窝窝头、高粱米……

面对这些困难，他并不气馁，心里依旧高兴，因为哈尔滨的每一天都是新的。"三大动力"的新厂房拔地而起，整个城市都在快速发展，一切都是欣欣向荣的景象——中国有希望了！

"只要国家需要，没说的"

刚到哈工大，秦裕琨先读了一年预科，全年只学一门课——俄语。因为当时援建的苏联专家没有翻译，学生先要尽快攻克语言障碍。

1954年秋季学期，在苏联专家的帮助下，哈工大一群青年学者在我国率先创建了锅炉专业。这群年轻人里就有时年21岁的秦裕琨。秦裕琨来哈工大原本要学机械设计，然而计划赶不上变化，上完一年俄语预科后，学校研究决定抽调他跟随新来的苏联专家马克西莫夫去学新成立的锅炉专业。此前的学习安排被打乱了，但他毫不犹豫地选择了服从分配。

"国家的需要就是我的专业。"事实上，秦裕琨也不知道锅炉专业是干什么的，就像很多人的理解一样，以为锅炉就是一个锅加一个炉，似乎没什么可学的。但既然学校设置了这么一个专业，就说明国家需要这方面的人才。尽管对锅炉专业一无所知，秦裕琨还是高高兴兴、满怀憧憬地改了行，"只要国家需要，没说的"。

随着招生规模的不断扩大，哈工大急需教师人才。1955 年春季学期，研究生在读的秦裕琨正式成为一名"小教师"，开始连续为本科生甚至是相关专业的研究生讲授"锅炉与锅炉房"课程。当时，还不满 22 周岁的秦裕琨，和其他"小教师"一起奋战在教育科研的最前线。这群人，便是日后声名赫赫的哈工大"八百壮士"。

"那时候，我一边听课，一边给学生讲课。我总是保持一个礼拜的时间差，不能讲得太快了，因为后面的课程我自己还没学呢。"回忆起这段特殊年代的特殊经历，秦裕琨风趣地说道。他既当学生又当老师，白天跟苏联专家学习，晚上复习消化，然后再为学生上课。

秦裕琨那时想，自己还在学习过程中，却要给别人讲课，总担心自己学不好，给学生讲得不明白。他压力很大，但也干劲十足。为了丰富教学内容，他熬夜看俄文原版教材、整理专家笔记、准备中俄两份讲义——讲义先用俄文写，苏联专家签字批准以后他才能翻译成中文。

边学习、边讲课、边筹建新专业，这期间，他每每深夜 12 点以后才睡觉。没有正规教材，他就"自力更生"投入巨大精力去撰写，经过一年多的努力，终于在 1959 年完成初稿，并由学校油印出版。20 世纪 60 年代初，国家抓教材建设，这本内部教材被选中并于 1963 年由中国工业出版社正式出版，这就是中国锅炉专业课程的第一本国家统编教材《蒸汽锅炉的燃料、燃烧理论及设备》。这一年，秦裕琨 30 岁。

胆大心细的"秦总统"

"文化大革命"期间，秦裕琨一切行事都没有违背自己的本心。即便是 1967 年夏天被系里揪出来进了"牛棚"，开始参加基层劳动改造，他也是初心不改。

当时，闲不住的秦裕琨经常为一些有问题的锅炉"把脉治疗"，因为他勤于钻研、不怕风险，胆子大、"总捅咕"，同事们还给他起了个形象的外号——"秦总统"。1974 年春天，"秦总统"接受了一项特殊的任务——对黑龙江革命委员会（以下简称"省革委会"）的锅炉房进行改造。

显然，这样的任务不仅有来自改造技术上的压力，弄不好更是政治问题——省革委会是全省的"政治心脏"，一旦改造失败或者出现事故，可就真"捅出娄子"了。经过好几个不眠之夜，秦裕琨决定把个人利益置之度外，毅然接受了这个任务。

改造工作必须在两个采暖期的间隙——4 月至 10 月完成，工期既不能提前，也不能拖后。时间紧迫，秦裕琨便领着几个工农兵学员，带着简陋的设备走进了昏暗的锅炉房。秦裕琨的大脑每天都在高速飞转，经过大量的资料调研、方案分析论证，他首次在国内提出热水锅炉可采用自然循环方式的学术思想：如果采用热水供暖形式，变强制循环为自然循环，问题便迎刃而解了。

有了思路，秦裕琨便不舍昼夜地绘制草图，后来更是直接搬到了锅炉房，吃住都在那里。经过两个月的攻关，自然循环热水锅炉的图纸终于设计出来了。紧接着，他又领着学生和工人开始了更加艰难的制造过程。最终，他带着攻关团队像蚂蚁啃骨头一般，制造出了我国第一台自然循环锅炉，并于同年冬季成功运行，由此掀开了我国工业锅炉制造史上新的一页。直到今天，供电已经稳定，我国很多地区冬季采暖还在采用秦裕琨设计的这种锅炉。

解决了省革委会锅炉的改造难题，秦裕琨依然闲不住，他把目光盯在了哈工大校园的锅炉上。1975 年深秋，秦裕琨经过反复试验，抢在供暖前夕成功淘汰了哈工大锅炉房中的 9 台 2 吨燃用烟煤的手烧炉，代之以燃烧褐煤、带旋风燃烬室的工业流化床锅炉，不仅消除了供暖安全隐患，燃烧效率也大大提高。

动荡的年代终于过去。1978 年，全国第一次科学大会的召开，让秦裕琨感到了春天般的温暖。此后，他的自然循环热水锅炉和燃褐煤流化床锅炉研究由于先进的技术路线和应用价值均被列为国家"六五"科技攻关项目。"自然循环热水锅炉水动力试验研究"和"新型 10t/h 褐煤流化床锅炉研究"等课题先后获得了航天科技部技术进步二等奖两项、省市科技进步奖多项，后者还获得了 1986 年全国发明展览会的铜奖。

秦裕琨始终觉得，光在屋里搞理论不行，所有科研成果必须要禁得起实践的检验。20 世纪七八十年代，根据不断成型的科学理论，秦裕琨改造和"救治"的大大小小锅炉不计其数。许多单位锅炉的"疑难杂症"，他都是"手到病除"。

1986 年，秦裕琨受国家物资局的委托，对鸡西滴道电厂的两台燃煤矸石流化床锅炉进行"诊治"。当时，这两台锅炉投产后出现严重堵灰、磨损、烧毁等问题。如果得不到解决，国家将损失近一亿元的资产。这个难题被列为国家"六五"科技攻关课题。接到任务后，秦裕琨马上准备出发，对该电厂进行详细考察和调研。

当时，有同行劝他："你别去了，这个项目已经被判死刑，无可救药了。"但秦裕琨没多想，"组织让干，就去了"。到了鸡西后，秦裕琨经过深入思考和反复实验，很快发现了"病因"所在。他针对实际问题提出了"播煤风"技术理论，成功改造了滴道电厂流化床锅炉，彻底解决了该炉型存在的关键问题，为国家挽回了重大经济损失。同时，也为我国劣质燃料的大规模应用开拓了广阔前景。

"总跟在别人后面跑是不行的"

1990 年以后，由于学校体制改革，教研室开始划分成若干课题组。由于有同事选择了与秦裕琨相似的研究方向，为促进教研室的全面发展，他主动放弃了自己熟悉的领域和课题，开始转向从事煤粉燃烧的研究。年近花甲的秦裕琨，又一次开启了全新的挑战。

秦裕琨院士在书房工作

秦裕琨说："能源与环境将是困扰我们中国经济发展的最大难题，中国的能源科技工作者就要研究中国的能源问题，我们国家的能源以燃煤为主，我们不研究煤研究什么？我们要关注国际趋势和热点，但更重要的是解决我们自己的问题。总跟在别人后面跑是不行的！"

据统计，当时我国电力工业每年消耗煤炭近 3 亿吨，但在高效燃烧、低污染、低负荷稳燃和防结渣等方面一直未能取得理想效果。于是，秦裕琨将科研方向集中到了更为尖端而迫切的领域——火电厂的煤粉燃烧技术。凭着严谨的科学态度、渊博的专业知识，秦裕琨在对国内外的研究方法做了详尽分析之后，敲定了"风控浓淡煤粉燃烧技术"的新课题，这也是一项非常具有挑战性的难题。

那时，改革开放的大潮渐起，技术人才纷纷被有效益的项目吸引，秦裕琨领衔的课题组刚组建时只有四个人，而且资金少得可怜。从1991年开始，在没有经验、经费紧张、前途未知的情况下，秦裕琨带领课题组走进了空荡荡的实验室，着手建立实验台。

经过艰苦攻关，1993年，煤粉燃烧技术在实验室获得成功。但秦裕琨在短暂的兴奋之后又很快回归冷静："光在实验室成功不算本事，工科的成果如果用不到实处，也就没有多少意义！"秦裕琨的目光转向了新技术的实际应用。

可在新技术未经实践之前，哪家电厂都不愿或不敢冒风险使用。八方奔走均未成功，有人泄气了，但秦裕琨依然信心满怀："那些大厂子不愿意干，咱就找小厂子；如果新锅炉不让改，就改造旧锅炉。"

功夫不负有心人。课题组最终在农垦红兴隆管理局找到了一家电厂，在一台几乎报废的锅炉上做起了实验。结果喜人——新技术不但把"死马"医活了，而且热效率超过了新锅炉。

此后，秦裕琨综合"风包粉"和"浓淡燃烧"思想，针对不同燃烧方式和煤种，发明了系列浓淡煤粉燃烧技术——水平浓淡煤粉燃烧技术、水平浓淡风燃烧技术、径向浓淡旋流煤粉燃烧技术、不等切圆墙式布置直流煤粉燃烧技术等。这些科研成果提高了锅炉低负荷稳燃烧能力，降低了氮氧化物的排放，防止结焦及高温腐蚀，并保持了相当高的燃烧效率，覆盖了电站锅炉的主要燃烧方式和煤种，除用于电厂改造外，我国各大锅炉厂都已用于产品设计和技术改造。

从直流到旋流，从小机组到大机组，从东北到中原地区，新技术应用的新增容量以几何级数增长，仅在新技术推广初期的2001年前后，秦裕琨团队每年为社会创造的直接经济效益就达1.3亿元以上。

值得一提的是，2000 年末，"风包粉系列浓淡煤粉燃烧技术的推广与应用"获得黑龙江省科技进步一等奖。2001 年 2 月，秦裕琨参加了在人民大会堂举行的国家科学技术奖励大会，郑重地从时任国务院总理朱镕基手里接过 2000 年度国家技术发明奖二等奖证书。也就是在这一年，秦裕琨当选为中国工程院院士。

育人于德，管理有方

也许是因为秦裕琨的科研光环过于耀眼，以致很多人忽略了他作为教育者和领导者所作出的贡献。实际上，秦裕琨既是一位富于创新精神的科学家，也是一位成功的教育管理专家。

1981 年，秦裕琨开始担任教研室主任，此后又先后担任系主任、党总支书记、汽车工程学院院长、教务长和哈工大副校长等职务。秦裕琨自嘲说："要么没机会当'官'，一当'官'，还升得特别快。"

担任系主任后不久，秦裕琨去各班听课，结果大吃一惊：以高等数学为例，旷课率居然高达百分之二十。秦裕琨着急了：这些孩子苦读十年才考入大学，上了大学反而松懈了，这怎么能行？

秦裕琨召开全系师生大会，还把分管教学工作的副校长请来，他提出：上课要点名，讲课质量也要作为教师考核指标，鼓励优秀教师担任学生班主任，专业教师也要了解学生思想，做学生的课业导师和人生导师……

经过一番努力，秦裕琨所在的专业先后涌现了一批省级、校级三好班级标兵，教研室先后被黑龙江省委、航空航天工业部授予"思想政治工作先进集体""教育工作先进集体""先进党组织"等荣誉称号。而秦裕琨本人也先后被省市授予"优秀教师""先进教师"等荣誉称号。

1990 年，秦裕琨开始担任哈工大主管教学工作的副校长。这一年，他 57 岁。面对全校的教育现状，秦裕琨把各系的基础课旁听了一遍，一个共性问题浮出水面：搞科研、评职称有发论文的硬指标，但是对讲课没有硬性约束，所以老师讲课没动力，学生听课自然也就没兴趣。

秦裕琨认为，教学跟科研一样，光有热情还不够，还要有措施。由此，他提出并建立了教学监控及奖励机制系统，推进教学改革，提高教学质量，加强学生工作，迅速建立并完善了"教学管理、考核和激励制度"。同时，他还建立了学校教学检查组，为教师课堂教学质量评分，并将每位教师的教学评价纳入职称评定体系。此外，秦裕琨还积极创造条件改善教师待遇，发放教学津贴，确保教师安心教学。一奖一惩，两下出击，全校教学秩序迅速得到了改善，为培养高素质的人才奠定了基础，为哈工大的教学改革树立了样板。

那时候，课题组几乎所有的工作，秦裕琨都要亲自指导。在担任院领导、副校长期间，行政工作繁忙，秦裕琨就"上班时搞行政，下班后搞科研"。学生、助手常常在下班后"堵"着他问问题，尽管一天工作下来已经十分疲累，他还是不厌其烦地为学生讲解，坚决不让问题过夜。

"入党是我生命的里程碑。"时至今日，秦裕琨仍然保存着多年前的入党通知书。从这张已经在岁月的变迁中发黄变薄，但依然整洁的入党通知书上，我们不仅可以读出一位共产党员对信仰的忠贞，更读出了那份执着的信念追求——为建设一个更加强大的中国而奋斗终身。正是凭借这样的追求，2001年和2003年他先后两次被评为黑龙江省优秀共产党员，2006年又被评为全国师德标兵。

作为一名教师，秦裕琨始终把教好学生当作自己最重要的责任。他对学生的影响，不仅体现在言传，更在于高尚的人格魅力。

秦裕琨非常重视学生的思想工作，即便现在年过八旬还经常面向全校学子做报告。每次两个多小时的讲座，对一位老人来说并不轻松。很多次，他现身说法，结合自身的童年经历、求学工作过程，深入浅出地为大学生讲解如何树立正确的人生观、价值观，如何在困难中学会坚强。语重心长的话语掷地有声，深深打动了在场的同学们，会场不断响起雷鸣般的

秦裕琨院士为年轻学子解疑释惑

掌声。他常常嘱咐晚辈："强国梦在我们这一辈人手中只实现了一半，中国不受欺负了；可要成为真正意义上的强国，另一半还需要你们来实现。"有一次他站的时间太长，结果回来就开始腿疼。大家都劝他说："您这么大年纪，活动太多，类似的讲座推掉算了。"他却说："作为老师，学生的事，坚决不能推。"

对团队的青年教师，秦裕琨常说："老师踏踏实实做学问，学生就不会弄虚作假；老师诚实守信，学生自然也会言出必行。"而在科研教学上，秦裕琨更是重视团队建设和对年轻人的提携培养。他的团队成员曾这样评价："秦老师是一面旗帜，是一面凝聚团结人、教育培养人、鼓舞带动人的旗帜。"

乐于助人，甘为人梯

1979年哈工大盖教工住宅楼之前，秦裕琨已经住了20年"筒子楼"。好不容易分到了一处朝阳的新房子，系里一位老师因身体不太好，想要先住秦裕琨新分的房，秦裕琨二话没说就同意了。事后，有人问秦裕琨怎么想的，他笑笑说："我住筒子楼20年都住了，再多住几年又算什么呢！"担任副校长期间，秦裕琨再次有了改善住房条件的机会，但一位老师祖孙三代挤在一起，他本人视力也不好，就找到了秦裕琨求助。这次，秦裕琨又让了出去。他说，对我而言是改善，对别人而言是急需，我应该照顾急需的人。

在日常生活中，秦裕琨高尚无私，淡泊名利，乐于助人；在科研学术上，他更是孜孜以求、甘为人梯。

秦裕琨有一个1957年毕业的学生，名叫何佩鏊，在研究所、制造厂工作多年，有丰富的实践经验，并收集整理了很多相关资料。1980年，国家要出版机械工业手册，其中锅炉篇燃烧设备一章由何佩鏊执笔。秦裕琨担任锅炉分册的主审，在审稿时发现他写得太多了，但手册篇幅非常有限，就建议他另外再编写一本专著。这个建议被出版社接受，并请秦裕琨担任主审。

然而不幸的是，何佩鏊的书还未来得及编写，便身患重病。秦裕琨到上海看望他时，他握着老师的手说：将资料整理成书是自己未了的心愿。为了学生的嘱托和期望，秦裕琨接下了任务。他根据自己的教学和工作实践，敲定了书籍的大纲思路，将何佩鏊生前搜集的大量资料整理并入。这本名为《煤粉燃烧器设计及运行》的专著，第一作者署名为"何佩鏊"，秦裕琨把自己的名字放在了后面。

进入21世纪后，考虑到梯队建设，秦裕琨逐步退居二线，转为更多地支持中青年教师的工作。"搞科研要有长远眼光，要'吃着碗里的，看着盘里的，想着锅里的'。"从学科建设的长远规划上，他提出了近、中、远期的发展目标和计划，并且更多着眼于年轻人的发展。

燃烧工程研究所所长孙绍增教授在做访问学者期间谢绝了英国的优厚待遇，如期回国工作。他说："我们课题组这样的研究氛围在国外也很难找，我们这里是出成绩、出成果、干事业的地方。"

作为学校的老领导、德高望重的院士，秦裕琨有很多"资源优势"，但他从未因个人的事找过学校，唯一一次例外是为了一位优秀的学生。在他的团队里，有一位研究"用煤制石墨烯"的学生，秦裕琨深知这个研究方向的价值和意义，对这位学生的为人和能力也高度认可。在他留校答辩时，秦裕琨为了替学校、替东北挽留这样一位人才，第一次也是唯一一次给学校领导打电话，让"关注一下"。

正因为如此，燃烧课题组才能建立起一支能打硬仗、团结协作、充满生机的学术梯队。秦裕琨领导下的课题组从小到大，由弱到强，逐渐发展成为一个具有强大科研攻关能力的创新团队。毫无疑问，队伍能发展到今天，与秦裕琨的人格魅力和感召力密不可分。

秦裕琨的目光始终与时俱进，面向未来。近年来，他虽然不在科研一线，但仍在为实验室的建设奔走，时常为学生出谋划策。如今，他和他的团队致力于研究低氮氧化物排放煤粉燃烧技术。由他力促落实的燃煤污染物减排国家工程实验室于 2008 年 11 月获国家发改委批准立项建设，于 2011 年 7 月揭牌成立。2015 年，秦裕琨参与、弟子李争起负责的"高性能中心给粉旋流煤粉燃烧技术"项目获国家技术发明奖二等奖。

2017 年 10 月 18 日，秦裕琨与哈工大的党员领导干部、教师代表一同收看了十九大开幕式直播。三个半小时的报告，这位年逾八旬的老人始终凝神聆听，片刻未曾离席。事后，他激动地说："现在国家发生了翻天覆地的变化，让人非常振奋。作为一名老共产党员，绝不做一个旁观者，等着、看着小康的到来，我想在有生之年带领自己的团队，为国家的强盛多做点儿事情。"

"学就学好，干就干好，一切为了国家的需要。"回首六十余载科研路，秦裕琨所做的事都是为了实现强国梦，而时间也证明没有一件事是白干的、徒劳的，最终都有所获。所以，这便不难读懂秦裕琨的人生格言："有所为，无所求"。

（吉星 任仁禧／撰稿）

任南琪

中国工程院院士

院 士 名 片

　　任南琪，1959年3月出生于黑龙江省哈尔滨市，原籍江苏省宜兴市，工学博士，教授，博士生导师，中国工程院院士，长江学者奖励计划特聘教授，国家杰出青年科学基金获得者。曾任哈尔滨工业大学副校长，城市水资源与水环境国家重点实验室主任，"城市水质转化规律与保障技术"国家创新研究群体带头人，兼任国务院住房城乡建设部海绵城市建设技术指导专家委员会主任委员，国务院学位委员会学科评议组召集人，教育部资源环境与地球科学部委员，国际水协会成员，教育部环境类专业指导委员会副主任委员，中国环境科学学会副理事长，中国能源学会副会长，中国土木工程学会常务理事等。

　　主要从事城市水资源与水环境改善对策，污水生物处理工艺、技术与设备，废物资源化及能源化理论与技术，环境微生物系统生物学与生态学等方面研究。主持国家和省部级项目23项。获国家技术发明奖二等奖1项、国家科技进步奖二等奖2项、省部级奖12项，全国创新争先奖状，何梁何利基金科学与技术进步奖1项，著作12部，发表论文SCI收录500余篇，授权国家发明专利61项。曾入选国家"百千万人才工程"一、二层次，教育部"跨世纪优秀人才培养计划基金"获得者，香港裘磋基金获得者，享受国务院政府特殊津贴。

　　2009年当选为中国工程院院士。

细雨润物诉清风

——记中国工程院院士任南琪

从孕育到成长：创新从"小楼"开始

市政环境工程学院给排水专业不仅是哈尔滨工业大学最悠久的专业之一，也是我国最早创办的给排水专业之一。自 20 世纪 50 年代起，许多专家学者结合国家发展重大需求开展了废水处理、饮用水处理等领域的研究。20 世纪 80 年代初，在老一辈学术带头人的悉心指引下，新一代学术骨干针对水污染控制和安全饮用水保障技术等关键问题进行更进一步的研究。深厚的学科背景和优良的办学传统，为他们承担国家重大课题奠定了坚实的理论和工程技术基础，并在不断地创新研究中逐渐形成了以中青年教师为核心的新一代课题组，以任南琪为带头人的课题组便是其中的杰出代表。

在与任南琪课题组团队成员的交流中，记者听到最多的一个词就是"小楼精神"。它的创造者便是任南琪团队。这幢掩映于二校区市政学院旁边的树影中的小楼建于 1997 年，是由黑龙江省科技厅出资兴建的生物制氢中试实验基地，现已成为任南琪主持的城市水资源与水环境国家重点实验室的生物技术试验平台。17 年来，小楼见证了任南琪在有机废水生物制氢研究领域的艰苦跋涉，见证了他所带领的课题组从无到有、由弱变强的曲折历程，更见证了一种几十年如一日从科研实践中凝练而成的思想，那便是"小楼精神"——"做人第一"的思想品行教育、"自主发展"的学生管理方式、"不拘一格"的成才教育思路、"宽容民主"的学术研究氛围、"海纳百川"的团队建设准则。"小楼"是任南琪课题组建设发展的起点，无论是建设这个"小楼"还是建设这支团队，最早、最初的想法就是"老老实实做人，踏踏实实做事"。在这座"小楼"里，任南琪最强调的是怎样做人、怎样对待人——他的第一准则是"做事先做人"，"在科学上，学生的任何想法都随便"，"对人的态度将决定你将来发展的高度"。任南琪对于学生的思维绝不阻止，一点一滴、言传身教，对学生、团队成员的成长、成才、管理、发展采取鼓励、宽容、容错的态度，创造、形成了一种良好的探索科学的氛围。在"小楼"里，在这种氛围下，这支团队逐渐成长起来。

任南琪始终认为：人才是一切发展的源泉，人才是科学、社会发展的主导，单打独斗早已不适应新世纪学术、科研发展的需要。从 1996 年起他就开始着手培育优秀的科研团队。团队作战，必须有团结协作精神，其

任南琪坚持上讲台、工作在教学一线，为本科生授课

思想基础是相互尊重与包容。他的学生、"长江学者"特聘教授和国家杰出青年科学基金获得者王爱杰说："老师不仅仅是在学术、科研上给我们以悉心指导，更重要的是让我们学做事、做人，培养我们的协作精神。老师说：'同学们的创新能力可以独立完成，但创新思想的塑造必须依靠群体'。正是在这个群体中，我的思想素质、业务素质和团队精神都得到了升华。"

"小楼"里的师生对一件小事都记忆犹新。"小楼"刚建成时，一位研究生与门卫师傅发生了口角。任南琪知道此事后很严肃地教育大家：在一个团队中要相互尊重，尤其要尊重门卫、实验员等最普通的劳动者。以后每次新生入学，任南琪都要在讲解"小楼精神"时提及此事。他十分重视对学生思想品格的培养，诸如此类的小事很多，他总是以身作则让学生们在潜移默化中受到影响、改变自我。

从1996年开始，任南琪坚持每周召集当时被称为"小楼"里的所有教师、硕士生和博士生参加例会，定期汇报学习与研究进展，师生共同探讨一些问题。同学们都觉得例会制度让人既有压力又获益匪浅，许多学生毕业后又把这项制度带到了自己新的工作岗位，这种例会制让教师之间、师生之间、学生之间有了更多的交融、碰撞乃至创新。

从"不拘一格"到"海纳百川"："小楼"团队孕育出创新研究群体

在课题组的每位成员眼中，任南琪是有大智慧的人。在学术研究领域，他既有远见卓识，更有打破常规的大气魄。的确，当年废水生物制氢这个研究方向并不是传统的、主流的学术方向，选择这个方向是因为他敏锐地意识到，"环境保护"与"新能源"都是未来的朝阳产业，有着无比广阔的前景。20多年来，我国在这些领域的发展充分证明了他当初的判断。而在科学研究方式上，他强调构建大平台、组建大团队。1997 年当拿到黑龙江省科技厅的 50 万元项目经费时，他把大部分资金投入到了中试实验基地的建设中，因为他的目标是要让这项技术实现产业化，而不是停留在实验室里。在团队建设上任南琪也是不遗余力、甘当人梯。所谓"海纳百川"，就是宽容每个人的个性、发挥每个人的闪光点。通过团结协作，为一个更大的、一致的理想和目标而努力。短短 10 年时间，任南琪课题组就由 1 名教授和 4 名讲师发展壮大成为拥有 11 位中青年优秀教师、100 多位硕士生和博士生组成的朝气蓬勃的学术团队。在课题组共同努力下，培养出 1 名国家杰出青年科学基金获得者和长江学者特聘教授、1 名国家优秀青年基金获得者、4 名新世纪优秀人才获得者，团队成员中5 人破格晋升为教授、2 人破格晋升为副教授。

更令人赞叹的是从 2000 年开始，任南琪便开始策划跳出自己的"小楼"课题组，组建一个多学科交叉融合的人才队伍，以应对学科发展和重大科研攻关的需求。经过三年酝酿、拓展和融合，以任南琪为首聚集了一批国内顶尖优秀青年人才，如马军、崔福义、孙德智、赵庆良、冯玉杰、王鹏、于水利、汪群慧、刘惠玲、马放、王爱杰等教授在内的团队成员。这支团队 2004 年获批首批教育部创新团队（城市水质保障与水资源可持续利用）；2006 年以这支团队为依托获得国家发改委批准建设的城市水资源开发利用（北方）国家工程研究中心；2007 年又以这个团队为人才依托，城市水资源与水环境国家重点实验室正式获批；2008 年，还是依托这个团队的人才和重点实验室的科研平台优势，获批学校首个国家自然科学基金委"创新研究群体"（城市水质转化规律与保障技术）。

任南琪说："我个人所获得的任何荣誉，都不及听到创新研究群体获准建设时的那种高兴程度。一个团队要发展壮大，团队带头人必须做到时刻出于公心，如此才能以海纳百川的心态搭建开放的平台、建设开放的群体。"他要求群体成员不仅要有自豪感，还要有责任感和使命感。

从"海纳百川"到"格物穷理":团队在"知行合一"中担起社会责任

在团队的发展壮大过程中,作为带头人的任南琪将团队文化贯穿于创新群体建设的始终,带领大家确立了"海纳百川、格物穷理、知行合一"的文化理念,即群体要锤炼成坚持真理的科学作风、豁达开阔的人文修养。在这种文化氛围的影响下,群体成员有身处一个"大家庭"中的感觉,保持着平等交流、自由探索的热情,并逐渐形成了相互协助、共同发展的模式。这种具有较高凝聚力的团队文化得到了国内同行的普遍认可。

多年来,任南琪始终强调:"作为团队来说,思想素质是第一位的,团队成员的团结、协作精神是团队凝聚力的保证。团队建设的重大目标在于树立一种团队的形象和理念,在一个领域内、同一主攻方向上协同作战,有所突破和建树。"

从成员的出身和学科背景来看,任南琪所构建的团队可以说是一个五湖四海、海纳百川的团队。而在任南琪看来,要做到"海纳百川",不只局限在校内,还要关注全国、放眼世界。目前,以创新群体人员为主体,以城市水资源与水环境国家重点实验室为平台,研究团队又吸纳了全校7个学院相关学科领域的30余位学者共同开展面向水污染治理的学术研究,同时还与环境领域14位国际著名专家建立了长期从事科学研究与人才培养的合作关系,其中有10位是所在国家的院士,由此进一步提升了团队的国际影响力和话语权。

任南琪的团队已经形成了稳定合理的架构。团队分为三层架构,大的架构分布来自8个学院、不同学科方向的70余名研究人员,大家互通有无,学科间相互交叉促进;中层是以环境学科群优秀教师为主导的、约40位研究人员的大团队;而核心层是以国家创新研究群体及其后备梯队为主的、人数在20人左右的研究团队。大家围绕着"城市水质转化规律与保障技术"这个共同的大目标，为国家的城市水可持续发展作贡献。核心层的"大牌"教授均走出了一条"一专多能"的发展道路，本着"格物穷理"的科学态度，努力探寻应用基础理论，由原来的更多采用工程思维转变为对科学问题的深入探讨，并注重基础研究与工程应用相结合。

"知行合一"就是指理论联系实际，让科学研究成果"落地生根，开花结果"，解决国家的节能和环境关键问题。任南琪始终把国家民族的利益放在首位，把个人的社会责任放在首位。他说："我所从事的专业是与国计民生直接挂钩的，因此我感到非常幸运。人生最大的幸事是在实现个人价值的同时，用个人所学、所长、所创，为社会、为人类作出自己的贡献！30年来，我所有的工作都是直接为人民大众服务的，这就是我今生最大的成就。"

高度的社会责任感让任南琪教授多次临危受命，在攻坚克难中出色地完成了使命。2005年11月13日，中石油吉化公司双苯厂爆炸，几百万哈尔滨人民的饮水安全面临着前所未有的严峻局面。作为"松花江硝基苯重大水污染事件"国家应急科技专项立项发起人之一和项目总负责人，任南琪和同事们一起日夜奋战，成员们经历了无数艰辛。在李圭白院士、张杰院士等全力研究和支持下，团队如期完成了任务。由任南琪倡议开展的"松花江水污染应急科技对策与决策支持系统综合研究"课题，在全国率先建立了流域水体安全预警体系和应急决策管理支持平台，为类似突发性污染事件后的及时决策提供了重要参考，奠定了坚实的理论和技术基础。

从搭建平台到绩效考核：以体制机制创新推动团队建设

有了一流的团队，怎样组织好、管理好团队？怎样激发起团队更大的创造力？怎样使团队建设更上一层楼？早在2000年任南琪担任市政学院院长期间，为了做好顶层设计、加强制度建设，更好地调动大家的积极性，让教师发挥最大的潜能，他结合学校的实际情况，开展了具有创造性的人事分配制度改革，制定出了市政学院定量化的绩效考核办法。绩效考核打破了传统的"大锅饭"，不按职称按贡献，由干不干都拿一样的岗位津贴变成了按贡献定津贴。

为了能让广大教师接受并认可，经过几轮的讨论修改后，学院教代会讨论通过，2003 年开始实行"市政学院定量考核指标体系"的绩效考核办法。考核办法的执行使每个人在学科建设、教书育人、科学研究、学院声誉等各个方面的贡献得到认可，做到了公平、公正，激发出大家的积极性和潜力，个人成就感和集体荣誉感也随之增强。特别是考核指标中对年轻人的支持、扶助政策把年轻教师的潜力最大限度地激发出来，促使他们力争上游，在前沿课题上有所突破，拔尖人才脱颖而出。考核指标实施后的几年里，学院一步一个台阶，几年内拿到了两个重点学科、一个国家工程中心、一个国家重点实验室、一个教育部创新团队、一个国家创新研究群体。学院在师资队伍建设方面成效显著，培养出院士 1 名、国家杰青 2 名、长江学者 3 名、国家优青 1 名、中组部拔尖人才 1 名、新世纪优秀人才 15 名，并培养出一批优秀的学生。

目前，配合学院的定量考核指标体系，国家创新群体和国家重点实验室提出了注重"成果质量"的"科研成果量化奖励办法"，通过绩效考核培养团队成员的三种精神——协作精神、创新精神、危机意识，以机制创新推动团队建设不断深入。

对于绩效考核大家都感受到很大压力，但团队成员都能从公正、有益的角度予以认识和解读。大家说，既然是高水平的人才，就要有高水平的指标、高水平的要求，就要严格考核。赵庆良教授说："考核当然是必要的，你必须有一个考核机制，不能吃'大锅饭'。对人员的考核应该按国际化的通行方式，事先明确提出要求，定职责、定任务，按章考核，奖优惩差。"刚刚破格晋升为教授的年轻教师郭婉茜说："我们的评价考核体系，不仅要横向比，也应该纵向比，要对个体自身的努力和成果给予肯

任南琪接待国内外学术专家

定。"作为群体骨干成员的青年教师尤世界坦言"压力很大",因为自己近两年出的成果不太多,而同龄人的实力太强,所以每到年底绩效考核时就是自己最紧张的时候。紧张就有压力,有压力就有动力,在压力和动力的激励下,2017年他又拿到了一项国家自然科学基金,还发表了影响力较高的三篇 SCI 论文。

管理为什么?就是为了创造价值。最好的管理是把每一个员工的积极性、创造力和智慧激发出来。正如大家所说的:"考核不可能使所有人都满意,那也不是考核的目的;目前的绩效考核不是没有问题,没有问题是不可能的,但我们团队作出这么多成果和贡献,没有绩效考核大家的积极性不可能调动起来。事物在发展,团队在前进,一切都在不断修正、完善、发展。"

当年的制度设计和机制创新结出了硕果,展示了任南琪的远见和洞察力。2008年,由任南琪率领的10名青年科学家组成的研究团队入选国家自然科学基金委创新研究群体,截至2013年仍是我国高校环境工程领域唯一的创新研究群体。该研究群体围绕城市水质科学技术研究,形成了一支以学术带头人为核心、以学术骨干为主体、以年轻拔尖人才为后备梯队、在国内外有一定影响力、年富力强的高层次学术团队，团队成员年龄在 30 岁到 50 岁左右，80% 为省级以上优秀人才。

支持、培养、扶掖后辈是任南琪团队的一大特色。同样是从年轻人逐步成长起来的任南琪深知机遇对年轻人发展的重要性。团队在青年教师培养方面倾注了大量精力，从日常工作到出国留学访问，团队为每个人创造机会。团队有计划地对青年教师进行定向培养，并注重国际交流，向国际化标准看齐，使青年教师的科研能力和整个团队在世界范围内的影响力大大提高。

无论是在科研方面还是在生活方面，任南琪都对青年教师甚至学生关爱有加。现已成长为团队青年骨干的邢德峰说："导师在思想上的引领、在科学问题上的循循善诱都让我受益终身。读博士时，课题组的经费十分有限，我大胆地提出要建一个生物技术平台，这一想法得到导师的全力支持，几乎把当时所有经费都拿了出来，创建了一个供学生科研实验的分子生物学平台。生活上在我们遇到困难时，老师也是解囊相助，有这样的严师、慈师、恩师是我今生的最大幸事。"

在美国大学做访问学者的郭婉茜通过电子邮件接受了笔者的采访。谈到任南琪和团队对青年教师的培养，她说："在我成长过程中，大到科研方向的敲定和凝练，小到一页 PPT 思想的表现，都倾注了任老师无限的心血。恩师曾说：'国际交流已经成为你们每个人科研道路上重要的经历，不单单是去经历，还要有实质性合作，并在合作中创新。'"

木秀于林，风必助之，在群体中相互扶助、共同成长，只有更强没有最强。一批优秀人才的涌现，也是群体人才培养的硕果。2011 年冯玉杰教授获得国家杰出青年基金，2013 年王爱杰教授同时获得国家杰出青年基金和长江学者特聘教授。后备梯队成员许国仁入选中组部万人计划创新领军人才、邢德峰获得国家优秀青年基金并入选中组部首批拔尖创新人才、邢德峰和郭婉茜入选 2013 年环保部首批青年拔尖人才……

　　格物穷理标新异，百川汇海碧波来。以任南琪为首的国家创新研究群体从"小楼"起步，生根开花，硕果累累，不仅汇聚了国内本学科最优秀的人才，人才之间的交叉、融合又形成了核聚变一样的正能量，使得群体不仅能引领科学研究的创新发展，同时也通过群体建设形成了冲击国家大项目的能力。十余年来，以创新研究群体建设为核心，以学科建设为目标，以国家重点实验室和国家工程研究中心为平台，群体成员形成合力争取到多项国家重大课题，并出色地完成了任务，取得了丰硕成果……创新的管理体制机制建设形成了内在的发展动力，任南琪团队正以海纳百川的胸怀，百折不挠的勇气，永不停息的精神，为祖国的水事业贡献着他们的智慧和力量。

（商艳凯／撰稿）

沈荣显

中国工程院院士

院 士 名 片

　　沈荣显（1923—2012），辽宁省辽阳县人，1944年毕业于奉天农业大学（今沈阳农业大学）。1956年加入中国共产党。1948年进入东北行政委员会农林处家畜防治所（中国农业科学院哈尔滨兽医研究所的前身）工作。1963—1967年于罗马尼亚科学院病毒研究所留学。

　　自1948年起，从事家畜病毒性传染病与免疫学研究60多年，作出了多项有世界领先水平的创造性科研成果，是慢病毒病疫苗的开拓者。成功研究出兔化绵羊化等牛瘟弱毒疫苗，在全国应用后彻底消灭了中国牛瘟流行，取得了国际高水平的学术成就，1956年获得我国首次颁发的"中国科学院科学奖金"。以第一完成人培育成功羊痘鸡胚化弱毒疫苗和猪瘟兔化牛体反应疫苗，对控制猪瘟、羊痘流行，保证畜牧业发展作出了贡献。主持研究成功的马传染性贫血病驴白细胞弱毒疫苗，首次解决了世界上百余年来尚未解决的马传染性贫血病免疫问题，该疫苗在我国全面推广应用后，使马传染性贫血病得到完全控制。突破了慢病毒的免疫理论，为人畜慢病毒病（如艾滋病等）的免疫研制疫苗提供了新途径。

　　曾先后获得国家发明奖一等奖，陈家庚农业科学奖，何梁何利基金科学与技术进步奖，中国专利金奖，黑龙江省最高科学技术奖等奖项。

　　1995年当选为中国工程院院士。

中国兽医科学研究史上的丰碑

——记中国工程院院士、动物病毒及免疫学专家沈荣显

情定兽医学——沈荣显院士的成长之路

1948 年东北解放后，沈荣显院士来到东北行政委员会农林处家畜防疫所工作，从此与动物和动物病毒结下不解之缘。沈荣显一到防疫所，就参加了由袁庆志主持的研制牛瘟疫苗的课题组。他和同伴们接受了研制牛瘟疫苗、保护耕牛、保证生产、支援解放战争的任务。当时，东北农村牛瘟肆虐，大批耕牛接连死亡，西部蒙古牛和本地黄牛发病后死亡率达 50%，东部朝鲜牛病牛死亡率几乎达 100%，疫情严重，四处告急。

当时用兔子器官制作的疫苗产量极低，对 200 多万头牛来说实在是杯水车薪。于是，在一间 18 平方米的小屋里，靠着几支注射器、手工乳钵器和简单的显微镜，沈荣显和同伴一起开始探索提高疫苗产量的新途径，向牛瘟宣战。他们把兔毒注射到小牛身上，牛出现反应后，再把牛的脾脏、淋巴研磨制成疫苗，采一头小牛血可以注射 2.5 万头牛。1949 年，牛体反应苗制成了。1951 年，又研制成功了山羊化兔化牛瘟疫苗。然而，新的问题又出现了。这种牛瘟疫苗毒力比较强，蒙古牛、普通黄牛注射后可以免疫，而朝鲜牛、牦牛却抵挡不住。为此，沈荣显又投入到紧张的

驯化实验中。1952 年，"兔化绵羊化牛瘟疫苗"问世，在延边、蛟河等地对朝鲜牛注射获得成功。到 1953 年，这场席卷东北华北的牛瘟终于被消灭了。

1953 年 3 月，沈荣显受农业部派遣，带着新研制的疫苗，登上了青藏高原，向牦牛牛瘟宣战。在这之后的 3 年里，他们像一支扫敌劲旅，为几十万头牦牛注射了疫苗，并在西藏、青海等牧区大面积推广。到青海后，沈荣显和防治小组成员们一起，首先为同仁县一万多头牦牛注射了疫苗，获得喜人的成果。第二年，他们又领着五支防疫队深入青海的其他地区，注射了几十万头牦牛，成效显著。第三年，他们在西藏、青海等牧区大面积推广了这种疫苗。1955 年底，蒙古牛、朝鲜牛、牦牛的牛瘟病被彻底制服了。中华人民共和国成立后，只有两个人畜传染病被消灭，一个是人的天花，另一个就是牛瘟。而消灭牛瘟，我国仅用了不到七年的时间，这是我国兽医史上的一项重大业绩。

在青藏高原的 3 年中，沈荣显和同事们一起，饱尝了无数次"失败、成功、再失败、再成功"的苦辣酸甜，但是他们愈挫愈勇，信心愈发坚定。给牦牛接种疫苗之后，沈荣显曾连续几夜不睡觉，就是为了观察牦牛的体温变化情况。工作量超负荷，加之风餐露宿和强烈的高原反应，常常使沈荣显晕倒。藏民冒险为他划船背药，并总是端出最好的奶茶款待他。无论在哪里，只要是"共产党的门巴（藏语医生）"来了，便畅通无阻。沈荣显知道，自己是个"门巴"，但还不是共产党员。在那四面透风的帐篷里，一个新的意念萌发了，沈荣显向党组织表达了想加入中国共产党的愿望。1956 年，在松花江畔的友谊宫，沈荣显在党旗下庄严宣誓："为共产主义奋斗终身！"沈荣显院士曾说，那是他终生难忘的日子。

1957 年，因"兔化牛瘟病毒的研究"，沈荣显荣获国家第一次颁发的科学奖，同时获奖的还有人们熟悉的华罗庚、钱学森。1957 年，沈荣显出席了中国科学奖表彰大会，受到了毛泽东、周恩来等党和国家领导人的接见。

牛瘟这种猖獗流行的传染病从被消灭至今 60 多年仍未复发，是历史上的奇迹。1994 年，巴基斯坦暴发大规模牛瘟，死亡十多万头牛，而相邻的我国西藏、新疆边境安然无恙。据农业部估算，我国因制服牛瘟而减少的经济损失至少达数十亿元。沈荣显作为主要贡献人之一是当之无愧的功臣。

1963 年 12 月，沈荣显被派到罗马尼亚进修学习。他就读的罗马尼亚科学院病毒研究所在世界上颇有名气。在罗马尼亚进修学习过程中，沈荣显先后进过 3 个研究所 13 个研究室，学习了病毒感染机理、免疫学概论，掌握了细胞培养技术、电子显微镜技术、病毒提纯技术、提取病毒核酸蛋白技术等，为他以后在病毒研究上的突破创新打下了坚实的基础。

1966 年，周恩来总理在访问罗马尼亚期间接见了中国留学生，并鼓励他们早日学成回国，为祖国社会主义建设作出贡献。周恩来总理的嘱托，给沈荣显增添了继续攀登科学技术高峰的力量和勇气，令他终生难忘。在回忆起那段经历的时候，沈荣显院士曾说："这种勇气化作了强大的动力，时刻提醒我要不断进取。"

1967 年 1 月，沈荣显带着大批图书资料和满腔报国之志回到了哈尔滨。与同时代的许多科学工作者一样，半年后，他被"清"出实验室，去烧锅炉、扫垃圾。沉默中，沈荣显把生命寄托在多年来收集的国内外资料上。每晚，借助昏暗的灯光，他拼命地翻译、摘抄、研究……密密麻麻地记满了几个笔记本——对马传染性贫血病研究的许多新思路，就是在自家土屋的夜读中萌生的。

攻克慢病毒——沈荣显院士了不起的科学创举

1972 年，沈荣显担任了马传染性贫血病研究室的主任，开始主持这一尖端课题。马传染性贫血病是由马传染性贫血病毒引起的以马、驴、骡持续感染、反复发热和贫血为主要特征的一种烈性传染病。其病毒属反转录病毒科慢病毒属。国外有学者曾预言,慢病毒病无法免疫。由于马传染性贫血病有极高的致死率,所以一直是困扰世界养马业最严重的传染病,许多国家不惜投入大量的人力、物力、财力,试图研制出预防该病的有效疫苗,但却毫无成效。

我国的马传染性贫血研究始于 1965 年,研究方法基本上是在国外专家走过的路上徘徊。沈荣显和课题组成员决心走出一条中国式的马传染性贫血研究之路。他和同伴们经过反复实验,凭借过人的胆识和丰富的知识,首先提出并倡导用驴白细胞培育驯化强毒的研究思路。沈荣显不仅主持这项实验工作,而且亲自进行继代驯化工作,研究过程几经波折,甚至出现重大挫折,但沈荣显没有放弃,直至传到第 125 代,才解决了一系列关键性问题,成功地研制出驴白细胞弱毒株,率先在国际上成功研制出马传染性贫血病驴白细胞弱毒疫苗,并有效地应用于我国马传染性贫血防治工作上。这一独创性成果不仅为中国马传染性贫血的防治作出了突出贡献,也在慢病毒疫苗的研究史上建立了一座丰碑。该项成果于 1983 年获国家发明奖一等奖。迄今为止,仍然是世界上唯一的预防马传染性贫血病的最有效疫苗,也是目前为止唯一大规模应用的慢病毒疫苗。

基于马传染性贫血疫苗在我国的成功应用,1983 年,国际马传染性贫血学术会议在哈尔滨召开。沈荣显向来自美国、法国、日本等国的中外科学家宣读了他的论文《马传染性贫血病驴白细胞弱毒疫苗的研制与应用》。报告结束后,会场掌声四起。专家们提出了一个又一个问题,执行主席不得不破例,两次延长讨论时间,但与会者仍兴致盎然。各国专家讨论热烈,这个世界上第一个攻克慢病毒病的中国人令他们印象深刻。

同年,美国兽医协会邀请沈荣显出席了在纽约召开的第 120 届兽医年会,就马传染性贫血及同马传染性贫血有关预防和根除方面的问题,进行了一整天的讨论。会上,沈荣显发表了"关于马传染性贫血研究进展"的相关论文。与会代表一致认为会议上最有深远意义的进展是中华人民共和

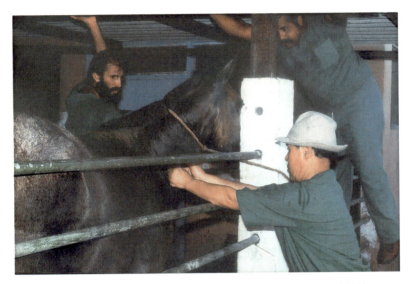

20 世纪 80 年代末，沈荣显在古巴开展马传染性贫血病弱毒疫苗的
推广实验

国提出的有效马传染性贫血疫苗。在会议期间和会后，美国有十多家新闻
媒体刊载此消息并发表评论，盛赞马传染性贫血疫苗的研制成功是一件很
了不起的科学创举。至今几十年过去了，世界上其他国家仍未研究出马传
染性贫血疫苗，我国的马传染性贫血疫苗仍处于国际领先水平，它是沈荣
显院士在国际兽医科学领域为中国书写的浓重的一笔。

老有壮志——沈荣显院士希望为艾滋病研究开个好头

"马传染性贫血病毒与艾滋病的形态结构相似"，这让马传染性贫血
病毒研究有了新意义，世界的目光再次聚焦到沈荣显身上。1984 年，法
国巴斯德研究所对人、畜各种病毒进行了比较研究后发现：只有马传染性
贫血病毒与艾滋病的形态结构相似，其他国家的研究也发现马传染性贫血
病毒在遗传性、抗原性、细胞嗜性、变异性和传播途径等方面均与人免疫

缺陷病毒 1 型（HIV-1）相似。而且，马传染性贫血病毒在基因结构上虽是最简单的慢病毒，但病毒复制的调节途径与人免疫缺陷病毒 1 型相同，马传染性贫血病毒可作为动物模型研究人免疫缺陷病毒 1 型的分子致病机理。因此，马传染性贫血疫苗的研制成功，使艾滋病疫苗等人和其他动物慢病毒疫苗的研究成为可能，这使人们对马传染性贫血病毒研究的意义有了新的评价。

1985 年，应第 10 届泛美兽医大会主席的邀请，沈荣显出席了泛美兽医大会。该会议共有南北美洲 30 多个国家的 1000 多名代表参加，沈荣显为马传染性贫血与艾滋病分组会议的特邀代表。在第一天的会议上，沈荣显第一个报告了"马传染性贫血病驴白细胞弱毒疫苗的研制与应用"，引起与会者浓厚的兴趣。在分组会上，美、法等国学者报告了"马传染性贫血与艾滋病的相关性"的研究，认为马传染性贫血病毒与艾滋病毒可能起源于共同祖先，有非常密切的同源性。

为了攻克人类艾滋病的免疫预防难题，世界各国历经多年，投入巨额资金，均未达到预期效果。1990 年，美国《纽约时报》以大篇幅报道："中国马传染性贫血疫苗的成功研制，给艾滋病预防带来希望。"1993 年，世界卫生组织艾滋病项目组召开会议，18 位科学家重新审视艾滋病研究历史与策略，明确提出加强艾滋病减毒疫苗的研究和需要解决的技术问题。而这些关键性技术问题，在中国马传染性贫血减毒疫苗的研究过程中，基本得到了解决。

世界各国的科学家研制艾滋病疫苗的策略逐渐趋于走减毒疫苗的道路。而这种病毒的减毒疫苗技术为我国所独有。因此，国外的一些研究机构便纷纷寻求与哈尔滨兽医研究所合作，以期研制艾滋病疫苗。与此同时，国外一些从事生物制品开发的公司看好了我国的马传染性贫血疫苗，欲与哈兽研所合作开发马传染性贫血疫苗，以赚取巨大的商业利润。而作为马传染性贫血弱毒疫苗主要研制者的沈荣显院士，在这件事情上表现出了科学家宽广的胸怀和人道主义精神，要让这项成果最大限度地造福全世界。1997 年初，在沈荣显院士的促动下，哈兽研所与美国、荷兰三国四方达成了"中国、美国、荷兰科学家关于中国马传染性贫血减毒疫苗致弱与保护及免疫机理的国际合作研究协议"。这项合作研究以现代免疫学和分子生物学技术为主要技术手段，不仅为促进马传染性贫血减毒疫苗推向世界创造了条件，而且为艾滋病减毒疫苗提供了动物模型。

20 世纪 90 年代，沈荣显（中）参加国际会议

此后，沈荣显院士根据各国研究进展，提出了以马传染性贫血疫苗研究路线为模式、以"人—猴艾滋病毒嵌合克隆"为基础的新型艾滋病疫苗发展策略。沈荣显院士曾希望在有生之年，为艾滋病疫苗研究开个好头。

在沈荣显院士的促动下，哈兽研所先后与中国预防医学科学院性病与艾滋病预防与控制中心联合开展了通过探索马传染性贫血病毒弱毒疫苗保护机理来指导艾滋病疫苗设计。

如果说，马传染性贫血疫苗，对慢病毒病的免疫预防等研究提供了战略性的理论依据，具有极高的学术水平和重大的科学价值，是人类应对慢病毒病的一个丰碑的话，那么这项成果为人类最终攻克艾滋病这一世纪瘟疫提供了重要借鉴，其意义将更加深远。

后辈师表——沈荣显院士的两三事

沈荣显院士是一个非常低调的人，中央电视台《东方之子》节目全国热播时，节目组曾多次联系沈荣显院士，希望他能接受采访，但沈荣显想都没想就回绝了。

沈荣显院士曾告诫自己的学生，"做科研是一件苦差事，既然选择了这条路，实实在在干就好，要知道科学家是干出来的。"他不仅以自己严谨和勤奋的科学态度在为人类的进步作出卓越的贡献，更以不计得失诠释了一个科学家的人格本质。

沈荣显院士的两个儿子回忆起父亲时，总是有许多话想对父亲说。他们说，在父亲85岁之前不懂得什么是父爱，只有他85岁以后由于生病不去实验室工作后，父亲才有时间同他们在一起。沈荣显院士的大爱都献给

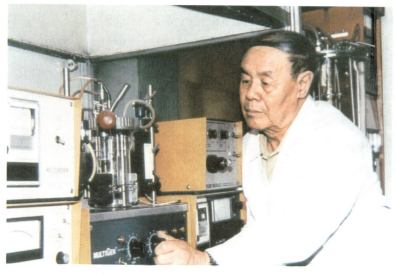

2002 年，沈荣显在实验室中进行冻干疫苗监测实验

了他所从事的科学事业。

沈荣显院士的孙媳与他同为哈兽研所的科研人员。"爷爷对我们最常说的一句话就是，你们赶上好时候了，现在国家重视科研。但你们要切忌浮夸，一定要踏踏实实去做。"十几年间，她跟随沈荣显院士一起从事科研工作，至今仍然在做着沈荣显院士所开创的研究领域相关工作。

沈荣显院士还是一个生活非常简朴的人，经常自嘲自己是个"土老帽儿"。几十年来，他的早餐仅仅是牛奶和麦片。一辈子节俭，却在学生去北京时，大方地出资让他们坐飞机。他对生活没有过高的要求，生怕给别人添麻烦。就连在重病期间，还对医护人员抱歉地说："给你们添麻烦了。"即使在病床上，他还总惦记着实验室里的工作，常跟陪护他的孙媳说，等好了之后，还跟你们一起上班……

2012年6月30日凌晨3时35分，89岁的沈荣显院士停止了思考，我国兽医科学界一颗巨星陨落了。

从20世纪40年代末投身工作，到2008年85岁高龄仍亲自动手做实验，沈荣显院士与动物病毒"打交道"长达60多年。在这60多年中，沈荣显院士从未停止过与各种不断袭来的病毒的抗争，从未停止过对科学真理的探索，也从未停止过对科学精神的坚守。在89年的人生中，沈荣显院士将自己奉献给了科学事业，把自己的研究成果奉献给了祖国，也奉献给了全世界。他用攻克慢病毒病的伟大成就，在我国兽医科学研究的历史上竖起了一座丰碑，用累累的科研硕果，让世界读懂了中国人的骄傲，更是为后来人支撑起走好人生和科研之路的"精神脊梁"。

（文中图片由沈荣显院士家人提供）

（张晓鹏　杜金莹／撰稿）

沈世钊

中国工程院院士

院 士 名 片

　　沈世钊，1933 年出生于浙江省嘉兴县，结构工程专家，中国工程院院士。1953 年同济大学结构工程系本科毕业，1956 年哈尔滨工业大学研究生班毕业，此后在哈尔滨工业大学、哈尔滨建筑大学等高校任教。1990—1995 年曾任哈尔滨建筑大学校长，现为哈尔滨工业大学教授、博士生导师。

　　沈世钊教授长期致力于大跨空间结构新兴学科的开拓，在"悬索结构解析理论""网壳结构非线性稳定""大跨屋盖风荷载及风效应""网壳结构动力稳定性及在强震下的失效机理"等前沿领域取得重要成果；并创造性地设计了多项具有典型意义的新型空间结构，为我国该学科的发展作出了重要贡献。1999 年当选为中国工程院院士。2012 年获国际空间结构协会（IASS）"Honorary Membership"称号。2017 年中国钢结构协会授予沈世钊教授"最高成就奖"。

厚植笃行，成就中国跨度

——记中国工程院院士沈世钊

  2018 年 5 月 28 日，在中国科学院第十九次院士大会、中国工程院第十四次院士大会上，习近平总书记发表重要讲话，指出："要充分认识创新是第一动力，提供高质量科技供给，着力支撑现代化经济体系建设。"习近平总书记的讲话引起与会院士热烈反响，纷纷表示要勇做排头兵，以实际行动为建设世界科技强国贡献力量。院士之中，有一位 85 岁的老人，他衣着朴素，却打理得一尘不染；白发苍苍，却精神矍铄、话语有力。他在会上表示，作为工程领域的科研工作者，要围绕国家战略需求，坚持创新，为国家建设更多的精品工程作出贡献。

  这位老人，就是中国工程院院士沈世钊，也是有着"超级天眼"之称的 500 米口径球面射电望远镜（简称"FAST"）的关键设计者之一。"天眼"建成于 2016 年，是具有我国自主知识产权、世界最大口径、最灵敏的射电望远镜。从理论上说，"天眼"能接收到 137 亿光年以外的电磁信号，这个距离接近宇宙边缘。"天眼"之所以能看得这么远、这么准，有一项全球首创的技术发挥着至关重要的作用，那就是由沈世钊率领的哈工大空间结构研究团队承担和完成的 FAST 项目主动反射面结构系统，该系统被称为"天眼"的三大自主创新之一。

  对习近平总书记的讲话，沈世钊的内心反响至为强烈。回顾他这一生，他一直都走在求索和创新之路上。

求学之路：履薄处厚宜精进

1953 年，刚刚结束上海同济大学结构工程专业学业的沈世钊被分配到哈尔滨工业大学研究生班继续学习。一来到哈尔滨，他立刻被这座建筑与音乐艺术之城迷住了。音乐给予他灵感，建筑让他沉迷，他在这里求学，在这里立业，也在这里邂逅了他人生的伴侣。就这样，哈尔滨成了他的第二故乡。

一开始，沈世钊是跟随苏联著名木结构学科带头人卡岗教授学习的。在学习木结构期间，沈世钊一边吸取苏联木结构学科的先进系统理论，一边也加深了对中国古典木结构建筑艺术的理解，并逐渐形成自己的结构美学理念——实用、合理、自然。他研究生毕业后留校任教，继续从事木结构方面的教学和研究工作。他完成的第一个研究项目是关于"木屋盖纵向刚度"的研究。在这项研究中，他创新性地提出了合理评价木屋盖空间刚度的系统理论和方法。这一创新理论结束了 20 世纪 60 年代初国内学术界在这方面的长期争论，为木屋盖及其支撑系统的设计提供了科学依据。

沈世钊后来并没有在木结构领域继续深入下去。当时，国内木材资源十分匮乏，导致木结构在工程应用方面日渐式微，使这一学科在我国丧失了继续发展的动力。沈世钊开始意识到，科学研究不能闭门造车，更不能孤芳自赏，学有所用才是一个科研工作者最大的幸福。他根据对建筑业发展走势的前瞻性思考，开始涉猎结构工程的广泛领域，拓宽自己的知识范围，夯实必要的理论基础。沈世钊回忆这段经历时说，那时候虽然在方向上有些东一头、西一头，却让他为今后的研究打下了较为坚实的基础。

赤子之心：不忘初心葆本色

1979 年，沈世钊作为第一批国家选派出国的访问学者，赴美国里海大学符立兹工程研究所交流学习。该研究所以钢结构理论研究闻名，所以他的研究工作也就完全转到钢结构上来。在美国两年，沈世钊具体从事高层钢结构及其梁柱节点构造的研究。美国当时在各个领域都处于世界领先地位，在钢结构领域的理论研究和工程实践方面也有许多值得学习的先进经验。沈世钊抓住一切机会，如饥似渴地学习和研究，并不断向美国同行请教。当时的沈世钊已经 46 岁，但他却觉得自己仿佛又回到了求学时代，又变成当年那个背着行李北上的青年学子。

沈世钊时刻记得自己是一个公派出国的中国学者，某种程度上代表着中国的国际形象。当时中国正处于改革开放初期，刚向世界敞开封闭已久的大门，百废待兴，且新旧矛盾错综复杂，加上外国媒体的片面宣传，导致外国人对中国有不少错误看法。对这种情况，沈世钊认为，除了作一些必要的解释外，主要应通过自己的表现来维护祖国的形象。因而他工作上严肃认真，也注意同一起做研究的外国同事精诚合作。在相互交流中，他谦和有礼，不卑不亢；生活上他坚持朴素健康的生活方式，不贪图美国的物质生活。两年下来，他得到了很多外国同事和华侨朋友的好评。

在美两年，沈世钊取得的成果是丰硕的。他完成了两项研究课题，发表了五篇论文，并协助美国教授指导了一名博士生和一名硕士生。此外，还与同济大学来的两位访问学者沈祖炎、胡学仁合作，撰写了《钢结构构件稳定理论》一书，将美国当时相关的理论研究成果介绍到了国内。该书在国内出版后，获得了我国建设部优秀科技图书一等奖。

转眼两年期满，沈世钊要回国了。符立兹研究所所长皮特尔教授在给他写的送别信上说："多么希望我们能相聚更长一点时间，以便更多地讨论您在我们这里所做的工作成果。您作出如此杰出的成绩，为推进美中学术交流作出了巨大贡献。"

探索之志：安得广厦千万间

1981年秋，在美国留学两年的沈世钊再次踏上了祖国的土地。这时的国内已经呈现出改革开放带来的蓬勃朝气，街上开始出现一批正在施工中的高大楼宇，一些大中城市的车站、场馆设施也开始拥挤起来。这让沈世钊预感到中国建筑市场即将出现的对高层建筑和大跨度公共建筑的巨大需求，而当时国内相应的结构理论储备却相对匮乏。沈世钊认为，这对他们结构研究工作者来说，既是挑战，也是机遇。

回国后不久，他担任了哈尔滨工业大学钢结构教研室主任。他提出，教研室应突出重点，将研究方向定为高层建筑和大跨度建筑新兴结构领域的开拓。此时，国内关于高层、大跨结构的研究还处于起步阶段，教研室的队伍组建也可以说是从零开始的。沈世钊自己重点从事大跨结构方面的研究和学科建设。1985年他又成立了空间结构研究中心，作为科学研究和人才培养的平台。多年来，沈世钊带领他的学生就一些亟须的理论课题，如网壳结构的非线性稳定性、索及膜等柔性体系的初始形态分析、网壳结构动力稳定性及在强震下的失效机理、大跨屋盖风荷载及索膜结构的风振响应和抗风设计等问题，进行了系统深入的研究，为建立大跨空间结构的理论体系作出了突出贡献。研究中心的队伍也在不断的建设和取得研究成果后持续壮大了起来。如今，哈尔滨工业大学大跨空间结构学术水平在国内乃至国际上都居于前列。

除理论研究外，沈世钊也曾主持设计了一些大型空间结构。沈世钊说，他完成的设计并不多，因为他认为高等学校教师不宜把过多时间用在工程设计上，他也不同意他的学生从事大量的一般性设计。但他认为，有选择地结合一些有代表性的工程来进行创新实践活动，来展现和验证自己的理论研究成果，对研究空间结构的教师和学生来说，也有着不可或缺的作用。

参与设计，根源还在于他的治学理念——厚植笃行。他认为做学问不能闭门造车，而是要去实践，学用相长。他曾为学生写过一段寄语，表达自己这些年一以贯之的"厚植笃行"理念："不断积累，厚植根基，才能做到高瞻远瞩、举重若轻，且邪谬不侵。治学做人，均同此理。又贵在身体力行，知与行相辅相成，在服务社会的同时，不断提高自己。故君子笃行。"

沈世钊的题字　（张佳蕊　摄影）

对承接的设计任务，沈世钊有自己的标准：一是要有典型意义的体系创新；二是能体现最新理论研究成果。他认为，这样的设计才能对我国空间结构理论研究的发展起到推动作用。

吉林滑冰馆主体结构是沈世钊的第一个大跨空间结构设计作品。那是 1982 年，沈世钊根据建筑方案特点决定采用一种创新的预应力双索体系，希望以此促进先进的悬索结构在我国的发展。当时，悬索结构在国内应用很少，完全没有成例可以参照。沈世钊当时对这种结构体系也不太熟悉。他查阅了大量文献，一边学习一边进行理论推演，花了几个月时间推导了预应力双索体系的全套解析公式，终于完成了吉林滑冰馆的结构设计任务。吉林滑冰馆问世后，以其新颖的悬索结构体系惊艳业界，并被推荐参加了 1987 年在美国举行的"国际先进结构展览"。

1986 年，北京亚运会进行场馆建设，沈世钊参与了石景山体育馆和朝阳体育馆的设计，也有意识地采用了当时比较创新的组合网壳结构和组合索网结构，得到北京亚运会筹委会的青睐，一举夺标。

此后，沈世钊又承接了一些大型场馆建筑的结构设计，每件作品他都力求创新，采用最先进、最新颖的结构方案。例如，威海体育场采用了整体张拉式膜结构；哈尔滨会展中心主馆采用了新颖的 128 米张弦桁架结构；黑龙江省速滑馆采用了当时覆盖面积最大的组合网壳结构……这些作品均为我国空间结构的体系创新作出了重要贡献。

2004 年，沈世钊被聘为 2008 年北京奥运会场馆建设高级顾问。当年 5 月，巴黎戴高乐机场候机厅发生坍塌事故，公共建筑安全性成为当时一个热点话题。北京市委召开了专门会议讨论"鸟巢"的设计和施工安全问题，邀请了沈世钊等专家参加。会上，当时的北京市委书记刘淇问沈世钊："在安全上，到底有没有问题？"沈世钊坦诚地说："理论上没有理由说它有问题，但实际上我们却有些担心，因为结构自重太大，固定荷载占总荷载的 80% 以上，就好像一头老黄牛积年累月在重载下工作。"刘淇书记问，那该怎么补救。沈世钊提出一种可行的解决方案，即去掉上方的可开合顶盖，再适当扩大中央的开孔，这样可减少钢材用量 1.5 万吨，且结构安全性可大为改善。两个月后，时任国务院总理温家宝作出"节约办奥运"的指示，沈世钊的修改方案获通过并迅速实施。如今，"鸟巢"已完工 10 余年，它出色地完成了担当北京奥运会主会场的任务，并成为开放的中国一个标志性建筑。

1994 年，北京天文台提出了建造新一代大型射电望远镜的概念。然而从 1994 年到 2003 年，在九年的预研阶段内，参与的设计团队均未能提出合理的结构设计方案。这时，"大射电望远镜"推进委员会偶然阅读了沈世钊的合著著作《悬索结构设计》，便开始将目光转向哈尔滨工业大学，并邀请沈世钊负责这项工作。该望远镜的结构系统具有三大特点：一是体型超级巨大；二是要求实时变位；三是超高精度要求，这三大特点为设计带来超大难度。从 2003 年至 2007 年，沈世钊率领哈工大研究团队做了大量的研究和演算论证，最后提交的结构设计方案让推进委员会十分满意。2007 年，500 米口径球面射电望远镜 FAST 作为国家重大科学工程项目正式立项，又经过四年的初步设计后于 2011 年正式开始兴建，于 2016 年落成。这一世界上口径最大、最先进的射电望远镜落成后，被媒体称为"天眼"。有外国科学家形象地描述"天眼"的强大功能说："你在月球上打电话它都能发现。"国家天文台为感谢沈世钊团队所作的贡献，将一颗小行星命名为"哈工大星"。

虽然年事已高，但沈世钊创新的步伐从未停歇。2018 年，他又担任了《钢结构通用规范》编撰委员会主席，主持该国家规范的编写工作。

师道之范：桃李不言下成蹊

从 1956 年起，沈世钊教授一直从事教学工作，如今虽已不再亲自任课执教，但仍不时在各大院校讲公开课，传道授业解惑。几十年来，他亲自指导的博士生、硕士生已过百人，很多人都成为大跨空间结构理论研究领域的骨干。事实上，为国家培养人才是沈教授毕生最为钟爱的事业。他说，个人精力有限，科学的进步，学科的发展，需要年轻英才的不断涌现。因而他觉得，把更多的精力放在人才培养和团队建设方面，也许是自己所能发挥的最大作用。2000 年，他曾写过一首述怀诗："长江后浪拥前浪，万骏奋蹄驰大原。喜看满园滋桃李，耕耘未辍心尤甘。"又在附注中说："此生有幸为教师，得天下英才朝夕切磋与共，其乐融融。"

沈世钊与他的弟子们

　　1985 年空间结构研究中心创建以来，沈世钊一直十分重视这一研究团队的建设。他的许多优秀学生毕业后留了下来，在工作中继续锻炼成长。他的学生，如今的哈尔滨工业大学土木工程学院院长范峰回忆说，沈老师多年坚持一个习惯，就是每周都要组织他的研究团队开一个例会，大家总结一下一周来的学习研究情况，有时候也说一下个人的甘苦。沈老师则会给大家介绍一下近期国内外学术研究成果，也会关心大家的个人生活。这个例会，的确是"其乐融融"。如今，这种例会已经成为土木工程学院的一个传统，教研人员都坚持着沈世钊传下来的这个习惯。

　　学生在身边的时候，沈世钊关心他们的学业和思想上的成长；学生毕业以后走向社会，沈世钊也继续关心他们的事业，经常给予必要的帮助。他也十分尊重弟子们的意见和愿望。他的大弟子陈昕博士毕业后留校任教，后来想辞职去沈阳创业，沈世钊并未阻拦，还鼓励他说，办公司能更好地学以致用，但要始终坚持科技创新。后来陈昕在创业过程中也经常得到沈老师的鼓励和帮助。

　　在一些重要项目的研究工作中，沈世钊经常让他的弟子走在前面，承担更重要的任务。在发表文章的时候，他也经常有意地放弃署名，让给他的学生。"天眼"的结构设计项目，沈世钊虽然担任了主持角色，但他让学生范峰和钱宏亮走到台前，分别担任主动反射面结构系统的总工程师和副总工程师，让他们发挥更大的作用。其间还有一个有趣的小事：2004年，钱宏亮的孩子出生，他请自己的老师为孩子取一个名字。沈世钊灵机一动说："不如就叫钱望远吧。"

由于沈世钊对学生真诚关怀，他的学生也都十分敬爱他，视他如父。2013年，沈世钊八十寿辰那天，他的学生中有 60 多位从全国各地赶来为老师祝寿，其他不能到场的也纷纷致电恭贺。师恩如山，如何表达这份深情？沈世钊对物质生活一无所求，学生们几番商量后联合送给老师一幅匾额，上面写的是沈世钊一生的信条——"厚植笃行"。

(姜明广／撰稿)

苏哲子

中国工程院院士

院 士 名 片

　　苏哲子，1935年12月生，陕西省咸阳市人，1954—1959年于北京工业学院（现北京理工大学）第三机械系坦克设计专业学习。曾任国营哈尔滨第一机器制造厂总工程师，研究员级高级工程师。1958年，参加了我国第一代轻型坦克的设计工作。1959年被正式分配到国营第六七四厂，担任传动操纵设计组副组长、车体设计组组长、审核组副组长。1978年，被委任为152mm自行加榴炮课题的总体设计组组长和武器设计组组长。1984年2月被任命为第六七四厂厂部常务副所长，负责技术工作，主抓新产品的开发研制。

铁血丹心铸剑路

——记中国工程院院士苏哲子

苏哲子是兵器工业集团公司大口径火炮的领军人物，我国高科技兵器专家，中国工程院院士。从事国防科研近 60 年，苏院士把对事业的无限忠诚和对兵器的深厚感情倾注在武器研发上，他博学多才，淡泊名利，无私奉献，居功不傲，用自己的言行诠释了一名科技工作者苦心钻研、勇攀科研高峰的光辉形象。

艰辛坎坷的求学路

苏哲子高中时的理想是当一名建筑工程师。然而高考前夕北京工业学院来到苏哲子所在的高中学校挑选学生，满怀保家卫国一腔热血的苏哲子报考了坦克设计专业（即现北京理工大学车辆工程学院），带着质朴的泥土气息他踏进了科学圣殿，他成了家族中的第一个大学生，从此走进了人民兵工的光荣队伍。苏哲子幼年家境贫寒，每星期住校期间的全部伙食就是两个半锅盔和一小罐辣椒酱。北京工业学院属于国防院校，学生的生活待遇比同时代的其他高校都要好。即使如此，为了减轻家庭负担，他在五年寒暑假里从没回过家，而是到学校的工地上挑土打工，一个假期能赚 40 元，加上每月两元的助学金，就解决了自己一学年的花销。艰辛坎坷的求学路锻炼了苏哲子艰苦奋斗的坚强意志，形成了吃苦耐劳的优秀品格，磨炼了严谨精细的工作作风。在大学的五年学习中，严谨认真的学习态度和孜孜以求的治学作风，为他日后的研制工作打下了坚实的理论基础和专业基础。大学期间，他还深入工厂车间，熟悉坦克的生产过程，学习驾驶坦克，这段经历对苏哲子以后从事坦克设计帮助很大，会开坦克让自己对坦克的认识有了质的飞跃。

第一代坦克"金娃娃"的诞生

1959 年，苏哲子大学毕业，此时的新中国百业待兴，党和国家作出了"尽快研制出我们自己的坦克"的决定，他主动提出了到研制坦克第一线去，分配到哈尔滨第一机械集团有限公司后，他就义无反顾地踏上了我国坦克的研发征程。

刚刚参加工作的苏哲子就被领导批准参加我国第一代轻型坦克的设计工作。传动操纵设计组副组长、车体设计组组长、审核组副组长……年轻的苏哲子用积极进取的勇气、扎实的学识、旺盛的精力、热忱的态度，一步一步走进坦克的核心部分，甚至连图纸和技术条件的最后一道审查工作的重担也由他义不容辞地担起。

科学试验的道路上总是布满荆棘。刚刚解决了变速箱齿轮断齿、履带板断裂问题，负重轮又开焊脱胶了；刚刚解决了平衡轴断裂，扭力轴又折断了……一道道重大技术难题，在他和同伴夜以继日地查阅资料、构思方案、计算数据、设计图纸，夜以继日地深入车间指导加工、与工人一道安装调试、奔赴试车场记录试验数据中被陆续攻破；设计室、实验室、车间、试车场，印满了他的奔波和汗水。1962 年，经过五年不懈努力的苏哲子和同伴们终于成功地造出了我国第一代轻型坦克——62 式轻型坦克，并经国家军工产品定型委员会批准定型，投入批量生产。

坦克研制成功的消息传来，使得人民解放军装甲兵主管科研的副司令员欣喜异常，连呼"这是我们的'金娃娃'"！

创业的艰难，将苏哲子和同伴们锻造成为一群不惧怕困难的勇士。第一代坦克的诞生，让我国的坦克工业由修理走向自行研制和生产，开始有了灿烂的篇章和辉煌的未来，同时也为其他履带式军用车辆的研制和生产开辟了广阔的道路。1978 年，62 式轻型坦克荣获全国科学大会奖。

苏哲子院士在办公室

"中国制造"的自行火炮第一次向天安门走来

1978 年，共和国历史上重大转折的一年。为了提高炮兵的机动作战能力，中央军委果断作出决策——"要实现火炮自行化"，并确定首先研制 152mm 自行加榴炮。这一重大的研制任务再次落到苏哲子和他的同伴们身上。一场新的科研攻关战，就此悄无声息而又热火朝天地打响了！

火炮自行化，就是要改变过去火炮依靠车辆牵引的落后状况，把火炮与牵引车辆结合为一个整体，使火炮可以直接行驶，从而大大提高火炮的机动作战能力。显然，这种集成"结合"，不是简单的"量"的集合，而是复杂的"质"的飞跃，是一次自主创新。要实现这"质"的飞跃，苏哲子知道担子很重，知道创新很难，但还是毫不犹豫地挑了起来。他常说自己是农民的儿子，喜欢用血汗去耕耘收获，坚信"艰苦生活，能够锻炼人的意志，使人更早自立，意志更加坚强"。此时，年已不惑的苏哲子，在岁月和实践的磨砺下，在思想、技术和工作上更臻成熟。他被委任为总体设计组组长和武器设计组组长，承担了初样车阶段的总体设计工作。

从实验室到设计室，再从设计室到实验室，他的脚下只有一条路，心中也只容得下两个字：火炮。妻子和孩子顾不上，他对自己的衣食住行也漠然到了让人惊讶的地步。他不是无情，而是太专情，专情于祖国的神圣事业、专情于科学的无限空间、专情于肩头国泰民安的沉重使命。在经历了那些艰苦的探索和研究后，他与同伴们完成了动力传动部分前置，合理布置了风扇及风扇传动机构，大胆采用二级行星侧传动，等等。在安装调试过程中，他整天与工人师傅一起摸爬滚打，在工人师傅的眼里，苏哲子分明是和他们干一样活的普通工人。由于确定的总体尺寸合理准确，保证了第一台样车总装时，仅用一周时间就完成了底盘的总装工作，受到人们的赞扬。

初样车完成后，苏哲子又担任试车队副队长，具体组织试车、射击等多项试验工作。在初样车试验的日子里，他不畏辛劳，南征北战。酷热和严寒动摇不了苏哲子的意志，他总是身先士卒，争分夺秒坚持试验，往往在车里一待就是几个小时，一丝不苟地记录试验结果。正是这种脚踏实地、艰苦拼搏的精神，才使他取得了大量试验数据和资料，为精样车的设计提供了极为可贵的资料。上级对初样车的评价是：总体布置合理，承载能力大，结构简单，维修保养方便，机动性能较高，火炮前装方案较好。

鉴于苏哲子在初样车研制中的突出表现，1980年7月，他被任命为某军工厂研究所第一副所长，主持研究所全面工作，同年9月又被原国家兵器工业部任命为厂副总工程师。经过对初样车的不断改进、精心设计和制造，到 1983 年，我国自行研制的第一辆大口径自行火炮——152mm 自行加榴炮终于胜利诞生了。经国家有关主管部门组织的定型审查，被一次通过批准设计定型，列为 1984 年国庆 35 周年受阅的新式武器装备之一。苏哲子非凡的才华和超人的胆识再一次被充分显示出来！

1984 年国庆节那一天，当 152mm 自行加榴炮方队通过天安门广场时，苏哲子守候在电视机旁，只不过那一刻他回想起了开国大典上那些用中型卡车或十轮大卡车牵引的有着"万国牌"之称的火炮。和新中国建立时那些来自九个国家且口径小、性能差、型号杂的"万国牌"相比，今天的火炮在新中国成立后经历仿制阶段和自行设计研制阶段后，已被全部换为"中国制造"，当年的"小米加步枪"已成为难忘的历史，这些变化怎能不让他——一个新中国培养起来的火炮武器系统工程设计专家因自豪而热泪盈眶呢！ 6 年磨砺的战神之剑呀！

苏哲子和伙伴们这次研制项目的成功，不仅推出了我国第一种大口径自行火炮，而且创造了第一个动力传动前置的自行火炮通用底盘。在此底盘上可发展变形一系列不同种类的自行火炮和军用工程车辆。152mm 自行加榴炮荣获原国家兵器工业部科技成果奖一等奖和国家科技进步奖三等奖，并因其圆满完成受阅任务，受到中央军委的通报嘉奖。苏哲子也因在自行火炮研制中的显著成绩而受到原国家兵器工业部记功的奖励。

中国"战争之神"震撼世界

"作为一名国防科研工作者在开始研制工作前，首先就得明白一个关系，那就是国家与国防的相辅相成关系。一个国家的主权、领土的完整和统一，没有强大的国防做支撑和保障是根本行不通的……而且一个国家的武器装备能否对外贸易也是这个国家装备优劣的一个重要参考指标。武器装备的对外出口在一定程度上也体现了这个国家的综合国力、科学技术水平和国际地位……"这是苏哲子的另一项重大科研成果——外贸155mm自行火炮武器系统在获国家科技进步奖一等奖后，他面对媒体时说过的一段话。

1984年2月，苏哲子走上工厂总工程师的位置，从此加在他肩上的担子更重了。为了我国军事工业的发展，他又向更高更新的目标冲刺。在此之前，中国陆军只装备了152mm自行加榴炮，刚刚完成从牵引炮到自行炮的过渡。1986年，在国家军费紧张的背景下，为了实现火炮武器的现代化发展，兵器工业部决定，采取外贸先行、以外促内的方式，研制外贸版新一代大口径自行火炮，在出口创汇的同时，促进国内的相关技术储备。作为152mm自行火炮项目的主要负责人之一，时年51岁的苏哲子担起了新型火炮系统总师的重任。而外贸155mm履带式自行火炮武器系统是他所有成果中最大的亮点，时至今日，这一系统成为兵器工业历史上规模最大、性能最先进、功能最完善的地炮压制武器系统。因为该系统自2000年设计定型并成功打入国际市场以来，又相继开发了三个155mm口径武器系统，在短短两年时间里，他和团队设计研发出了这门火炮样机，没想到刚一亮相，就吸引了国外买家的注意。为我国赚取了大量外汇，成为我国的出口品牌产品，更重要的是它的研制成功对我国地炮压制武器的跨越式发展起到了极大的推动作用。

为了国家的兵器事业，苏哲子怀着"鞠躬尽瘁，死而后已"的决心，生命不息，战斗不止。苏哲子曾多次因为劳累过度晕倒过。有一件事情他的家人至今难以忘怀。1996年在靶场一次155mm系统大型试验中，他担任总指挥，他每天白天在靶场现场都是超负荷地工作，晚上回到房间还要查看一天的试验记录和对试验中的故障进行分析，由于长时间疲劳过度病倒住进了医院。入院第二天，正在输液的苏哲子突然坐起来浑身发抖地说，"你们都往边儿上站，一会打炮别碰到你们"等等一些试验场上的话，家人都惊呆了，以为他发烧烧糊涂了，找来医生却发现是输液反应，医生和护士马上进行抢救，经过一个多小时的治疗终于缓解了病情。他的妻子和孩子们拉着他的手，泪水再也忍不住流了出来，"你太辛苦了，你应该休息了"，他却平静地说："工作是不会觉得累的，只要处理好各种问题，越忙生活才越充实。"

在武器装备研制这个没有硝烟的战场，苏哲子无愧于"战斗英雄"的称号。15 年磨一剑，该系统的成功研制突破了一系列难以想象的难题——签订合同之不易、时间之短、风险之大、系统构成之复杂、高新技术之首次应用……仅就"签订合同之不易"这一项而言，该武器系统是与美、英、法、南非经过了长达 10 年的激烈竞争，最终因系统集成和性能先进而在竞标中中标……

2000 年 8 月 2 日，又是一个让苏哲子终生难忘的日子。那一天，外贸 155mm 自行火炮武器系统首次在用户国进行了实弹射击演习，该国国防大臣、总参谋长、陆军司令、炮兵司令及外国军事顾问都亲临演习现场。伴随一阵阵撼天的"雷鸣"，首次实弹射击演习获得了圆满的成功。权威人士对演习结果给予了很高评价。第二天，该国所有报纸的头版都以

苏哲子院士

整版加以报道，在该国所在地区产生极大的影响。其中，该国炮兵司令在杂志上发表题为"向先进行列跃进的×××炮兵"的文章中有这样一番评价："中国火炮是世界水平的先进现代化火炮，是一个完整有效的体系，射程远、威力大、自动化程度高，具有独立自主作战能力。"

苏哲子让世界领略了中国"战争之神"的威猛，让中国军工产品在国际市场上扬眉吐气！

勇于创新的兵器专家

八十载风雨人生路，矢志奋斗铸利器。苏哲子从参加我国第一代轻型坦克和第一代大口径自行火炮的研制和生产，到组织领导了我国第一代履带式 122mm 自行火箭炮、履带式火箭扫雷车的研制和自行火箭炮的生产，再到担任我国第一个由 5 个分系统 11 种装备组成的履带式 PLZ45-155mm 自行火炮武器系统、第一个由 5 个分系统 8 种装备组成的轮式 AHSI-155mm 自走炮武器系统总设计师，亲历、见证、领导了中国履带装甲车辆和火炮武器系统从起步到目前为止的全部过程，倾注了毕生的心血，这每一个型号都是我国陆军武器装备的里程碑，都在我国陆军武器装备研制史上写下了浓墨重彩的一笔。苏哲子和他的团队完成了中国火炮从牵引到自行、从单一装备到现代化武器系统的两次标志性跨越，而他在外贸 155mm 自走炮项目上取得的成就，也为我国整体火炮武器系统技术水平的提升作出了重大贡献，对苏哲子来说，这是他平生最大的欣慰。

苏哲子带领哈尔滨第一机械集团有限公司研发团队自力更生、艰苦奋斗、呕心沥血，经历了从仿制到自行设计研制的艰辛跋涉，缔造出一个又一个的军品神话。苏哲子的事业轨迹就是我国履带自行车辆发展历程的写照，他用对履带自行车辆永无止境的探索践行着"用知识和智慧报效国家"的人生誓言，他以"把一切献给党"的人民兵工精神诠释着一名兵工人的担当和使命，他是我国履带自行车辆领域的开拓者、奠基者、领军者！

在哈尔滨第一机械集团有限公司工作的 40 多年里，苏哲子领导研发的六个军用新产品和三个支柱新民品，达到了同期世界先进水平，填补了国内空白，开辟了哈尔滨第一机械集团有限公司履带自行车辆等一系列新的技术领域，奠定了哈尔滨第一机械集团有限公司科研开发的技术基础，造就了一批专业配套、系统领军的技术骨干，他们中有中国兵器首席专家、集团公司级科技带头人等。苏哲子塑造出的"严谨认真、勇于创新"的科研作风，使哈尔滨第一机械集团有限公司的军品型号发展取得一个又一个新突破，为我军提供了多种陆军武器装备，提高了部队的战斗力，苏哲子为我国国防建设和发展作出了卓越贡献。

80 年峥嵘岁月弹指一挥间。在为兵器事业辛勤耕耘的近 60 年里，苏哲子院士先后参加领导和主持研制了多项重型武器装备，其中两个装备参加了国庆 35 周年、50 周年阅兵。获得国家科技进步奖一等奖 2 项、二等奖 1 项；部级科技进步奖一等奖 1 项、二等奖 1 项；1978 年全国科学大会奖 1 项。1992 年获国务院政府特殊津贴，2003 年获兵器工业首届科技带头人，2004 年获何梁何利科学与技术进步奖，2005 年获兵器工业科技创新突出贡献奖一等奖，并当选中国工程院院士。

作为一名严谨的科学家，他崇实务本。对于哈尔滨第一机械集团有限公司科研战线上的一批批新兵，他常嘱咐他们：一是要有远大的抱负，志当存高远，青年人要树立远大的理想和目标，怀抱军工梦、中国梦，沉得下心，脚踏实地，勤于耕耘；二是要耐得住寂寞，抱定"咬定青山不放松"的信念，选一个方向，加强实践的深度；三是要钻得透细节，深刻了解所研究领域的方方面面，多下功夫，力求技术上钻深、钻透；四是要经得住考验，搞科研要有一定的坚持、韧性和毅力，要经得起诱惑，关键时刻能顶得上。说起如何做科研，尤其是系统工程的研发，他根据自己多年的工作经验，总结出两条宝贵的经验：一是要有两种意识——大局意识和学习意识；二是要勇于创新，包括系统工程创新和人才管理创新。不谋全局者不足以谋一域。在研发项目的过程中，他常说的一句话就是："团队创造成就"。一个国防科研项目不可能是几个人研究开发出来的，至少是几十人、几百人甚至更多，一个人的成长离不开团队。他感言道自己的院士后面是我们兵工很多人的努力和整个团队的支持和帮助。团队的力量和智慧是无穷的。

2011年9月，中央电视台《大家》栏目，以《火炮征途》为题，播出了对苏哲子院士的专访。苏院士满怀壮志造国之重器的故事深深地感染了哈尔滨第一机械集团有限公司的广大科技工作者。集团公司级科技带头人、外贸155mm履带式自行火炮项目总师刘贵明，看完专访后深有感触地说："我和苏院士一起共事了20多年，他以'严谨认真、苦心钻研、勇于创新'的精神，带出了一支支技术过硬的科研团队，他就像一把号角，让理想和激情，在新一代兵工人心中扎根。"外贸155mm履带式自行火炮项目副总师李颖看到专访里的苏院士在试验现场与年轻人交流的场面感慨万千："只要苏院士有不懂的地方，他就马上请教，不论是问年轻人还是试验工人，直至掌握相关知识，他虚心好学的精神值得我们大家学习。"一位刚刚参加工作的苏院士大学校友看过专访后对苏院士深表敬仰，为苏院士埋头钻研、不计名利的工作和人生态度所折服，激动地对研究所领导说："从苏院士身上让我们年轻一代大学生感受到使命的重要，担当的责任，他以他的智慧、执着和人格的魅力给了我们莫大的鼓舞和宝贵的支持，也教育着、影响着我们年轻人。"

（张修苓/撰稿 梁冬/编辑）

谭久彬

中国工程院院士

院 士 名 片

　　谭久彬，1955年3月出生，男，汉族，中共党员，黑龙江省哈尔滨市人，精密测量与仪器工程专家。1977年考入哈尔滨工业大学，先后获工学学士、硕士和博士学位。现为哈尔滨工业大学仪器科学与技术学科教授、博士生导师，任精密仪器工程研究院院长。兼任国家计量战略专家咨询委员会委员，国际测量与仪器委员会（ICMI）常务委员，中国仪器仪表学会副理事长等。曾获全国先进工作者、全国优秀科技工作者、全国五一劳动奖章和黑龙江省最高科学技术奖等荣誉称号。

　　2017年当选为中国工程院院士。

挑战尖端　仪器报国

——记中国工程院院士谭久彬

　　笔者初识谭久彬院士，是在 2018 年院士龙江行暨黑龙江省军民融合协同创新发展座谈会上。与会的省内外院士专家们对黑龙江省军民融合协同创新，助力黑龙江全面振兴全方位振兴提出了很多意见和建议。座谈会上，作为唯一提出人才战略问题的院士，谭久彬说"我们不仅要有能力培养出高端优秀人才，而且还要有能力留住高端优秀人才。"40 年间，谭久彬不但致力于高端装备制造中的超精密测量与仪器工程的创新研究，还坚持不懈地从事着高端人才培养工作。累计培养博士 65 名、硕士 76 名，对于生于斯长于斯的谭久彬院士来说，这一切都是他对黑龙江这片故土无私的奉献和深深的践诺。

立志报国，奋发向上

　　1955 年生于哈尔滨，谭久彬是地地道道的哈尔滨人。1977 年他以优异的成绩考入哈尔滨工业大学，先后获工学学士、硕士和博士学位。谈及如何与精密仪器结下不解之缘，他说自己深受两方面影响：其一源于父亲多年的言传身教，其二源于老师们的谆谆教诲和悉心指导。

　　谭久彬祖籍山东，外祖父在 20 世纪初，"闯关东"来到黑龙江，在滨绥铁路上的一个小火车站——舍利屯火车站从事行李员工作。1942 年，谭久彬的父亲离开山东武城老家，随"劳工团"来到哈尔滨，在一个日本人管理的砖厂里做"劳工"。辽沈战役胜利后不久，谭久彬的父亲进入哈尔滨铁路系统当了一名养路工人，作为一名老共产党员他工作勤勉认真，是多年的劳动模范、技术能手，技术精湛、责任心强的他多次及时发现常人难以察觉的重大事故隐患，避免了多起恶性事故发生。父亲经常结合自己历经的苦难和取得的成绩，鼓励谭久彬下苦功夫学习。国家强盛需要有本事的人，这句经常挂在父亲嘴边的话，成了日后谭久彬立志科技报国、科技强国的朴素动机和奋发向上的动力。

谭久彬在读小学时就奋发学习，如饥似渴地去读所有能搜寻到的杂志、报纸、书籍。法国科幻小说家儒尔·凡尔纳代表作之一《海底两万里》中展现出的各种复杂而神秘的精密仪器仪表让他深深着迷。对精密仪器产生了浓厚兴趣的他，从那时起就立志成为一个"制造精密仪器的人"。小学三年级一篇作文里，他饱含深情地写下这样一句话，"长大要做科学家，制造精密仪器"。班主任傅纪莹老师把这篇作文评为范文并在全班朗读。事隔多年，她还赞叹谭久彬能在那么小的年纪就有如此的雄心壮志殊为可贵。年幼的谭久彬活泼好动，玩耍时右小腿骨折，傅纪莹老师天天背着行动不便的小久彬上学放学。谭久彬清楚记得老师背着他，一边走一边鼓励他要努力学习，去实现自己"当科学家，造精密仪器"的远大理想。正是傅纪莹老师的关爱和鼓励，让"制造精密仪器"这个理想在幼年谭久彬心里深深植根了下来。

回想往昔，谭久彬常感叹自己求学追梦路上的幸运。小学时遇到了这样一位启蒙恩师何其幸运，更幸运的是，在随后的初中学习中遇到另一位对他人生影响同样巨大的老师——王登定。教授他数学、物理的王登定老师，是当时被下放到中学教学的哈军工老讲师。在年少的谭久彬眼里，王老师是一个有情怀、有本事的人。他教授的数学和物理，为谭久彬在日后的学习和科研工作打下了坚实基础。课上课下，王老师经常穿插讲解一些当时最尖端的科研成果，这让谭久彬如醉如痴。在王老师科学缜密的数学推论中，谭久彬那已经深深植根了下来的理想种子，在科学的土壤里悄无声息地破土萌发。正是王登定老师科学严谨的言传与身教，深深影响了日后谭久彬获取知识和传播知识的方式。所以，在从事高等教育事业的40余年时间里，他坚决反对填鸭式、灌输式教育教学方式。他遵循王老师的授课、育人之法，以严谨的科学精神为指导，用循循善诱的启发式教学方法培育出了一代又一代胸怀大志、硕果累累的硕士、博士、博士后。

谭久彬高中就读的是阿城二中，班主任魏增滨老师是南开大学中文系高才生。在当时大环境下，很多学校不以教学为主。但是魏老师认真负责抓学习、抓学风，学习成绩优异的谭久彬被任命为班长，协助老师一起抓班级的学习。时至今日，谭院士还清晰记得魏老师曾多次在班会上反复说的话，"国家富强要靠知识"，就是这样一句在今天看来简单朴素的话，在那个年代极大地鼓舞着谭久彬。他谨记魏老师这句话，随后在下乡"知青"和返城当工厂"徒工"时，他都背着一个木制大书箱。只要一有时间，他就从装满了中学课本、习题和文史哲书籍的大书箱里，拿出书抓紧点滴时间学习。于是，这样一个个场景常现——劳作了一天，别人打扑克下象棋，他埋头学习；别人谈天闲聊，他埋头演算；别人已酣眠，他还在挑灯夜读。持之以恒，坚持不懈，年少的谭久彬正在通过自己的努力让远大理想一点点照进现实。

埋头苦干，磨炼意志

1974年8月高中毕业被安排到杨树公社，谭久彬下乡成为一名"知青"。他一个人背着那装满书的木书箱，住进了当地老乡家。

下乡对于初出校门的他来说，不但要参与生疏、繁重的农业劳动和生产，还要对抗无法继续学习的苦闷。北方的夏天天亮得早，凌晨三四点钟就要去地里"打早垄"，一天三个劳作单元，忙碌到月上中天才能收工；秋天四个劳作单元，通宵达旦地"打场"；11 月下到北方刺骨的冰水中"起麻"；冬天在凛冽的寒风里参加施工积肥……那些年，每天他都是在浓浓的夜色中才能回到"青年点"，把自己疲惫的身子勉强依偎到大炕的行李上，几乎是一倒头就鼾声如雷。

因为工作出色，年轻的谭久彬被任命为"农建营"常务副营长，这项工作实际上就是主抓一千多人的训练和施工。他带领"农建营"转战在杨树公社广袤的平原与丘陵上，在第一线指挥、组织、协调——做施工方案，主持施工，指挥一千多人协作分工挖水渠、修方田……工作中，他充分发挥早年多位授业恩师教授、学成的代数、几何知识制作精准施工方案，并亲自上手示范水渠挖掘科学方法。当年他设计并带领"农建营"修建、挖掘的方田和水渠时隔 40 多年，还在当地的农业生产中发挥着举足轻重的作用。

年轻的谭久彬身上散发着一股执着、不服输的劲头，他为了培养自己超强的毅力，有意通过繁杂、繁重的工作去磨炼自己的心性和毅力。每天忙完"农建营"的工作，他都会主动参加生产队的义务劳动。年纪尚轻的下乡知青，在农业生产中一般都被视为"半劳力"，但执着、不服输的他在义务劳动中一直作为"整劳力"参加农业生产。夏秋忙时他利用"农建营"放假时间，参加生产队的铲地、割地和打场。天黑收工后，他回到青年点一边看书学习，一边撰稿、刻钢板、油印出版"农建战报"。这个刻苦能拼的年轻人，总是挑选急难险重的活儿，他只有一个想法——磨炼自己，担大事。党组织及时发现了这个奋发向上的年轻人，在田间地头进行组织谈话，在热火朝天的农业生产第一线"火线入党"，年轻的谭久彬光荣入党成为一名中共党员。因为表现突出，工作成绩出色，他还被任命为大队的知青总点长，后又担任公社党委副书记。作为优秀下乡知青代表，年轻的谭久彬被首批抽调回城作为优秀青年干部培养。

1976 年 8 月，被抽调回城的谭久彬接受了短期培训后调入尚在建设阶段的黑龙江涤纶厂工作。他与负责施工建厂的黑龙江第四建筑公司的工人和技术人员起早贪黑一起施工。谭久彬又拿出那股执着、不服输的劲头，积极主动"磨炼自己"，一边向工程师学习工程设计，一边向工人师傅学习下料和安装等技能。他再次凭借扎实的数学功底，刻苦钻研，逐步掌握了大管径和超大管径弯头展开图设计、模板制作和施工方法，成为施工队离不开的编外"技术员"。在一次施工工作中，因为一位徒工的疏忽，谭久彬被工位上方意外落下的安装榔头击中面部，五颗牙齿被砸掉。在回厂治疗途中，厂区高音喇叭播放着"恢复高考"的通知。喜出望外的谭久彬利用养伤时间着手复习备考。

在下乡和工厂工作期间一直都没有间断学习，且在数理化、政治、语文等方面都打下了扎实功底的谭久彬，对高考信心满满，怀揣少年理想的他决定报考理工科院校，要考上尖端专业。正在他为报考哪所高校犹豫不决时，与他一起参加高考的"老三届"考生——阿城二中数学老师建议他报考哈尔滨工业大学，说那里才是他实现梦想的理想学府，于是谭久彬在报考志愿栏写上了"哈尔滨工业大学"。

1977年，22岁的谭久彬在经历了知青下乡，涤纶厂工作后，以优异的成绩考入哈尔滨工业大学精密仪器专业，成为恢复高考后首批大学生，他终于如愿以偿踏入了自己的梦想之境——精密仪器领域。

志存高远，挑战尖端

进入梦寐以求的精密仪器专业学习的谭久彬更加刻苦努力。每天三点一线——教室、食堂、宿舍，通过四年本科学习，获工学学士学位，因品学兼优留校做教师。眼见国际高新技术日新月异的迅猛发展，谭久彬深感知识储备的不足，他一边工作一边攻读硕士、博士学位。历经七载寒窗苦读，他先后于1987年和1991年获得哈尔滨工业大学精密仪器及机械学科工学硕士学位和工学博士学位。

1992 年，37 岁的谭久彬结合博士学位论文的理论研究，完成长达 3 年的前期预研，瞄准当时国际精密工程领域一个前沿方向——超精密测量与仪器技术。在刚组建大型专用超精密仪器研制课题组的时候，无法保证组内科研人员每人有一张桌子。他们看到其他实验室里，有的实验桌摆的仪器较小，就跟人家商量，在对方实验课下课后把他们的仪器放到人家桌子上。这样课题组三人，就共用临时腾出来的一张桌子设计图纸，这也是后人津津乐道的"三人一桌起家"。

虽说是筚路蓝缕"白手起家"，但他不畏困难遮望眼。志高胆大的谭久彬瞄准的第一个难题就是国际上该领域技术难度、复杂程度都处于顶级的大型测量仪器——"大型超精密圆柱度测量仪"。大型超精密级专用测量仪器是制约国防和航天领域高精尖装备发展水平的核心基础装备，国家科技发展进步亟须，"绕"不过去也"买"不来。面对这种现状，作为一名仪器科技工作者谭久彬深感责任重大。他带领年轻的科技团队，毅然决然踏上大型超精密仪器技术研究这条路，并下定决心要为中国的大型超精密仪器与高精尖装备技术水平的提升作出"货真价实"的技术积累，研制出属于中国的大型超精密仪器来。

第一个项目就是一块难啃的硬骨头。仪器的测量精度、承载能力、测量尺度与范围等，国防重大工程对大型超精密圆柱度测量仪提出了当时国际上最高要求。学校在把这个项目交给谭久彬之前，曾调研了国内水平最高的仪器生产厂家与科研机构，均认为国内的技术积累还远没有达到这种水平。最后，主管科研的强文义副校长下决心大胆启用年轻人，把这个艰巨的任务交给了初出茅庐的谭久彬。

大型超精密圆柱度测量仪技术攻关十分艰难，第一个难题就是现有技术路线走不通。经过反复测算、误差分析和原理实验，大量数据表明，按照国外权威仪器公司的经典技术方案设计这种大型超精密圆柱度测量仪会出现两个问题，一是在重载下，承载大型试件的工作台位姿会产生长时间漂移，严重时会飘出测量行程；二是对工作台四自由度位姿进行精密调整时，位移灵敏度距离要求差了一个数量级，无法实现正确定位与测量。经过长时间的思考，谭久彬提出了一个大胆的设计方案，放弃对国际上现行方案修改补充的做法，提出自主创新方案，核心技术之一是支撑链等效长度设计方法。该方法可把卸荷与超精密位姿调控完全分离，即可解决大载荷下的位姿漂移难题，又可解决大载荷下位姿调整灵敏度下降的难题。与国外同类大型超精密仪器相比，承载能力可以提高五倍以上，位姿调整灵敏度可以提高一个数量级。但这个方案也存在很大风险，新方案的几大核心技术都从来没有用过，因国防重大工程工期和经费的限制，如果失败没有重来的机会。大家都非常担心，多数人认为还是按照国外的经典方案比较保险，可以向上级反映，要求降低设计指标。但谭久彬坚持自己的观点，"我们不能迷信外国人，总跟在外国人的后面。"他说，我们已经找到了外国仪器的问题，也提出了破解这些问题的新方法，我们一定能研制出新原理的中国仪器。在战略上藐视敌人，在战术上重视敌人。谭久彬带领年轻的项目组对新原理方案反复推敲，对核心技术的原理验证做了一轮又

年逾六十的谭久彬依旧挑灯奋战在科研工作第一线

一轮，图纸设计了一张又一张。在通过最后一轮专家评审后，马上开始了工程研制。

对这种大型超精密级测量仪器的研制又是一大难题。一大批精密和超精密级的核心零部件的加工、检测、精密和超精密部件装配调试、分系统与整机装配调试和测试，当时这些手段都不健全或不具备这样的能力。怎么办？想办法解决，绝不能停下来！研制实际上是一边建设平台能力，一边研制仪器过程。一些暂时建不起来的平台能力，就只好通过各种关系向全国各地的科研生产单位租用。

接下来就是连续几年没日没夜的艰辛奋斗了。此时谭久彬的爱人正在瑞士攻读博士学位，孩子送到大连岳父岳母家，没有了任何牵挂，他全身心地在实验室埋头钻研。几年来没有星期天，没有节假日，除了睡觉和因公外出，他都在实验室工作。为了赶任务，他和项目组骨干经常通宵达旦。为了躲避保卫人员夜里"清楼"，他们就把实验室的窗户用双层厚窗帘遮挡严实，实在困了，就靠在椅子上打个盹。有一次大年初二在实验室做联调实验，被同样未休息在实验楼里巡视的副校长强文义发现。强校长非常赞赏年轻人的拼劲儿，便陪着这些年轻人做起了实验。从那时起，谭久彬就得了个"拼命三郎"的外号。功夫不负有心人，大型超精密圆柱度测量仪如期验收，该仪器解决了国防重大工程中的"卡脖子"测量难题。

突破了从事科技生涯后的第一个难关，谭久彬和他的年轻团队信心大增，接下来，面向国家重大需求和国际重大科技前沿，针对高端超精密仪器领域的一系列核心技术难题，攻克一个又一个难关。

要专心致志地从事一个方向的研究并非易事，坚持这一方向的研究，不仅仅是承受技术艰难的考验，忍耐长期无成果的寂寞，有时还要面对"无米之炊"——经费短缺的窘境。攻坚就要避开来自不同方面的干扰，不为所动，但最大的干扰就来自一些"短平快"项目的干扰。这类项目技术水平不高，但利润比较丰厚，如果承担这类项目，大家做起来会很容易，同时丰厚的结余可以让大家不用那么清苦。但很明显，做这类项目会直接冲击既定研究方向的工作，既定目标就会越来越远，甚至落空。经过深思熟虑，谭久彬进一步坚定决心，统一团队思想，决心长期专注于超精密测量与仪器技术这一研究方向，破解这一制造能力严重受制于发达国家，并严重制约我国高精尖装备制造技术发展的核心难题。

夯实基础，自主创新

"我们国家落后的核心根源是什么？"谭久彬说，"根源之一就是高精尖装备技术的落后，而高精尖装备里精度水平最高、难度最大、技术最复杂、核心技术最集中、对高精尖装备技术发展影响最大、我国自主可控能力最差的，一是超精密级工作母机，二是大型超精密级测量仪器。与超精密级工作母机相比，超精密级测量仪器精度更高，通常要高一个数量级，技术更复杂、难度更大，被称为'高端中的高端'。"他说，要从根本上解决我国在高端装备制造和超精密仪器技术整体落后，长期受制于人的被动局面，就必须从基础技术做起，从基本功做起。

谭久彬带领他的团队进一步明确了团队目标和定位，坚定长期研发超精密仪器技术方向和决心。他们主攻两类主要技术：一是国家高端装备制造领域迫切需求的超精密测量与仪器技术；二是面向航天航空与国防高精尖装备领域特殊需求的大型专用超精密测试与试验装备技术。

谭久彬认为，由于我国在基础工业等诸多方面落后，且国外对我们封锁高精尖技术，要实现上述目标，没有捷径可走。只有走扎扎实实技术积累和硬碰硬技术攻关这一条路，才可能实现真正的技术突破。也只有走自主创新之路，才能打破国外的技术封锁。在研究过程中，谭久彬带领团队坚持通过原始创新带动技术提升，坚持通过技术交叉与融合促进技术跨越；坚持创新系统性和完整性，即坚持完成应用基础研究、关键技术突破、集成创新和工程应用这样一个创新全流程，从而最终形成整体创新能力。他们经过几十年的探索与实践，逐渐形成了团队独具特色的创新理念与创新方式。

首先，系统地突破超精密仪器共性核心技术。经过几十年坚持不懈的潜心研究，团队陆续突破了系列共性单元核心技术，采用这些自主创新的核心技术与方法研制出了各种超精密测量仪器和大型专用超精密测试设备。

其次，形成对超精密仪器的系统研发能力。通过几十年循序渐进、锲而不舍的创新与积累，谭久彬带领的团队创建了国内第一个超精密仪器研发基地和产业化基地，形成了系统研发各类超精密仪器和专用测试实验设备的能力。在这个基地上，他们研制出国内首台国家级圆柱度测量标准装置，在全国范围内实现了该量值的准确一致，经四次双边国际测试比对，精度指标均优于国际最好数据；研制成功了国内首台专用特种形状超精密测量仪，解决了装备产品"卡脖子"测量难题；打破国外技术封锁，研制成功国内首台航空发动机超精密装配测量仪，批量装备到我国四大航空发动机生产线上，解决了航空发动机精密装配与测量瓶颈问题，已经形成军民两用技术并开始产业化；还研制成功国内首台超大型精密仪器——隔微振平台装置，解决了我国30多个型号卫星相机装调中的超精密测量和微振动干扰难题，使我国卫星相机的精密装配调试能力达到国际一流水平。随着超精密仪器研发基地核心技术不断积累，基地实力与水平快速提升，不断有新的核心技术被突破，不断有新的仪器诞生，不断有新的重大工程测量难题被解决。大家都说，谭久彬带领的团队打造的这个研发基地满溢旺盛的自主创新能力，强劲的可持续发展能力。

在此基础上建立起系统级的测量能力，能对精密或超精密级高端装备质量的提升提供成套解决方案，从而实现对该类装备制造质量的提升形成整体支撑能力。这就需要采用上述共性核心技术和对超精密仪器的系统研发能力，对某一类精密装备产品构建一套完整的测量体系，该体系可由几十种甚至几百种专用大型测量仪器组成，形成对各类卫星相机精密装配调试的整体测量支撑能力，使我国卫星相机的装配调试和测量能力居国际前列。

谭久彬在中国航天科技集团做学术报告

自主创新并不是关起门来搞科研，而是要不断学习和借鉴国际上最先进的技术、理论、方法和理念，要不断引入和融合跨学科的最新技术和最新成果。为了深入持久地开展国际交流与合作研究，谭久彬争取到中国计量测试学会的支持，挂靠哈工大重建了计量仪器专业委员会，于1999年创建了"国际仪器科学与技术学术会议（ISIST 系列）"后改为"国际精密工程测量与仪器学术会议（ISPEMI 系列）"，该系列国际会议每两年在中国举办一次，该学术会议目前已经举办 10 次，在国际上影响越来越大，已成为该领域国际品牌会议。他争取到中国仪器仪表学会的支持，依托哈工大平台创建了显微仪器分会，组织了国际显微仪器技术高层工程科技论坛。20 多年来，在谭久彬领导下建成的"国家重大仪器技术创新引智基地"共邀请 650 余位国际著名院士和专家学者来国内进行学术交流与讲学，促成了上百个国际合作研究项目。与该基地保持长期稳定合作的 50 余位国际学术大师和专家，每年或每两年都来哈工大进行合作研究，一些院士专家甚至每年都来哈工大工作几个月。"国家重大仪器技术创新引智基地"与国际著名仪器技术研究单位和国际权威计量研究机构形成了长期稳定的合作研究、人员交流关系，其中包括德国联邦物理研究院（PTB）、英国牛津大学、英国国家物理实验室（NPL）、俄罗斯科学院、俄罗斯门捷列夫计量院、美国加州伯克利分校、美国威斯康星大学等等。正是有了这样的深度国际合作，使得该学科专业快速缩短了与国际前沿技术的距离，并在此基础上走出自主创新之路，使哈工大一批仪器技术实现了与国际前沿技术"并跑"，若干仪器技术实现了"领跑"。

多年来，作为我国高端超精密仪器技术领域的带头人，谭久彬深感责任重大，他自觉地担负起带领国内该学科专业领域的专家、学者和企业家，实现振兴中国高端仪器技术与产业的神圣使命。多年来，他始终站在国家战略的高度上思考我国高端仪器发展的目标和方向。他结合自己多年的研究体会，在战略层面提出我国高端仪器技术发展面临的问题、挑战与发展战略。针对我国建设世界科技强国这个总目标，他提出建设世界仪器强国的三大问题与挑战：一是国家测量体系不完整，尚没有实现对工业产品的全面测量能力和产品质量的全面监控能力，没有促进全面提升工业产品质量的能力；二是仪器产业体系呈现碎片化，尚不具备支撑现代工业发展的基础能力，也不具备全面支持各类新兴产业高质量、可持续发展的能力，更不具备支撑世界科技强国建设的能力；三是人们对质量的认识表面化，对如何提升产品质量认识不足，特别是人们还远未认识到精密测量在提升产品质量过程中不可替代的作用。针对这三大问题与挑战，他提出了建设仪器强国的五大任务，即建立包括基本量和全部工程参量的新一代测量体系，且工程量值均能实时传递到产品上；培育体系完整的，通用科学仪器、工程测量仪器和医疗仪器等生产企业；建立支撑和引领科学仪器、工程测量仪器和医疗仪器等发展的，国家级重点研发基地；建立统一规划与指导新一代测量体系与仪器体系建设发展的，国家级专家咨询与指导中心；提高全民对于质量意识、精专精神，测量不可替代作用的认识。要完成这五大任务，就必须开展我国新一代测量体系和仪器产业体系发展战略研究。谭久彬对这一发展战略思考了多年，目前他和他的团队正在和国内该领域有关专家一起潜心研究这一发展战略的具体实施步骤及内容。

做人做学问励志教育

过去几十年间，谭久彬院士对于在东北地区这个特殊环境下"培养人才、留住人才"的问题进行了系统思考，并在长期实践中总结出一套行之有效的激励式人才培养模式。他提出，做学问固然重要，但做人更重要，培养有志向、有担当、意志顽强、思维活跃的创新型人才是一流大学和一流教师的使命。他强调，人才的培养首先要进行励志教育。不仅仅针对研究生，更应从学生的本科教育时期抓起。所以每年新生入学的第一堂课，都是由他来主讲，要求所有教师、辅导员、学生家长参与并上好这堂课。这一堂思想大课的核心，概括成八个字"挑战尖端，仪器报国"。课上他从介绍哈工大所承担的国家使命——解决国家重大科技难题的历史开篇，让学生明白中国这所一流高校的发展是与国家命运紧密相连的。他说，为中华民族伟大复兴而奋斗的历史就发生在我们身边，这样一所曾经培养外国工程师的学校，在中华人民共和国成立后浴火重生，涌现出以国家强盛、民族复兴为己任的"八百壮士"，他们培养出一代又一代胸怀大志、作风顽强的新中国工程科技专家与科学家，为祖国强盛和国防力量的壮大作出不可磨灭的贡献。同时，他反复强调："中国要想成为世界科技强国，就必须先成为世界仪器强国。"谭久彬院士向学生们介绍他们未来学习、从事的精密仪器专业之于国家发展强盛的重要意义——建设世界仪器强国是建设世界科技强国的前提与基础，没有一流的仪器，就不会有一流的科学发现；没有一流的仪器，就不会有一流的技术创新与突破；没有一流的仪器,就不会有一流的高端装备制造;没有一流的仪器,就不会有一流的精准医疗。基于国内仪器技术与产业发展很快,但在高精尖仪器领域里还很落后,国内各个大学以及研究机构的实验室里高精尖的仪器95%以上都是从国外买来的现状,他激励学生们,"仪器原理的创新是源头创新,而源头创新能力是买不来的,世界仪器强国也不是买来的。我们仪器人的使命——要在我们手里建成世界仪器强国!"

他认为,没有一流的人才,就造不出一流的仪器,高精尖的仪器只能由高精尖的人才造出来。高精尖的人才培育的关键是一流团队的组建,而培养和组建一支一流的团队,最重要的就是如何保持这个团队不断挑战尖端的创新活力和不断吐故纳新的发展活力。留人先留心,谭久彬院士说,从队伍建设初期就要完成励志教育,以哈工大"八百壮士"艰苦创业、献身国防的优良传统去教育人;以"挑战尖端,仪器报国"的志向去激励人;以宏大的历史责任感和深厚的民族使命感去感召人;以顽强拼搏、建功立业的践行精神去影响人;用世界一流的科研方向和一流的科研平台去吸引人。他认为,一流团队的组建和发展壮大是与学科带头人勇于担当,奋发有为,高瞻远瞩,挑战尖端的雄心和作为密不可分的。哈工大从不缺少这样的学科带头人,也正是一代代胸怀大志的学科带头人的奋发努力和引领,哈工大沉淀下一支支脚踏实地、挑战尖端的科技创新团队,他们为祖国、为黑龙江腾飞和发展提供了强而有力的科技支撑和引领。

谭久彬认为,黑龙江作为东北老工业基地,具有独特、悠久、深厚的工业底蕴基础,这也是哈工大能够扎根和茁壮成长,进而反哺黑龙江科技工业和经济社会发展的动力和巨大地域优势。这种工业底蕴植根于黑龙江社会各个领域和层面,形成了一种特殊的工业技术能力。比如,同样一个仪器设备的核心部件,在其他地区要想找到有专门技能精密加工调试的车间和技师是很难的,而在黑龙江尤其是哈尔滨,解决这样的问题就比较简单了。他自豪地对学生说,为能生长在拥有这样一大批技师支撑的制造业基因的土地上深感骄傲。"什么时候全世界都来买中国的高端仪器,什么时候中国才真正成为世界工业强国和世界科技强国。打造世界工业强国和世界科技强国靠什么？靠的就是世界一流科技创新的整体能力，靠的就是一批又一批的高精尖科技人才。实现强国梦是一代又一代科技工作者的不懈追求，一代又一代人的使命。以钱学森为代表的第一代科研工作者，解决了中国的战略安全问题；以袁隆平为代表的第二代科研工作者，解决了中国人吃饱饭问题；第三代科研工作者使中国成为世界第一制造大国，第四代科研工作者只要经过不懈努力，一定能把中国建成世界工业强国和世界科技强国，而我们仪器科研工作者一定会把中国建成世界仪器强国！"

精益求精，仪器报国

"志存高远，挑战尖端"是谭久彬投身超精密仪器的事业定位，"夯实基础，自主创新"是实现事业成功的态度和手段，而通过长达数十年的勤勉与坚持，特别是在"高精尖"领域的不倦思索不停实践与追求，最终结出累累硕果。

长期致力于高端装备制造中的超精密测量与仪器工程研究的谭久彬，十分注重仪器技术基础的研究，提出多模复合运动基准方法、多轴运动基准误差分离方法和主动负刚度隔微振方法等。突破超精密运动基准与传感系统等系列核心技术，研制成功4种国家级计量标准装置和21种大型超精密测量仪器和超大型超精密测试装备，形成系统的超精密测量体系，精度水平达到国际前列水平。解决了我国战略武器装备、航空发动机、高性能卫星相机等36个重大型号高端装备研制生产中的超精密测量难题，推动了该类装备性能的提升。建成国内第一个超精密仪器研发基地和产业化基地。

谭久彬以第一获奖人身份获国家技术发明奖一等奖1项（2006年）、

谭久彬（左）获颁院士证书

二等奖 2 项（2013 年、2016 年），国家科技进步奖三等奖 1 项（1997 年）；获授权中外发明专利 230 余项（国际发明专利 30 余项）；制定各类标准 27 项；发表 SCI、EI 检索论文 350 余篇，出版专著 3 部；创建了哈工大超精密仪器工程研究所。

随着一个个难题的攻克，"绝不服输，变不可能为可能"的锐气已经扎根在谭久彬的心中，而为国家的超精密仪器和高端装备制造业做更大的贡献，培养更多的"有真本事"的创新人才，激励着他不断前行。谭久彬在超精密测量领域埋头探索，潜心研究达 40 余年，突破一系列核心技术，使我国的超精密测量与仪器技术水平产生跨越式提升，解决了我国一批高精尖装备的"卡脖子"测量难题。

从一名怀揣"长大要做科学家，制造精密仪器"的少年到一名普通知青，再到工人；从风华正茂的恢复高考首批大学生到讲师、副教授、教授，再到中国工程院院士，谭久彬一直不忘报国之志，几十年如一日发奋努力，坚韧不拔；40 余年把自己的全部热情和心血献给了中国超精密仪器事业。通过不断学习、探索、创新，填补了我国精密仪器领域一项又一项空白，以黑龙江人所特有的朴实和坚韧，为祖国超精密仪器和高端装备事业的发展拼搏奋斗。在改革开放 40 年风云际会、浪潮汹涌中，谭久彬院士一步步成长起来，成为挺立我国精密仪器领域潮头的领军者。这一切正是来源于他对国家民族的承诺，对黑龙江土地深切的热爱与眷恋。年逾六十，他说他需要一个健康的体魄，更好地报效祖国，所以他接受了项目组老师们的建议，每晚十点前离开实验室。而多年来，勤勉的他都是每晚十二点左右离开实验室，并时常通宵达旦工作。他身边的人说："谭老师很难做到准时离开，他现在还会每日与年轻的科研工作者们一起，起早贪黑地在研究所工作，星期天和节假日仍然在实验室钻研，还是那个'拼命三郎'。"这就是谭久彬，一个黑土地上成长起来的励志"挑战尖端仪器报国"的中国工程院院士；一个矢志不渝要在中国超精密仪器工程领域里，做"开拓者"与"领路人"的冰城娇子；一个怀揣远大志向与梦想，要在超精密仪器技术深海里，驾驶中国的"鹦鹉螺"号探究前沿开拓疆界，挑战一切不可能的那个翩翩少年郎。

（李逢时　郑婷婷／撰稿）

王光远

中国工程院院士

院 士 名 片

　　王光远，1924年3月出生于河南省温县。结构力学和工程设计理论专家，中国工程院院士。1946年毕业于国立西北农学院，后在北洋大学（现天津大学）任教。1952年毕业于哈尔滨工业大学研究生班，现任哈尔滨工业大学教授。曾任中国力学学会副理事长，国务院学位委员会和国家自然科学基金会学科组成员。20世纪50年代从事地震工程理论研究，将地面运动模拟为非平稳高斯型连续随机过程，并提出了竖向地震作用下结构反应计算方法。20世纪60年代提出建筑物空间整体计算理论，获1978年全国科学大会奖。1981年开始创建工程软设计理论，包括"工程大系统的全局性优化理论""工程结构的不确定性优化设计理论""结构的控制和维修理论""结构的模糊随机分析理论"，获1987年国家自然科学奖三等奖。在工程大系统的全局性优化技术和结构的不确定性优化设计中取得重大突破，还提出了结构模糊随机振动理论。共发表论文200多篇，专著9部。

　　1994年当选为中国工程院首批院士。

九旬翁的惊人"力"

——记中国工程院院士王光远

少年千里求学路

1924 年 3 月，王光远降生在河南温县黄庄镇南韩村一个普通的教师之家。父亲对孩子的教育很重视，王光远在本村小学读到三年级后，便转入开封省立第三小学，后进入省立开封初级中学。卢沟桥事变后，日军从华北进逼河南，王光远就读的初中被迫解散，无奈之下回到家乡。

中国之大，已经容不下一张课桌了。少年王光远目睹了军阀混战、外强入侵及国家积贫积弱给民众带来的灾难。在父亲的影响下，王光远自小就在内心树立起了这样一个信念：科学救国、教育救国。

"只有学有所成，才能报效国家"，王光远希望继续读书。可在战乱年代，求学无疑是一种奢望。"我要到后方去找学校"，13 岁的王光远向家人说出了自己的想法，并在他的坚持下走出了家门。因为战乱，内地一些学校已经西迁，那就向西去吧。可过了黄河，他反倒茫然了，哪里有管吃管住的学校？他只好边走边打听。为了把离家时母亲给他的 100 块钱留作学费，他不得不常常停下来干些零活挣口饭吃。过潼关后，他暂时住下来给一家粉皮作坊当帮工，同时四处打听哪里有学校招生。一天，他在一份报纸上看到有西安招生的消息，便背起铺盖卷儿直奔西安。可是到了之后，他又失望了。学校门口的告示写着：招生名额已满。一位看门的老人看他风尘仆仆、一心求学的样子，就告诉他，听说甘肃天水有一所国立中学前段时间在西安招生，建议他去那里看看。

王光远没有犹豫，直奔天水而去。从西安到天水，是300多公里的崎岖山路。王光远风餐露宿，几乎是一路乞讨着走到了天水，到达目的地后，他就病倒了。而更让他沮丧的是，这所学校的录取工作也已经结束。

王光远不死心，抱着最后一丝希望将自己的求学经历写成入学申请书交给了校长。而时任校长就是后来成为中国著名教育家的查良钊。

查良钊被这封求学信感动了。一个小小少年，只身从中原来到西北，用弱小的脚板丈量了中国上千公里的土地，这样执着求知的孩子，如何忍心拒绝！就这样，王光远成了这所国立中学在天水招收的唯一学生。

其实，这所学校当时的办学条件也很艰苦。学校设立在一个大庙里，天晴时课堂设在树林下，下雨天就在大殿里上课，学生们铺个草垫席地而坐，把硬纸板搁在腿上当课桌。

更困难的是，这所学校没有足够的学生宿舍。为了给自己找个栖身之地，王光远想在学校旁的一个尼姑庵借宿，无奈老尼姑以他是男的不方便而不予准许。不得已，他就在尼姑庵旁的土坡上挖了一个小窑洞，铺上木板和草，就成了他接下来两年居住和读书的地方。

1940年，王光远以甘肃全省会考第二名的优异成绩初中毕业，免试进入高中。两年后，18岁的王光远考上国立西北农学院水利系。

大学期间，王光远师从著名力学专家孟昭礼。后来孟昭礼应邀到北洋大学（现天津大学）任教，他就推荐大学毕业的王光远前来担任自己的助教。不久，王光远就接任了孟老师的所有课程。

1950年，王光远被选派到哈尔滨工业大学研究生班跟苏联专家学习。他用两年时间读完研究生班的全部课程并提前毕业。毕业后，王光远同时收到哈尔滨工业大学、北洋大学、解放军军事工程学院的邀请。最终，在哈工大李昌校长的坚持下，王光远留在该校任教，从此开始了建筑力学的科研教学生涯。

科研硕果一串串

"我国是个多地震国家，建造房屋首先要考虑抗震能力，但提高抗震能力必然增加建筑成本，而结构力学就是要找到其中的平衡点，达到既能有效抗震又节约成本的双重目的。"王光远院士言简意赅地解释结构力学在实际中的应用。

20世纪50年代，国家提出十大研究课题。王光远参与了其中的"抗地震结构的计算方法"课题研究。当时，我国在这一领域尚属空白，实际工作中主要是运用苏联的计算方法，即在建筑物的设计中把真实的结构假设成一系列平面体系进行计算。

王光远对这个理论提出质疑，他认为，建筑物的各个部分是相互影响和相互制约的，传统的计算方法没有考虑到排架间的联系，对一个空间整体而言，排架和平面体系的工作状态是不同的，一旦遇到振动还要考虑受力及导致排架变形的情况。

为了验证自己的想法，王光远与助手通过对十几座厂房结构的反复测试研究，提出了"建筑物空间整体计算理论"。该理论结合墙壁相互支撑等因素，把建筑物作为一个整体结构计算，从而排除了排架之间外力因素的影响，提高了建筑物的稳固性和抗震性。

事实证明，这个方法不仅计算简便，而且非常符合建筑物的实际状况，很好地解决了建筑设计上既要保证安全又要降低造价这个难题。该理论打破了传统计算方法的束缚，开创了同一领域的国际先河。因此，"建筑物空间整体计算理论"荣获新中国成立后的第一个科学大奖——全国科学奖。改革开放的春风，让王光远的科研工作迎来新的春天，他在抗震结构设计领域继续向深处挺进。1984 年，王光远发表了"结构模糊随机优化设计理论"，使设计中得到的不再是一个所谓的"最优解"，而是一族"满意解"，这样就可以在"满意解"族中做进一步优选，找出正式采用的设计方案。这项成果获得了 1986 年国家教委科技进步奖一等奖和 1987 年国家自然科学奖三等奖。

随着研究的深入，王光远发现，地震地面运动模型不仅具有随机性，还与地震强度和场地分类有关，具有强烈的模糊性。王光远和学生欧进萍于 1985 年提出将地震地面运动模拟为具有模糊参数的随机过程，给出了相应的计算方法。后来，他们又提出了模糊随机振动的一般性理论，并提出了动态模糊集合、模糊过程、模糊随机过程等概念，从而将模糊数学从静态推到动态，这项成果获得了 1993 年国家教委科技进步奖一等奖。

在科研中，王光远还先后创立了"工程大系统的全局性优化理论""地震工程全系统全寿命费用最小优化设计理论和方法""工程结构不确定性优化设计理论""结构的控制和维修决策理论""广义可靠性理论"等多项创新性研究成果。他发表论文二百余篇，出版专著九部，翻译了多部外文教材和学术著作。

为人师表"正、勤、严"

1991 年，王光远成为首批享受国务院特殊津贴的专家。1994 年，他当选为中国工程院首批院士。那一年，他整 70 岁。

正直、勤奋、严谨，王光远的身上集中体现了我国老一辈知识分子的优良品德。

为国效力，即使赴汤蹈火，也在所不辞。1946 年，大学毕业的王光远被分配到黄河水利委员会参加花园口堵口工程，任新堤第一段工程员，每天奔波在所辖一百多公里的大堤上。有一次，王光远在检查工程时发现，一段大堤出现紧急险情。王光远率先跳入水中，与众人组成人墙挡住激流，为填抛土袋赢得了时间，最终保住了大堤。

"新中国成立后百废待兴，各行业急需大量技术人才，可负责培养人才的大学也缺师资啊。那时候，光远同时承担着本科阶段十多门课程、研究生阶段六门课程。他还率先在全国开设了结构动力学、结构稳定理论和弹塑性理论等课程。因为数学与力学有着密切的关系，他常常通宵达旦地看数学书，随后就去开这门课，而当时，还没有人讲与力学相关的数学课程。"王光远的妻子叶崇敏说。

"其实，王教授给我们开的部分课程，也是他没有学过的，为此，他就要先自学钻研。来听课的不仅有学生，还有老师，课堂也从最初的40人教室换到了三四百人的阶梯教室。"哈尔滨工业大学教授龙复兴说，"王教授为此付出了艰辛努力，他不仅勤奋，而且善于创新，对培养国家急需人才具有很强的责任感。"

在教学中，王光远不仅将自己的学识倾囊相授后人，而且倡导民主学风，他把自己的学术思想毫无保留地授之于众，让大家在民主平等的气氛中研讨。他还把自己一些比较成熟的科学构思，甚至是半成熟的研究成果交给研究生攻关，并把自己积累的大量资料推荐给他们，让学生们自己解决其中的一些问题，达到教学相长的效果。

在对学生的培养和指导上，王光远历来坚持"高起点、严要求"，并以自己的身体力行对学生言传身教。王光远的学生、现任哈尔滨工业大学土木工程学院副院长吕大刚教授，至今还记得王光远给他指导论文的细节："那篇论文，王老师至少给我指导了十几遍，我按他的要求修改了十几遍，每改一遍他都要看，就算错一个标点符号，王老师都能看出来。我现在对学生就像王老师当年要求我一样，错一个标点符号也不允许。这种严谨的治学作风就是从王老师那传承过来的。"

几十年的薪火传递，王光远桃李满天下。他培养出的学生们如今成为中国工程院院士、知名大学校长、博士生导师和土木、水利、结构工程、地震工程等领域的专家。

扎根龙江一生情

　　王光远院士虽不是出生在黑龙江，但他一生大部分时间都是在黑龙江度过的，对黑龙江有着深厚的情感。据王光远的二女儿王孟平讲述，国内外许多知名院校曾多次邀请王光远院士前去工作，并给出了十分丰厚的待遇条件，均被王光远院士婉言谢绝了。黑龙江同沿海发达地区相比，在改革开放 40 多年里虽然被拉开了一些距离，但这片黑土地对共和国有着卓越的贡献。越是落后就越需要高精尖人才去发展，王光远院士对黑龙江这片黑土地的热爱早已超出了物质范畴。他本着扎根龙江、服务龙江、奉献龙江的理念，用自己的全部力量为龙江培育更多的人才，助力龙江有更好的发展。

（陈作华　王水涛　曲直／撰稿）

王仲奇

中国工程院院士

院 士 名 片

　　王仲奇教授，中国工程院院士，热力叶轮机械专家。1932年出生在河北省唐县南关，1956年毕业于哈尔滨工业大学涡轮机专业，并留校任教，1985年被评为教授，1986年被批准为博士生导师，1997年当选为中国工程院院士，1989年和1995年分别获全国教育系统优秀教师和劳动模范。主要兼职中国工程热物理学会热机气动热力学专业委员会副主席，黑龙江省力学学会理事，哈尔滨工程热物理学会副理事长等。1960—1962年赴莫斯科动力学院进修，并获苏联科学技术副博士学位。在苏联进修期间与其合作者共同提出了一种涡轮机械叶片的新型设计方法——叶片的弯曲，使能量损失下降30%—50%。回国后除继续研究弯曲叶片降低能量损失外，还着重研究叶片弯曲和扭曲联合气动成型。50余年来通过数值计算和实验形成了较系统的"弯扭叶片理论"及相应的完整的弯扭叶片三维设计体系。目前这种叶片已推广并应用于蒸汽轮机、压气机、航空发动机等机组上。为我国的经济建设和国防现代化作出了重大贡献。王仲奇培养的研究生达80余人，他的学生里很多人已成了研究所、工厂和高校的业务骨干，其中有20余人晋升为教授，10余人被批准为博士生导师。

"红色院士"的片片叶片情

——记中国工程院院士王仲奇

姐姐说国家需要工程师 "红小鬼"成红色院士

"没有姐姐把我引上革命的道路，没有姐姐的帮助，就不会有我的今天。"这个对姐姐充满感恩之情的人，就是拥有传奇人生经历，取得卓越

因为同样具有对党的赤诚和对事业的执着，王仲奇和姐姐王昆在
各自领域都作出了杰出贡献

学术成就的我国著名动力工程专家王仲奇，而他的姐姐，就是我国著名女高音歌唱家王昆。

王仲奇把自己的才能和心力献给了革命。他是革命的儿子，革命成就了他，凭着自己对党的赤诚和对事业的执着，始终不渝地追求着他所钟爱的热力叶轮机械专业，从当年的"红小鬼"成长为今天的红色院士，一名享誉海内外的科学家。在他的身后，延伸着一串串坚实的足迹。

王仲奇出生在河北省唐县南关。"七七"事变后，日本兵占领了唐县。年仅13岁的姐姐参加了革命，离开了家。王仲奇8岁时挑起了养家糊口的担子，曾扛起锄头去打过短工。

1945年日本投降了，家乡也解放了。已用歌声8年投身抗日战争，后来成了著名歌唱家的姐姐王昆回家探亲。当她知道弟弟吃了这么多苦，没有念过几天书，下决心把弟弟带去张家口上学。当时张家口是我党解放的第一座大城市。从老家去张家口250多公里地，只能走属于解放区的崎岖山路。铁路、公路和大城市都被国民党占领着，就这样王仲奇走上了革命之路。

姐姐领着弟弟到达张家口是在1946年5月，张家口市立中学已开学，王仲奇被安排在姐姐的工作单位——晋察冀边区联大文工团，当了一名小会计。此外，他还是文工团打击乐组的成员，主要打锣，有时还跑跑龙套演个小角色。一天姐姐王昆找到王仲奇，对他认真地讲："将来全国解放了，你没有文化不行，我想送你去学校读书！"读书，放下这么好的生活去读书，况且还要离开姐姐，年纪尚轻的王仲奇着实不乐意。他带着恳求的口吻对姐姐说："姐，我不愿去读书，我不愿意离开你。"姐姐王昆急了，"不读书怎么行，将来解放了，要搞建设，国家需要工程师，你年纪轻轻不能一辈子打锣呀！"王仲奇与姐姐相差7岁，对于他来说，姐姐有母亲似的威严，看到姐姐有点生气了，才不得不勉强听从了姐姐的安排。1946年9月初的一天，14岁的王仲奇背起背包从演出地河北省新保安奔赴张家口市立中学报到，报到后被编入初一（九）班。

1949 年 9 月，王仲奇所在的"小（九）班"，被整体保送到哈尔滨工业大学预科学习。俄文、数学、三角、几何、物理、化学等课程都是由苏侨用俄文授课。他们这些从老解放区来的学生们一个俄文字母都不认识，但却要接受全程的俄文授课，有多大困难是完全可以想象的。有一次上课，老师画了个平行六面体，并打着拍子念"параллелепипед"，一堂课下来大家还是没有记住这个单词，有人说这是一堂几何课，也有人说这是一堂图画课。就是在这样的条件下开始起步，三年的学习下来大家不仅门门课程都可以顺利地用俄文答笔试的卷子，而且还可以非常流利地参加口试，对苏侨老师的问话应答自如。

最终，王仲奇以预科全部课程门门 5 分的优异成绩升入哈尔滨工业大学本科。王仲奇本科学习的专业是蒸汽轮机与燃气轮机，这个专业的授课教师是学校从苏联聘请的莫斯科鲍曼高等工业大学的专家格里雅茨诺夫。王仲奇跟着这位专家以优异的成绩完成全部专业的学习，并在五年级时在这位专家的帮助下筹建蒸汽轮机与燃气轮机专业。毕业后留校任教，至此他实现了姐姐对他的期望——获得了工程师的称号，但他没有去工厂当工

1961 年，王仲奇在莫斯科动力学院做实验

程师，而是在这个工程师的摇篮——哈工大，培养一届又一届的工程师。

弯曲叶片发明人为祖国争荣誉

蒸汽轮机和燃气轮机以及航空涡轮发动机统称热力叶轮机械。它们都是利用叶片（静叶和动叶）将蒸汽和燃气的热能转换机械功或产生强大的推力，因此研究气（汽）流经过叶片时，最大限度地将热能转换为功是热力叶轮机械发展需要解决的主要矛盾，因而它就成了叶轮机械气动热力学科研的主攻方向之一。王仲奇选定了这一研究方向，并决心为之终生奋斗。为此他除了阅读大量的有关文献，还主动到外校听课，为实现自己的奋斗目标打基础。他毕业后经过四年的教学和科研的锻炼后，1960年，学校派王仲奇到莫斯科动力学院进修。七百多个日日夜夜，他把全部时间都用在了学习和科研上，从没有在克里姆林宫的午夜钟声敲响以前睡过觉。

短短两年的学习时间，王仲奇提前一年完成了副博士学业，并取得了副博士学位。这一次不仅仅是在他的母校，在异域他乡的苏联一所最负盛名的高校——莫斯科动力学院反响也很强烈。这所学校对学位的要求是很严格的，尤其是副博士学位，本土的苏联人取得该学位都要三年，对中国留学生而言，往往需要四年，而王仲奇仅仅利用两年时间就取得了副博士学位。

学位的取得要归功于他和导师合作完成的三篇论文和一份荣获苏维埃部长会议发明发现事业委员会颁发的"发明发现优先权证书"的论文。经过潜心钻研，他发现短叶片倾斜对降低能量损失作用不大。这是因为叶片栅内，径向压力梯度不显著。如果叶片增高了，例如在汽轮机低压级内，可能利用叶片倾斜效果更大些。经过讨论，大家都同意试一下，王仲奇承担了这一试验者。实验结果表明在长叶片栅内，叶片正倾斜，叶栅根部损失明显下降，但顶部却增大了，反之，叶片反倾斜时，根部损失增大，顶部减小。由此便形成了叶片根部正倾斜，顶部反倾斜，中间均匀过渡的所谓"马刀形"叶片，后来改称"弯扭叶片"。他提出了一种发动机新型叶片——弯扭叶片的三维成型理论和设计方法。这项发明能使发动机的能量损失下降30%—50%。这一开拓性的设计理论，不但在当时来说具有现实意义，而且还是一个可持续发展的研究项目。

对于论文发表的科研成果和在同行中产生的影响，年轻的王仲奇是没有想到的。直到他经历了10年颠沛生活重新投入科研工作后，才从国外学术刊物的介绍中逐渐了解到这一论文的价值。值得一提的是，20世纪七八十年代以来，美、英、日、德等国已成功地将弯扭叶片应用于蒸汽轮机和航空发动机上。这些国家的同行也同时承认他和导师是这一新理论的开拓者和奠基人，为叶轮机械的发展起到了推动作用。

不懈钻研创辉煌业绩

1962年回国，他根据在苏联的听课笔记以及来华的苏联专家的讲稿，编写了一本高水平的《蒸汽轮机与燃气轮机原理》讲义。在国防科工委召开的国防口高校涡轮机专业教材会议上，王仲奇被推荐编写这部专业主干课《透平机械原理》。由于"文革"，编写工作搁置下来。"文革"后，他承担了作为全国通用教材这部书的编写任务，成为当时清华大学、西安交大、上海交大、哈工大等校使用的主要教材。

对于自己的发明成果被国外同行引用，他一方面高兴，另一方面也着急，因为人家已经超过了我们，王仲奇急切的心情可想而知。他带领他的研究小组补教学、学计算机，掌握多种计算机语言，编计算机程序，申请研究课题，到处求援筹建实验室，夜以继日计算、实验。他每天都是夜里12点后才睡觉。他说："当时只有一个想法，就是把失去的时间夺回来，恨不得有一种药吃了可以不睡觉，使我能够不停地工作。我深切地感到，我失去的是从34岁到44岁这10年的黄金时间，怎能不着急。"

王仲奇如饥似渴地攻数学、读外文、学计算机、编程序，重新把搁置10年的有关弯扭叶片的研究工作捡起来。从申请科研立项到争取资金支持，从建立科研队伍到添加实验设备，他四处奔波，争取合作。碰钉子、遇嘲讽，他不气馁；资金少、人员缺，他巧计算、细安排。对重点工科院校来讲，要想培养出高质量的硕士和博士研究生，科研应是各项工作中的重中之重。科研工作概括起来主要应包括以下三个方面：理论、计算、实验。理论要靠大脑，计算要有计算机，实验要有实验设备。因此科研的"硬件"建设是至关重要的。尤其是实验结果是检验理论分析和计算结果的唯一依据。所以王仲奇特别重视实验室的建设，他采用各种方法来增添实验设备。开始时，靠上级拨款有困难，他就争取兄弟单位支援，将外单位闲置的，或由于研究方向改变淘汰的设备拿来为己所用，当那台以1500元的"废铁价格"买来的某研究单位价值几十万元的风洞设备被安置妥当后，王仲奇那颗"奔忙、焦虑、急迫"的心也终于安定下来。他可以全身心地投入战斗了。王仲奇在此基础上建立起三个叶片栅实验台。实验室条件差，夏天室温常常在50摄氏度以上，再加上100多分贝的噪音，有的年轻同志坚持不下去了，他就以自己十年蹉跎岁月经历鼓励大家只要坚持到最后一定会取得胜利。

"科研条件虽然异常艰苦，但我们的科研成果一定要成为世界一流。"王仲奇把握住"发动机弯扭叶片的气动成型理论、实验研究和数值计算"这一居世界前沿的学科方向，在国际上首次提出了"反动度均化原理"、"C"型静压分布准则以及叶片侧型面造型概念，逐步形成了一套完整的叶片弯扭联合气动成型理论，在控制叶片流道内二次流和改善叶轮机械气功性能方面取得显著效果，并在理论与实践上开发和建立了一整套具有国际先进水平的弯扭叶片设计体系。谈起这些年研究弯扭叶片的体会，王仲奇深有感触地说："搞科学研究，必然会遇到艰难困苦。一方面，你要自信，要依靠集体；另外更重要的，就是一旦你认准了一个方向，就要真正横下心来，坚韧不拔地干下去，不达目的不罢休。这样，任何艰难困苦，都会被战胜。"由他带领的课题组用承担研究项目所节余的经费建造了一台压气机叶栅风洞。有了新设备可以承担更多、更复杂和难度更大的研究项目，这样研究经费多了，节余下的经费也多了，可以用于购置更多的设备或更新的设备。这种良性循环，使科研经费积累多了，设备也就建造起来了。争取国家投资，王仲奇深深体会到学科办得不好，要想获得国家的大笔投资是不可能的，因为办好一个学科，绝不是"扶贫"。相反你办得越有水平，越会得到国家支持。在哈工大能源科学与工程学院中，作为学科带头人的王仲奇所在的学科是第一个获得博士学位授予权的学科，也是第一个获得的国家重点学科，产生了第一个中国工程院院士。国家为建设这个重点学科先后投资几千万元。王仲奇带领课题组与生产厂家合作逐渐将其研究成果向工程应用推广。从 20 世纪 90 年代初到如今，近 30 年内，与哈尔滨汽轮机厂合作，将弯扭叶片应用于该厂生产的 600MW 和 300MW 低压缸末两级以及 200MW 中低压缸的汽轮机改型上，大大提高了这些机组的气动性能。以 300MW 机组为例，由于采用弯扭叶片使机组的煤耗与原机比下降了 3 大卡 / 千瓦时，折合煤耗每年可节省 1020 吨煤，折合人民币 20.4 万元，该厂已生产 300MW 机组 70 台，每年只煤耗一项即可节省 1400 多万元。目前该厂已生产具有弯扭叶片的各种类型的汽轮机百余台，由于采用弯扭叶片，一年创造的经济效益就达 10 多亿元。

除了哈尔滨汽轮机厂外，王仲奇课题组又与东方汽轮机合作，将弯扭叶片应用该厂生产的 200MW 和 300MW 汽轮机上。与青岛汽轮机厂合作，将弯扭叶片应用于该厂生产的中小机组上。

除了民用部门，王仲奇课题组还与军工部门合作，将弯扭叶片应用于航空涡轮发动机和飞航式弹用涡轮发动机上，提高了这些武器装备的作战能力。

由于王仲奇在理论研究上作出了开拓性的贡献，在应用上无论从应用的范围，还是产生的经济效益和社会效益都作出了显著成绩。

王仲奇给学生上课（1976 年）

团队接力共攀科学高峰

王仲奇和他的课题组成员进行着具有世界水平的科学研究，而他们的生活却十分清贫。"作为一名党和人民培养起来的科学工作者，为国家做贡献，向青年人传知识，是我的无悔追求。而搞科研、做学问，首先要耐得住清贫，经得起寂寞。"

我国著名叶轮机械专家钟芳源教授曾评价说："就世界范围来讲，学术上有重大影响和学术价值的，除已故的吴仲华教授的三元流动中的'两类流面理论'以外，第二个就是王仲奇教授的'弯扭叶片'，这是在叶轮机气动力学领域中工作的同仁值得高兴和骄傲的……"

声名鹊起的王仲奇并没有沉醉其中，而是像接力赛场冲在最前边的选手那样，努力把接力棒完美地传递下去，从而使自己团队的选手在竞赛全程中处于领先位置。为了保持世界领先地位，王仲奇要求自己的科研队伍必须是能够参与国际竞争的高水平"国家队"。他对自己科研队伍中青年人的培养，对实验室条件的改善，倾注了极大的热情。在这方面，他有三个"不怕花钱"，即改善工作条件不怕花钱，送青年人参加学术会议不怕花钱，"走出去，请进来"不怕花钱。他几次投资改建实验室，计算机先后添置了 200 余台，购置了计算能力达 5000 亿次的"曙光机"，增设了自动测试系统……王仲奇说："就是要营造一个高水平的，且又舒适的科研环境，为我们的青年教师搭一个好戏台。"有这样雄厚的科研基础，他们培养的本科生和研究生的水平也相应提高了，例如有的研究生发表在中文杂志《工程热物理学报》上的论文被美国一家空军情报研究所全文译出，并刊登在 AD 报告上。有的博士生的论文被选为全国第一届优秀博士论文，并获 55 万元的科研经费。

"在自己的有生之年，尽最大努力为年轻人创造好条件、好环境，让他们把这摊事业接下来！"这是王仲奇最大的心愿。课题组里青年人的学术论文被国际会议选中，王仲奇不耽花费，让作者赴会宣读论文。遇到国内学术会议，凡是有论文的青年人，王仲奇更是鼓励他们要"出去长见识"。为培养青年人，王仲奇什么都舍得。国家需要一项先进的航空技术，王仲奇连续五六次地往返国内外，通过艰苦的谈判以较低的价格转让该项技术，从而为国家节省下巨额资金。这项技术被上级领导评价为"引进速度最快、价格最便宜、软硬件最全"的高新技术。国家有关部门奖励他 40 万元，让他自由支配，他毫不犹豫地用这笔钱为实验室购置了计算机工作站。有人对他这样的安排感到不理解。王仲奇说："引进技术是为了出成果，添置计算机是为多出成果提供有效手段。我们一定要把有限的资金花在刀刃上。"他还说："作为学科带头人，我要对自己高标准，严要求，真正从事业的发展出发，培养、团结一班人，共同攀登科学的高峰。"王仲奇就是这样，以人格魅力吸引着众学子。

他的第一位硕士研究生、现在已经是博导的韩万今教授深情地说：

"我从毕业那天起就在王老师课题组,我们的团队经久不散,在哈工大都是首屈一指的,'生活上不要计较,学术上要达到高水平',王先生总是这样教诲我们。在这里你会感到这个集体中有一种无形的压力在促使自己奋进、拼搏,难以割舍。"

2016 年 6 月 25 日至 11 月 10 日,在不到半年的时间里,我国相继发射长征七号、长征五号、长征十一号运载火箭,在设计研发过程中,哈工大先后派出多个科研、设计团队为火箭装扮"靓装",造"心脏""血管",搭载实验,攻克多项技术难关,助力三支火箭首飞。

2016 年 11 月 3 日,我国长征火箭家族中推力最大的新型运载火箭长征五号发射升空。"长五"总推力破千吨,哈工大能源学院发动机气体动力研究中心的王仲奇院士和冯国泰教授功不可没。

锲而不舍科技创新楷模

作为一名成功的科学家,他没有惊天地、泣鬼神的壮举,只是在默默无闻中付出,锲而不舍,厚积薄发。他无愧于党的培养,无愧于人民的养育,无愧于自己所喜爱的事业,无愧于一名优秀共产党员的光荣称号。无愧于"红色院士"的称谓。

王仲奇曾多次向本校或校外学生和青年教师谈及人生感悟,其中有不少与会者提问:"您走在这条成功之路上,最主要的体会是什么?"他虽然否认自己是成功者,但他说一个人能否作出更大成绩的看法可归纳为以下几点:

选准科学研究方向。要选定一个决定本学科发展中的主要矛盾,并立志为解决这个矛盾奋斗终生,例如他在热力叶轮机气动热力学这个研究领域里,选定了通流部分的几何变形和结构重组,以提高机组的气动性能。他在这个研究方向奋斗了 50 余年。到目前为止,他还承担着国家自然科学基金重点项目，国家 973 项目、国家 863 项目和国防基础研究项目等，也就是说，他的研究方向 50 余年不衰，目前正在带领课题组在这个研究方向上夜以继日地工作着。

全力以赴，锲而不舍。搞科研，是探索未知世界，越是复杂的、关键的矛盾，越需要掌握深入的理论基础和宽广专业知识，才能解决，而且随着研究的深入，发现的问题也越多，解决起来难度也越大。这时不要打"退堂鼓"，坚持下去。坚信自己一定会解决的，一旦解决了，获得成功，自己就在推动学科发展中作出了贡献，并且在这个方面占据了制高点。如果经常更改科研方向，"打一枪换一个地方"，或者同时攻许多方向，没有重点，力量分散，很可能一辈子也做不出突出的成绩来。

刻苦、勤奋和耐得住寂寞。前述两点是靠科研工作者自己去实践的，不是轻而易举能达到的，除自己刻苦、勤奋和耐得住寂寞外更要培养一种兴趣，能坐得住冷板凳，干起事情来忘了吃饭和睡觉，感到是一种享受，只要有了这种状态，进入了这种境界，科研才能创造出重大的新理论、新技术和新方法。

构建良好的工作环境。良好的工作环境离不开物质条件，要有先进的实验设备，精密的测试仪器和仪表，完善的测试系统，高速、大容量的计算设备，以及足够的科研经费。但是王仲奇认为比这些物质条件更重要的是人文环境。如果这个科研集体人与人之间矛盾重重，互相看不起，甚至互相"拆台"，争名、逐利，那么这个集体有再好的物质条件，也出不了重大的科研成果。因此，王仲奇经常教诲他的课题组成员，当别人对自己造成伤害时，要学会宽容人；而当别人对自己做了哪怕点滴事情，要知道感谢人；当别人有了困难，要伸出援手；对自己的要求一要吃苦，二要吃亏。总之，在一个人文环境良好的集体中生活，其实是很幸福的。

一年又一年，十年又十年，王仲奇教授在国内外学术刊物上发表论文 120 余篇，撰写出版了《透平机械原理》《透平机械三元流动计算及其数学和气动力学基础》等多部著作，近 200 万字，他的论著被国内外同行专家引用 70 余次，有的论文被美国全文译成英文，有的还全文刊登在美国的 AD 报告上。1999 年初，王仲奇教授应邀赴冯·卡门流体力学研究院作特邀报告，这是中国本土学者第一次登上这个世界著名的研究院讲坛。

王仲奇教授通过大量的实验研究和数值计算创立的"边界层径向迁移理论"和"叶片弯扭联合气动成型理论"已被国内外同行公认。并且已应用于国产 600MW、300MW、200MW 汽轮机，航空发动机，飞航式导弹发动机和舰船发动机设计上，产生了巨大的经济效益和社会效益，并为国防现代化作出了重大贡献。王仲奇教授于 1993 年获国家自然科学二等奖，这是哈尔滨工业大学历史上获得的自然科学类最高奖，也是全国同行业中获得的自然科学最高奖之一。同年获光华科技基金特等奖，2001 年获国家科技进步二等奖。一个荣誉接一个荣誉，头发白了，身份变了，但是面对叶轮机械上使用的叶片的研究热忱，王仲奇的热情丝毫未减。

（王松涛／撰稿）

王子才

中国工程院院士

院 士 名 片

　　王子才，1932 年生，自动控制、系统仿真专家，2001 年当选中国工程院院士。1957 年毕业于哈尔滨工业大学，现任中国系统仿真学会副理事长、哈尔滨工业大学控制科学与工程系教授、博士生导师，培养博士生、硕士生 60 余人。在系统仿真、现代控制理论及其应用等领域成果斐然，曾获国家科技进步二等奖 1 项、三等奖 1 项，省部级一等奖 2 项；发表论文 110 余篇、著作 6 部；提出并实现了复合驱动控制系统、变阻尼及大摩擦系统的控制技术，"建模—算法—评估"的系统仿真基础理论新思想、复杂大系统分布式仿真工程设计方法、多态建模方法以及复杂仿真系统评估理论与方法，次时间最优控制理论及设计方法、一类非线性系统建模与最优控制设计方法。他创建的哈工大仿真技术研究中心，为我国国防事业发展提供了强有力的技术支持。

航天强国的逐梦人

——记中国工程院院士王子才

仿真中心平淡努力的大作为

从毕业留校的那天开始，40多年的工作历程，王子才在教学岗位上兢兢业业，在学术研究上精益求精。"要想有所成就必然要经过一番努力，这努力不一定要轰轰烈烈，反而很可能是平平淡淡的。但只有靠这种平平常常的积累，才能有所作为。"这份坚定的信念和豁达的心态，缘于他数十年来做学问所积累的修养和学识。

1957年毕业于哈尔滨工业大学的王子才一直工作在教学、工程科技第一线，他发展并完善了电动伺服系统设计理论及控制方法，突破了高性能电动仿真转台关键技术，开辟了研制半实物仿真系统中的高性能电动仿真测试转台的新途径。

系统仿真最初主要应用于航空、航天、原子能等控制系统，现在也已逐渐拓展到民用领域。由于这类系统结构复杂，成本又极其昂贵，因此很有必要应用计算机仿真技术来验证并确保设计的合理性和安全性。当我国意识到仿真技术的重要性时，国外在这方面的技术已渐成体系。例如美国阿波罗登月计划，就成功地应用了系统仿真手段。整个仿真系统包括混合计算机、运动仿真器、月球仿真器、驾驶舱、视景系统及许多配套设施，而且该系统的仿真实验和工程实现几乎是同时进行的，这就使工程的安全性和稳定性得到了极大的保障，登月计划的一次性成功，仿真技术功不可没。

20世纪80年代中期，国家仿真中心在北京成立。其研究方向主要集中于一些军用仿真系统和仿真设备的研究，当时，计算机、通信、图像、网络等相关技术的飞速发展，也推动了仿真应用技术的发展。正是在这种背景下，王子才决定建立仿真技术研究中心，把自己的聪明才智和技术积累充分地发挥出来，把握住好的契机大干一番，通过实现自己的人生价值为国防建设贡献力量。

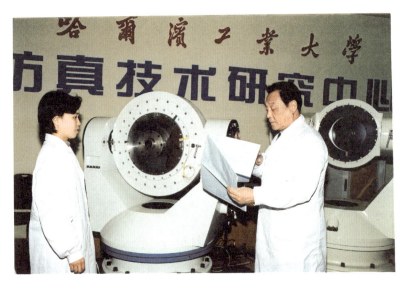

仿真转台

熟悉控制学科的人都知道，以前只有控制，没有仿真。但是从技术的角度来看，二者密不可分，仿真是从控制学科派生出来的一种实验手段。王子才和他的同事刚从控制教研室分离出来搞仿真时，承受着来自各方面的巨大压力，而且科研经费严重缺乏。但正是在这样艰苦的条件下，他毅然站出来，创立了仿真技术研究中心。对此王子才有着一番幽默的调侃：

"我那个时候，做了有生以来的第一个官——研究中心主任，并且还是自封的。"但他深深地明白：要想使中心生存下去就必须赢得社会的肯定，要赢得肯定就需用实力来证明，而要想得到展示实力的机会，首先要做的就是——争取研究项目！

1990年，研究中心承接了吉林省的一个锅炉仿真系统，结果非常成功，第一个项目让仿真中心日后发展有了一个良好的开端。

1992年，富拉尔基地区需要做一个价值400多万元的电力仿真系统，这在当时来说是个非常庞大的项目，包括清华大学在内的许多科研机构都在争取，竞争相当激烈。而此时王子才的仿真中心刚创建不久，在这样的竞争中处于相对弱势的地位，但他并没有因此放弃，而是积极筹备，多方奔走，最终拿下了这个项目。王子才没有理会外界的诸多猜疑，而是带领他的科研团队把全部的精力都投入到了这个电力系统的研制与开发当中。数十年来韬光养晦积累的知识和经验在那个时候如火山喷发般释放出来，最后的成果向所有人证明了仿真中心的可靠实力与巨大潜力。

占据空间仿真转台半壁江山

仿真中心打出品牌之后的几年里，仿真系统的设计和应用也得到了极大的发展。但王子才追逐学术进步的热情丝毫未减。寻找机遇，瞄准科学前沿高、精、尖技术，王子才把目光投向了军事应用领域的"转台"。

转台是一种应用于军事领域的空间仿真平台。20世纪90年代中期，随着科技强军计划的提出，国家对转台的需求量剧增。这个时候，王子才带领着他的团队，毅然投入到这方面技术的改进和突破中来。

1993年，国内第一台高性能的电动转台在哈工大仿真技术中心研制成功。但是接下来的几年里，这方面的技术逐渐成熟，有关这类项目的研制权逐渐面临来自诸多名校和科研单位的激烈竞争。在竞争中，王子才没有表现出丝毫的畏惧退让，他带领仿真中心团队，克服种种困难，在自动控制及系统仿真领域，发展了伺服系统理论，提出并实现了复合驱动控制系统、变阻尼及大摩擦系统的控制技术，开辟了电动转台研制的一条新途径，这为转台研制及其产业化发展作出了重大贡献；他提出的"建模—算法—评估"的系统仿真基础理论新思想以及复杂大系统分布式仿真工程设计方法、多态建模方法以及复杂仿真系统评估理论与方法都得到了成功应用，并且在国内率先研制成功分布式仿真系统，为我国分布式复杂仿真系统在工程应用中的实现作出了重大贡献。

王子才院士对于这段奋斗历程既自豪又欣慰，说道："现在哈工大的转台是非常有名的，国内所有国防系统用的电动转台大概有一半是哈工大生产的，科研经费也从刚开始的每年100多万元增长到现在的每年两三千万元。但一定要记住，千里之行，始于足下，每一次的进步都是基于工作中一点一滴的积累啊。"作为仿真中心的主任，王子才始终瞄准学科前沿，身体力行，学以致用。

助力"天""神"精准"牵手"

航天工作最大的特点就是"不可修复性"。汽车坏了，可以维修；飞机故障，还有迫降的可能。如果航天器出问题，那几乎是不可挽回的失败。这是王子才眼中，航天领域与其他领域的最大区别。"要在天上实现'天宫一号'和'神舟八号'对接，交会过程中必须实现精准定位。能不能对接，有多大把握，又有多少风险，压力真的很大。"

"牵手"并不容易，两个飞行器要在高速飞行的条件下完成对接，位置稍有偏差都可能"擦肩而过"，甚至"迎面相撞"。当时，这项极具难度的科研任务便落在了王子才及其带领的"天""神"牵手控制与仿真中心课题组身上。课题组突破了机械结构设计、驱动与控制、测量与标定、高速实时通信等多项关键技术，研制出用于模拟交会过程中"神舟八号"和"天宫一号"空间运动的地面仿真设备，其综合指向精度指标达到国际领先水平。

在实施对接之前，导航、制导与控制系统应使飞行器的相对位置、相对姿态及相对速度都达到符合要求的技术状态。课题组研制的九自由度运动模拟系统就是用于模拟交会过程中"神舟八号"和"天宫一号"空间运动的地面仿真设备，这套设备可以实现"牵手"位置的精准定位。

2011年11月3日，"天宫一号"和"神舟八号"飞船在太空成功"牵手"。这项重大突破为中国2020年左右建成空间站奠定了关键技术基础。

在完成这一重任后，王子才还有另一项艰巨任务，那就是担任测评小组组长，负责测评出"天""神"牵手成功的概率。"天宫一号"与"神舟八号"交会对接，这是中国历史上没有过的。作为地面仿真测试评估小组组长，带领他的团队经过几年的时间测评出"天""神"牵手成功的概率。并攻克了多项关键技术，研制出用于模拟交会过程中"天宫一号"与"神舟八号"空间运动的地面仿真设备，"我们把多年的实验数据拿来分析，做风险评估。最后给出结果是90%以上可以对上，风险是5%—6%。随后国家就发射了'天宫一号'与'神舟八号'，然后第一次就对上了，实现了'牵手'位置的精准定位。"王子才抑制不住自豪与喜悦，"这是我们国家经过这么多年的积累，第一次在天上实现的对接，我们做到了"。

王子才做过很多航天项目，但"天""神"牵手这个事，是他最难忘的。他认为自己最大的成就是为"天宫一号"与"神舟八号"对接做了技术攻关。

从初生牛犊不怕虎的大胆论证，到细节决定成败的小心谨慎，再到见证"天宫一号"与"神舟八号"完美对接，回忆起这段经历，王子才笑着说："这是激情越来越足的61年，这是我最为幸福的61年。"

首个航天学院的多个"第一"

如今已近 90 岁高龄的王子才院士说:"航天学院的成立,不仅在哈工大的历史上,在中国的航天史上、航天教育史上也是一个里程碑。"

从 1983 年起,哈工大从预研开始,利用学校的综合优势,经过"六五"打基础、"七五"上规模、"八五"上水平,开始了与中国航天的亲密互动。而后,哈工大承接的高精度加速度计测试台、高精度陀螺漂移测试台和高精度惯导平台测试台等项目,这些都是国家重大工程的重中之重。

1987 年 6 月,经原国家航天工业部批准,哈尔滨工业大学航天学院正式成立,成为我国第一个以培养高级航天专门人才和从事航天高新技术研究为主的学院,在后来相当长的一段时间里,都是中国唯一的航天学院。

据王子才介绍说,经过 30 多年的发展,哈工大航天学院成为国内航天主干学科最为齐全、规模最大的航天学院。

王子才始终记得,在做高难度的地面仿真实验时,常常加班,实验人员每天凌晨 3 时许起床开始仪器运转、电测准备,而真正的试验过程只有几分钟,但前前后后的准备时间长达十几个小时。"当时我们提出了'三超'的口号:超常的勇气、超常的毅力和超常的措施。"

看似高大上的航天发射之前,需要经历的繁琐程序远不止于此。从技术难题到一个螺钉一个螺母,都不能忽视。王子才说,在航天系统内部,实行数据包管理,可以查询到飞行器研制全过程中的任何资料,甚至包括工人拧螺钉的力矩值。

"航天确实是一个需要团结协作的工作,其中的每一件事一定是反复论证、相互探讨,计算好的数据有人复核,文件要求三级审签。"

正是伴随着这种严谨的科研作风,30 年来,在各类人才的共同努力下，哈工大航天学院实现了我国多个"首创"和"第一"：研制了我国第一套空间交会对接地面仿真系统，发射了我国第一颗由高校自主研制的立体测绘小卫星，国际上首创星箭一体化技术并研制了"快舟一号""快舟二号"星箭一体化飞行器；研制了我国第一套卫星光通信星上终端，进行了我国首次卫星光通信链路在轨试验……航天学院在先进复合材料技术、卫星光通信等多个领域达到国内领先、国际一流的水平。

"对航天的热爱和神圣的责任感让我攻克了一个个的技术难关，可以说，航天梦、强国梦是我毕生的事业。"王子才这样说。

潜心培养航天科技英才

从老一辈航天校友建立卓越功勋到今天风华正茂的学子积极投身航天事业，从航空工程系正式组建到中国高校第一个航天学院成立，回眸历史，王子才与哈工大一起同中国航天共同走过了 60 多年的风雨历程。

在我国航天领域，从发动机到地面设备的研制，全都是靠我们自己，航天系统真正是中国人自主创新一点一滴发展到现在的。"我们国家已经看到了空间的战略意义，航天这一块需要的技术，国外是不可能给你的，从'两弹一星'到现在，我们都是靠着自己的力量，一点一点地自力更生走到今天。"王子才院士说，"现在我们虽然不是航天强国，但起码是大国了。"当别人问起王子才院士此生最大的愿望时，他笑着说道："我最大的心愿是中国能从航天大国变成航天强国，这需要我们培养出一批又一批航天精英，有了一代又一代航天人的努力，我相信，很快就可以实现的。"

多年来，王子才一直工作在教学、工程科技的第一线，如今耄耋之年的他，依然每天坚持到自己的办公室，"我每天都来，来到这里转一转就踏实"。

为将仿真中心建设成科学研究与高层次人才培养的基地，王子才默默付出，不懈耕耘，对工作认真负责，对学生言传身教，他那扎实严谨的作风一直为哈工大学子所称道。自 1987 年哈工大成立全国第一个航天学院以来，这个基地向国家输送了大批系统仿真以及自动控制方向的人才。从"神舟一号"到"神舟十一号"，哈工大有 500 多名教师和技术人员参与研究工作。"十二五"期间，哈工大向航天领域输送了 2000 余名毕业生，仅他一人就培养出 60 余名硕士、博士研究生。谈起哈工大为祖国航天事业作出的贡献，王子才脸上洋溢着笑容，"哈工大为中国航天事业培养了一批又一批骨干精英，攻克了一个又一个难关"。

同博士毕业生合影

王子才院士对于选材育人有自己的独到见解。他认为，传道授业只是做学问的基础，要想培养出有所大成的弟子，当重在为学生解惑，帮学生解开他们在深入思考之后所得的"奇"惑，这才是育人精髓之所在。他主张学生在搞研究和做课题时广泛涉猎与课题相关的东西，并且要真正做到把知识变成自己的。学生要有主动性，若是完全让导师带着走，处于被动就会觉得很累。

俗语说：师傅领进门，修行在个人。导师的东西只是属于导师的，学生如果没有自己的想法，必将一事无成。

王子才院士谈到了他的一个学生，在平时的工作中，这个学生总是很善于发掘和思考新问题。例如研究传感器时，他有时候就会问："在理论上不太可能会断的线，要是真的断了那该怎么办？"谈话间王子才院士不时流露出对这个学生的欣赏。这也体现了他的一种态度：只有更深入地研究，更主动地思考，才能有更好的成果出来，若是把解决问题的希望全寄托在导师身上，那绝对是一种对自己不负责任的态度，也难有大成。

王子才院士虽已年逾古稀，却仍然经常奔波于调试现场。年轻时，也曾经历过动荡年代。他说，那个时候也承受过巨大的心理压力：作为一名教师，不能专心于自己的教学工作；作为一名学者，不能埋头搞自己的科研；空有才华却没有施展出来报效国家，这是何等痛苦不堪！但那个时候他仍然坚守着自己的信念，靠乐观和坚强去化解压力。

如今，身处实现中华民族伟大复兴的新时代，建设航天强国的号角已经吹响。这个时代尤其需要航天人发扬遇荆棘挥刀砍平、历坎坷担土填平的拼搏精神，用忍耐和毅力于平凡中写就传奇人生。

航天人是一群具有坚韧不拔精神和精益求精品格的大国工匠，干着世人眼中"惊天动地的事"，却着实是一个个"隐姓埋名的人"。他们不在乎自己永远是幕后英雄，在乎的是自己能为祖国航天事业作出多大贡献，在默默奉献中推动祖国从航天大国一步一步走向航天强国。王子才院士展示给世人的，正是这种淡泊名利的豁达、攻坚克难的担当、科研报国的追求。

（张霞／撰稿）

闻雪友

中国工程院院士

院 士 名 片

　　闻雪友，1940 年 9 月出生于上海，原籍浙江慈溪。1962 年毕业于上海交通大学。曾任中国船舶重工集团公司第七〇三研究所总工程师、所长、党委书记，研究员、博士生导师。

　　长期从事舰船及工业燃气轮机的研究设计工作。曾任我国第一台航空改装大功率舰船燃气轮机的技术负责人、我国第一台第二代舰船燃气轮机的代总设计师、新型国产化舰船燃气轮机的总设计师，为我国舰船动力现代化作出贡献。在热能动力工程方面，在国内首先研究建成双工质平行复合循环电站，并推广应用。担任 863 项目"10MW 高温气冷反应实验堆"二期工程中我国首次研制的"氦气透平压气机组"子项目的总设计师。获全国科学大会奖、国家科学技术进步奖、国防科学技术奖、军队科技进步奖等多项殊荣。

　　2005 年当选为中国工程院院士。

船行万里风满帆

——记中国工程院院士、舰船燃气轮机专家闻雪友

2017 年，我国船舶工业在重点领域作出了诸多积极努力，成就显著：我国第二艘航空母舰下水、我国新型万吨驱逐舰首舰下水、我国新型综合补给舰首舰入列、中意两国领导人见证我国首艘国产大型邮轮建造备忘录协议签署、全球首艘智能船舶"大智"号问世、新一代造岛神器"天鲲"号成功下水、"蓝鲸 1 号"成功完成中国首次海域天然气水合物试采任务、9 艘 22000TEU 超大型集装箱船成功签约、由中船重工武船集团总承包的世界最大深海智能渔场交付……

这一项项成绩的背后，凝结着无数坚持在我国船舶工业战线岗位上的科研专家和普通劳动者的辛勤努力和汗水。这其中，就包含着闻雪友院士在舰船燃气轮机领域持续 50 多年的钻研与积累。

闻雪友院士办公室的桌子上放满了各种书籍、研究资料，书柜里摆放着闻雪友院士在国内外不同时期所取得的获奖证书。除此之外，办公室墙上挂着的油画、桌上放着的交响音乐会会刊，又让这名院士显得有那么一些特别，平添了几分艺术感。

北上，以雪为友

1940 年 9 月 14 日，闻雪友出生在上海。呱呱坠地之时，母亲已经为闻雪友起好了名字——雪友，意为"岁寒三友"（松、竹、梅）。这个名字不但寓意深刻，而且竟与闻雪友的人生之路十分契合。

在闻雪友小时候，家庭教育的熏陶为他的一生奠定了勤思考、善动手的底色。在家里的八个孩子中，闻雪友居中，上面有一个哥哥和三个姐姐。闻雪友的母亲中学毕业，在操持家务、照顾一家人生活起居之外，还不断通过言传身教培养闻雪友兄弟姐妹几人的动手能力和实践能力。翻被子、做饭等等生活技能，兄弟姐妹几人学会即可，不必多做。闻雪友的父亲毕业于上海美术专科学校，在课余时间，教闻雪友兄弟姐妹几人画画，教他们观察一个事物结构、比例的方法。

在接受记者采访时，闻雪友院士坦言，很幸运，从小学到大学他都能在较好的学校中度过。小时候的经历对他后来的发展影响很大。

到了读书的年纪，闻雪友被送入当时无论是教学质量还是学校管理在上海市已颇有名气的萨坡塞小学（现名为"卢湾区第一中心小学"）。小学老师的教学很认真，特别注重培养学生全面发展。学校的体育老师特别喜欢闻雪友，只要是技巧类的运动，如体操、垫上项目、单杠、双杠，闻雪友都很擅长，甚至在体育老师的训练下，在有充分保护的情况下，练成了单杠大回环的绝技。

到了小学高年级的时候，闻雪友和同学们在劳作室上劳作课，每两名学生共用一套工具（锯、锉、锤、凿等），可以自己动手制作模型。这让从小动手能力很强的闻雪友很开心，用心地作出了人生中的第一个船模。虽然用料简朴、设计简单，但这个船模却在少年闻雪友心中种下了一颗兴趣的种子。后来，上中学时，闻雪友又自己制作了电动的船模。看着电动船模在小河里航行，闻雪友心中那颗兴趣的种子慢慢地发了芽。

1957 年，闻雪友即将进入大学。在报考大学专业的时候，开明的父母希望他根据自己的兴趣、爱好和专长进行选择。之前自己动手制作船模的记忆，毫无预兆地浮现在了正在挑选大学专业的闻雪友脑海里。由此，在报考志愿单上，闻雪友填上了上海交通大学船舶动力系，并顺利考入。

在闻雪友读大学期间，受时代大环境影响，学校时有停课。但上海交通大学的学习风气很浓，同学们都很用功。课余时间，闻雪友喜欢用平日节省下的交通费和餐费去看电影、听音乐会。闻雪友的同学中，有一位是学校管弦乐队的第一小号手，见闻雪友有这些爱好，就极力推荐闻雪友报考校管弦乐队。凭借着小学音乐课学习过五线谱的那些残留记忆，闻雪友顺利考进了上海交通大学的管弦乐队，负责吹圆号。等到了高年级，还被培养为乐队的指挥。当时，上海交通大学的艺术团在社会上很有声望，常被邀请赴各企业、院校和部队进行慰问演出。为了适应这种节奏，闻雪友养成了见缝插针利用零碎时间复习功课的习惯。

从小学到上海交通大学的学习时光，一方面让闻雪友增长了专业学识，另一方面也为他的兴趣爱好提供了一个很好的学习发展平台。多年以后，当闻雪友回忆起自己的学生生涯时，他更加清楚地认识到：虽然小学老师对他们极其严厉，但是也正因其严厉，闻雪友才打下了德智体美劳全面发展的基础，令他和他的同学们在今后的人生道路上受益匪浅。

1962 年，闻雪友大学毕业被分配到部队工作。在上海经过短暂集训后，闻雪友拿到了自己的报到通知书，上面写着一个陌生的地名：哈尔滨。买好火车票，闻雪友告别了家乡上海，一路向北，辗转几趟列车，来到了冰城哈尔滨，到刚组建不久的国防部第七研究院（中国舰船研究院）第七〇三研究所（舰船动力研究所）报到，开始了他与北国之雪为友，一心一意从事燃气轮机研究工作的日子。至今，已经 50 余年。

制芯，以船为伴

1963 年，在来到哈尔滨工作一年后，闻雪友见习期结束，从一名陆军学员转正成为一名陆军中尉。

初到七〇三所时，七〇三所给闻雪友留下了极好的印象：在大办公室里，只能听到手摇计算器和电动计算机发出的"嗒嗒"之声，同事间的谈话均是轻声细语，科研秩序严格、井然，试验设施完善，拥有一批富有经验的工程技术人员和国外留学回来的专家，特别是李根深、强国芳、陈乃兴等行业内的知名专家，让年轻的闻雪友深深佩服。即便是晚间，七〇三所的大多数人仍自发地在学习、工作。严谨的科研作风和良好的研究氛围，让刚刚参加工作的闻雪友为之深深折服。

在当时，七〇三所有些苏联军舰发动机的资料。因为学习过俄语，翻译苏联军舰发动机资料的工作就由闻雪友负责。闻雪友对翻译资料的工作十分上心，非常详细地研究资料，一边翻译一边学习，一边计算一边推导，在翻译的过程中发现了资料中存在计算不完善、不合理的地方。于是闻雪友自己进行了重新计算，并增加了一些计算的项目。当时负责技术的主任，在校对翻译、核验计算结果的时候，发现了闻雪友在计算上的这些改动。一天，这位主任把闻雪友叫到了办公室，问他在计算中增加了几个项目，是出于何种考虑。闻雪友将自己在翻译过程中发现的苏联军舰发动机在设计上的计算不完善、不合理的地方告诉了主任，并说出了自己的修改建议。这位负责技术的主任听后，表扬了年轻的闻雪友，夸他将资料消化得很好。闻雪友听后非常开心，也深深佩服这位负责技术的主任工作上的细心与严谨。

渐渐地，闻雪友开始在军舰设计中负责一些比较容易的工作。1967年，上级决定将装轰六飞机的涡喷八发动机派生为大功率舰用燃气轮机，这是我国第一次尝试航机舰改之路。时逢特殊时期，为保证"革命、生产两不误"，两派协商出一个"技术上、政治上"均可接受的小分队赴现场开展设计工作，闻雪友恰在其中。于是，在动荡的时局中，闻雪友扎根在航空发动机厂里一心工作。在生产服务阶段，小分队只留下两个人，闻雪友仍在其中。为了保证对生产工作的技术服务和促进生产进度，闻雪友一年里跑坏了两双解放鞋。

发动机制造完成后，闻雪友转至上海汽轮机厂进行试验，工作组成员非常干练，每个专业一个成手，队伍朝气蓬勃，一些新想法很容易得到支持并实现。在这里，闻雪友和同事们做了大量有创意的试验研究工作，例如，研制了八通道遥测仪在整机上实测了动力涡轮叶片——轮盘系统耦合振动的振频、振型和动应力（在叶片和轮盘上），轮盘动态温度场等，多项试验在国内均是首次进行。

将装轰六飞机的涡喷八发动机派生为大功率舰用燃气轮机，是闻雪友担任技术负责人，完整走完七事一贯制生产全过程的第一个项目。这次经历，让闻雪友深深觉得在技术上收益良多，并且认定自己之后的路就应该这样走。此后，由闻雪友担任技术负责人的型号研制项目，他的工作模式大体均是如此。

就在样机研制成功，准备转入装备生产时，还发生了令闻雪友觉得颇为有意思的事情：向来不肯向我国出口舰船燃气轮机的某海军大国的著名公司，主动表示可以卖给我国某型船用燃气轮机。当双方谈判进展到后期时，另一个海军强国的著名公司又精准踩"点"，主动表示可以向我国出口更先进的船用燃气轮机。于是新一轮的谈判开始，并最终达成。及至后来重又联合制裁、禁运，让之前的一切谈判和努力付诸东流，这一经历让闻雪友强烈地感受到，像舰船燃气轮机这样的重大装备，想依靠其他国家是不行的，一定要走自己的路！走中国自主研发舰船燃气轮机之路！

下定决心的闻雪友，此后先后担任了三个型号舰用燃气轮机研制工作的技术负责人，历时近30年，终于结束了我国大中型水面舰艇无国产大功率舰用燃气轮机可用的历史，迎来了我国舰船燃气轮机事业发展的春天。

1980 年，闻雪友在法国巴黎参加国际学术会议，从左至右为闻雪友、翁史烈、吴仲华、强国芳

20 世纪 80 年代初，随着国防科技工业战略任务的转移，研究所要探索"军民结合""以民养军"的新路。1984 年，闻雪友对美国程大猷先生提出的双工质平行—复合循环产生浓厚兴趣，做起了研究设计开发的前期工作。1987 年项目立项，七○三所与哈尔滨船舶工程学院（哈尔滨工程大学的前身）组成联合课题组，1989 年完成了小型工程示范装置并迅即推向工业应用，要把南山电厂三台二手燃气轮机发电机组（当时，这是电厂的全部！）改造为"双工质"机组，厂方总投资数千万。1992 年初的一天，一切就绪，就在准备开始"双工质"运行试验前，意外发生了——在恒定的运转中输出功率出现突降，停机后发现整圈涡轮叶片均在离叶顶三分之一处断裂，重大事故！

专家们分析的疑点均集中在加装的蒸汽回注系统上，因为客观事实是发电机组一直在正常地调峰发电，事故的当天唯一差别就是加装了全部蒸汽回注系统，尽管并没有投入运行。

闻雪友办公室里响起了电厂总经理打来的电话。接完电话，闻雪友飞赴深圳，向专家们详细报告这个项目国际、国内研究情况及对故障的原因分析，接着进行背靠背讨论。多数专家认同了闻雪友的分析意见，但存疑者的问题仍接二连三。那段时间里闻雪友面对各方的疑问有问必答，能用试验验证的就立刻创造条件进行验证。那一年的春节，闻雪友是在试验室里度过的。

试验进展并不顺利，电厂总经理承受着巨大的压力。下，经济损失在眼前；上，如果故障再现，那是最糟糕的结果。闻雪友和电厂总经理作了一次坦诚的交谈，之后便进入了难熬的等待中。最终，电厂总经理顶住了巨大的压力，试验继续进行！当回注蒸汽唱着歌儿进入主机时，胜利的大门也随之敞开。测量表明机组功率提高 30%，耗油率降低 15%，远优于合同规定值。后来，这个项目被国家科委定为重点技术推广项目。

如今，闻雪友院士从事舰船及工业燃气轮机装置研究工作已近 60 年，且一直活跃在研制工作的第一线。经历仿制、自行设计、航机派生和国际合作，走过多个从设计、试验、生产服务、总装、调试到装舰或工业应用的大循环，闻雪友始终坚持理论与实践紧密结合，积累了宝贵的工程实践经验，见证、经历着我国舰船燃气轮机发展的主要过程，并依然为之持续不懈地奋斗着。

朝阳般的七○三，团结奋进的七○三

1992 年，闻雪友出任七○三所所长兼党委书记。市场经济的大潮，令七○三所不再"养在深闺人未识"，而是早已利用自身的优势在市场经济的大潮中一试身手。

闻雪友认为科研成果转化为生产力是市场经济对科研院所的必然要求。20 世纪 80 年代末，闻雪友负责研制的燃气轮机回注蒸汽技术，已是当时世界上的最新技术，在实验室取得成果的基础上，迅速推广到深圳南山电厂燃气轮机电站上应用，该项技术在国内首次应用并获得成功，节能效率极好，后来逐渐发展到有功率从 23000—36000 千瓦的四套燃气轮机回注蒸汽工业热电联供装置在运行使用。

与此同时，闻雪友一直在构思如何加大开发力度和尽快形成支柱产业。一年中，闻雪友有过半的时间在各地奔波，并频频"射门得分"。在他的带领下，一批科技骨干和中层干部充分发挥七〇三所的专业特长和技术优势，在市场上大力开拓，使七〇三所在 1994 年产值就已破亿元。

在发展壮大的过程中，七〇三所逐步形成了以新技术为龙头的工程总承包优势。闻雪友抓住这一契机，适时成立了七〇三工程总承包有限责任公司，把燃气轮机电站工程发展为年产值近亿元的支柱产业。同时，由七〇三所设计和提供的设备取代了一批相关的进口设备。

在七〇三所的改革实践中，闻雪友非常注重正确处理改革、发展和稳定的关系。在改革进程中，采取了"小步快跑，逐步到位，配套实施，稳步前进"的作

2007 年，闻雪友院士在七〇三所我国首台大功率船用燃气轮机纪念碑前

法。在他任七〇三所所长兼党委书记的时间里，年年有动作，推出了一系列的改革措施，每项改革他都提出高起点的改革思路，在改革的措施操作上又尽量做到细致细心、合理得体，让职工在振奋的状态下加入改革的队伍，使七〇三所的改革既走在社会大环境之前，又有全所职工的积极支持，因而每项改革举措出台后都会收到良好的效果，为七〇三所走向市场打下了坚实的基础。

企业的竞争，说到底是文化的竞争。闻雪友深信这一点。唯有品位高雅的企业文化，才能在市场竞争中立于不败之地。在市场经济条件下，闻雪友始终以他特有的风格影响着科研所形象的塑造和企业文化的传播。在他的带领下，七〇三所职工发扬"七〇三精神"：改革开拓、攀登探索、拼搏进取、协力奉献。

在闻雪友担任所长兼党委书记的几年中，七〇三所的党建工作、思想政治工作、精神文明建设工作都取得了突出成绩。在科研工作之余，闻雪友还为七〇三所创作了所歌。时至今日，每当重大节日和重要活动，全所职工仍高唱所歌，"朝阳般的七〇三，团结奋进的七〇三"仍高歌猛进。

学皆有用

在大多数人的印象中，科研工作者大多严肃古板。但是闻雪友却非常"特别"：他热爱音乐、擅长体育，为人乐观、风趣健谈，充满了正能量。

年轻时，闻雪友喜欢体育运动，是缘于小学、中学体育老师的认真负责，缘于大学时同班同学中有一位排球国手、一位校棒球队队长。读大学时，喜欢音乐，是缘于闻雪友的哥哥是一位音乐翻译，缘于闻雪友在读书期间进了校管弦乐队。这些爱好虽无一突出，却足以让闻雪友在忙碌之余调节身心。尤其令闻雪友未料及的是，这些爱好居然在工作后也有效用：

当他长驻上海汽轮机厂时，被邀担任乐队、合唱队指挥；当他在包钢劳动锻炼时，被指定加入毛泽东思想宣传队；即使在后来的国际交流中，这些爱好也发挥了良好作用。在担任七〇三所所长时，闻雪友常常感觉研究所就像个交响乐团，而他这个所长就是指挥，协调各部门奏出和谐、美妙的乐曲来。

工作紧张，生活丰富，兼容两者，虽显得忙碌，但闻雪友并不感到太累，甚至觉得还有活跃思维、提升团队精神的功效。不偏科的学习模式也有其优点，只不过人无法预知何时会显现出效果罢了。学皆有用，闻雪友的经历就是对这句话最好的注解。

2018 年，闻雪友院士在办公室中工作

如今的闻雪友院士，依然每天忙碌着：科研攻关、撰写论文、参加国内外学术会议……当你说他这是敬业、是刻苦时，他却告诉你，这只是一种习惯，是对自己所热爱的事业一以贯之的喜爱和坚持。因为，当你热爱所从事的事业时，工作就会成为一种乐趣。冥思苦想后茅塞顿开之际，乘着军舰在海上乘风破浪之时，越过戈壁、沙漠，新项目开发成功的刹那间，团队欢聚喜庆胜利的一刻，这些都能让闻雪友油然生出喜悦、自豪之情，这种满足感，足以一扫研制过程中各种困苦的感觉，也能带给热爱这份事业的人沉甸甸的满足感。

（文中图片由闻雪友院士提供）

（杜金莹／撰稿）

谢礼立

中国工程院院士

院 士 名 片

　　谢礼立，男，汉族，1939 年生于上海，中共党员。1960 年 9 月，天津大学土木工程系毕业后一直在中国地震局工程力学研究所（前身为中国科学院工程力学研究所）工作。1981—1982 年，在美国从事中美科技合作研究；1991—1997 年，任中国地震局工程力学研究所所长、研究员、博士生导师和哈尔滨工业大学土木工程学院教授、博士生导师，中国地震工程联合会会长，《自然灾害学报》和《地震工程与工程振动》编委会主任、主编，*Earthquake Engineering and Engineering Vibration* 编委会主任。1994 年当选为中国工程院首批院士，2006—2014 年，当选为中国工程院主席团成员。

　　谢礼立院士主要研究领域是地震工程与安全工程、城市防震减灾能力评估、工程抗震设防标准、抗震设计规范研究等，是中国强震观测与分析领域的奠基人之一。在国际上，第一个提出"最不利设计地震动""统一抗震设计谱"等理论和技术方法。主编我国第一部基于性态的抗震设计国家推荐标准《建筑工程抗震性态设计通则（试用)》于 2004 年正式批准颁布执行。2008 年，在第 14 届世界地震工程大会上，谢礼立院士当选国际世界地震工程协会的终身名誉理事。2015 年，谢礼立院士团队完成的"建筑结构基于性态的抗震设计理论、方法及应用"项目荣获国家科技进步奖一等奖。

在攻克"科学堡垒"的道路上矢志创新

——记中国工程院院士谢礼立

2016 年 1 月 8 日，人民大会堂，中国地震局工程力学研究所研究员、中国工程院院士谢礼立从国家领导人手中接过 2015 年度国家科学技术进步奖一等奖证书，这是对谢礼立院士及其科研团队勤耕不辍二十载的最高褒奖，也是工程力学研究所的无上光荣。此时，人们把目光聚焦到了这位 78 岁高龄的科学家身上。

1960 年，从天津大学土木工程系毕业的谢礼立，虽然有机会留在家乡上海，但他还是主动要求支援边疆，背着行囊来到了中国最北端的省会城市哈尔滨，来到了中国地震工程领域的最高殿堂——中国科学院土木建筑研究所（现为中国地震局工程力学研究所）。也只因刘恢先所长"在研究所当研究生就是搞科研"的一句话，让他一放下行囊，迫不及待地投身于科研事业，这一干就是近 60 年。

执着科研　硕果累累

谢礼立的研究领域是地震工程与安全工程，他几十年如一日，奋战在科研第一线。他先后获得国家科技进步奖一等奖 1 项，省部级科技进步奖 10 余项，哈尔滨市长特别奖，黑龙江省最高科学技术奖；编著规范 8 部；

主持国家自然科学基金重大、重点、省科技攻关重点等科研项目 10 多项；发表论文 400 余篇以及著作多部。他在国际上第一个提出"最不利设计地震动""统一抗震设计谱""广义概念设计""城市防震减灾能力和评估""土木工程灾害"等理论和技术方法。他主编的我国第一部基于性态的抗震设计国家推荐标准《建筑工程抗震性态设计通则（试用）》已于 2004 年正式批准颁布执行，被业内广泛采用。

他还特别关心龙江建设和发展，参与解决了哈尔滨松浦大桥、阳明滩大桥结构静载试验、哈尔滨地铁工程地震安全性评价、哈尔滨市中小学校舍抗震安全鉴定等关系民生的重大问题，编制了符合本地情况的建筑结构性态抗震设计标准，为黑龙江省经济和社会发展作出了重要的贡献。

谢礼立是中国强震观测与分析领域的奠基人之一，建立了中国强震观测台网，并发展了适应中国仪器特点的观测和分析技术。他是国际上最早发现并定量证实"在不大的均匀场地上，地震动仍存在明显差异"和"由于结构物的存在使地震动中包含与结构物自振周期对应的频率分量得到加强"的地震工程中重要结论的少数学者之一，也是中国防灾工程和安全工程研究的开拓者，提出的 ABC 和 4P 与 4R 防灾减灾理论被国际广泛接受。

2015 年，谢礼立及其科研团队历经 20 年潜心研究完成的"建筑结构基于性态的抗震设计理论、方法及应用"项目荣获国家科技进步奖一等奖，该项目首创了最不利设计地震动及基于双规准谱的统一设计谱理论等理论和方法，建立了全概率、多目标的抗震性态设防理论，实现了抗震设防从定性到定量的跨越；创建了我国建筑结构基于性态的抗震设计方法及技术体系，主编了我国首部基于性态的抗震设计标准《建筑工程抗震性态设计通则》（CECS160：2004），支撑并推动了《建筑抗震设计规范》（GB 50011-2010）等 11 部国家及行业规范的编制，引领了我国基于性态抗震设计的研究和设计标准的编制，被业内誉为"样板规范"或"规范的规范"，提升了我国建筑结构抗震设计的整体水平。该项目研究成果已被广泛应用于各类重大、复杂工程的抗震设计中，为提高我国工程结构的防震减灾能力提供了理论及技术支撑，推动了我国抗震技术的发展，凸显了公益性研究的崇高目标。

成就斐然　举世闻名

1988年6月7日，中国，哈尔滨。时任国家地震局工程力学研究所副所长的谢礼立研究员突然接到了一份来自联合国总部由秘书长佩雷斯·德奎利亚尔亲笔签发的邀请函，函中写道：

"联合国大会已经决定，指定从1990年开始的10年为'国际减轻自然灾害10年'。为此，我决定建立一个国际特设专家组来谋划和推进这项重要的事业，它应该由有关学科的世界顶级科学家和从事防灾减灾工作的高级政府专家组成。这项事业能否成功，极大程度上取决于这个专家组成员的质量。因此如蒙您能应允参加专家组，我将不胜感谢……我们面临的挑战，即把在科学与技术上对自然灾害成因与危害的认识转变为减轻人民生命财产损失的实际行动，这是十分紧迫而又重要的……"

这样一封突如其来而又意义非凡的邀请函，不仅在国内媒体上引起不小的轰动，远在纽约的中国常驻联合国代表，也特别重视这封邀请函。因为此前还没有中国人获此殊荣。中国政府迅速地同意了佩雷斯·德奎利亚尔的选择。于是，这个来自25个国家的25名国际顶级知名科学家和专家组成的国际权威组织——"联合国科学技术委员会"和联合国特设专家组中，便有了一位中国人。

其实，谢礼立被遴选担此项重任绝非偶然。早在1986年，谢礼立在陪同导师中国科学院学部委员（院士）、中国地震工程学奠基人刘恢先应邀参加在美国举行的由国际防灾领域顶级专家组成的"特别学术会议"时，这个以助手和"陪同"身份出席会议的"听会者"在毫无准备的情况下，被会议主席、美国科学院院长佛兰克·普拉斯突然点名邀请发言。当他一听到有人在说 Dr.Xie Lili 时，一时就蒙了，但又不得不礼貌性地站起来，结结巴巴地说了起来，后来竟越来越顺畅地用英文发言 15 分钟，对会议讨论的热点问题，发表了自己的看法，并不时获得这位主席和与会者频频点头。就因这段突如其来的邀请发言，将谢礼立推进了联合国最高咨询机构——联合国国际减灾 10 年特设专家组和联合国科学技术委员会，并因此出现了收到联合国秘书长那封意义非凡邀请函的一幕。

在随后的几年时间里，他分别与美国、加拿大、日本、澳大利亚、捷克斯洛伐克等国的科学家一起，作为发起人和负责人之一，先后成立两个重要课题组，团结和带动 20 多个国家和地区的 80 余名专家经过多年的合作研究均取得重要进展。

谢礼立院士在国际会议发表主旨演讲

1988 年 3 月，在美国首都华盛顿召开的国际减灾 10 年准备会议上，谢礼立作了主旨发言。他在讲话结束时概括说："国际减灾 10 年的主要精神是：防灾意识是灵魂，减灾措施是核心，开展发展合作是途径。"发言博得了阵阵掌声，他的观点也被联合国减灾 10 年组织所采纳，成为国际减灾 10 年的主导思想。

2008 年，在第 14 届世界地震工程大会上，谢礼立当选为"国际地震工程协会"的终身名誉理事，这是国际地震工程领域的最高学术荣誉和终身荣誉，也是迄今为止被该国际学术组织选为名誉理事的唯一中国学者。

敢闯敢干　勇于创新

1966 年 3 月邢台地震后，年仅 28 岁的谢礼立被推荐为随老所长刘恢先到中南海向周恩来总理和李四光部长等领导人汇报对邢台地震的初步研究结果，并成为工程领域的中心发言人。那时有人问他：到中南海，见到这么多国家领导人，你不胆怯吗？他轻松地摇摇头说，我什么也没想，脑子里琢磨的只是怎么能把我们的发现让国家领导人听明白。从此人们就在背地里称他为"敢闯年轻人"。其实他不仅"敢闯"，还敢问、敢说、敢想、敢做。

科学家的使命在于探索和发现新知识、新规律。从步入科学殿堂的那一天起，"创新"二字便牢牢地定格为谢礼立的职业信条。他一直要求自己，也教导学生："要想别人没有想过的事，说别人没有说过的话，做别人没有做过的事。"有了这一信条，才使他提出了前文所述的许多个"第一"。

在他出版的院士系列科普读物《颤抖的地球——地震科学》前言中开宗明义的指出："地震，作为地球运动变化过程中的伴生现象，也几乎在地球形成的同时就具备了发生的条件……是人类自己缺乏对地震破坏力的正确防御方法，这才导致了地震灾害的发生。"在几十场科普讲座中，他一贯坚定地告诉听众："地震，本不该是灾害！"他在科普报告中多次呼吁要增强建筑物的抗震能力，他认为地震之所以会酿成灾害主要是因为我们居住的建筑物抗震能力不足。这就像在寒冷地区的建筑物如果不能保温，不能取暖，一旦遇到寒冷的天气，我们一定会被冻死，这能怪寒冷造成灾害吗？同样的道理，生活在地震区，如果建筑物不能抗震，也就一定会被震死。反过来只要我们的建筑物和基础设施具有足够的抗震能力，再强烈的地震也不会酿成灾害。

1999 年的一个重要会议上，谢礼立在国际上第一个提出"土木工程灾害及其防御"的学术思想，被认为是当今推动灾害防御科学和土木工程学科发展的最重要和最积极的动力。他指出"其实有许多自然灾害并不是自然造成的，而恰恰是我们的土木工程缺乏必要的抗灾能力才导致的"，"减轻这类包括地震灾害在内的自然灾害的关键是增强土木工程的抗灾、减灾和避灾的能力"。这个思想后来被我国国家自然科学基金接纳，并以此思想为基础设置了一个投入两亿元人民币的重大研究计划。他在《减轻自然灾害是人类的共同要求》一篇长文中提出："如果我们能将灾后用于抢救、救济和恢复重建的资金的 1/10 用于灾前的各种预防性投资，促进防灾科学研究，培训防灾干部，那么，其效益将会远远超出许多倍，更可避免极为深刻的社会心理影响……"

坚持不懈　永不言老

教授、博士生导师，中国地震工程联合会会长，《自然灾害学报》和《地震工程与工程振动》编委会主任、主编，*Earthquake Engineering and Engineering Vibration* 编委会主任；同济大学、清华大学、天津大学、浙江大学、北京工业大学等十余所高等院校聘为特聘教授，名誉教授；十余个国家或省部级重点实验室的学术委员会名誉主任和主任等职务。在拥有众多炫目的头衔与称谓的同时，他不知付出了多少不为人知的心血和汗水。

只要不出差，在工程力学研究所的办公大楼，每天都能看到他的身影。除了每年大年初一，因为他"实在不好意思"再上班，从正月初二起,他都会朝来暮归,从不间断。他坚持不懈地靠自学,靠死记硬背,背诵上万句的经典名句,使他具备了熟练的英语表达能力,为他后来走遍世界50多个国家和地区发表演说和开展科研奠定了坚实的基础。

因为这种坚持,使他从全国众多工程技术人员中脱颖而出,入选中国工程院首批院士。因为这种坚持,即使在高级智囊学术群体中也能游刃有余,展示才华。

而面对近些年频频出现的高校学术生态文明问题,谢礼立认为,党的十八大以来国家制定了"大众创业、万众创新"的发展战略。而创新的关键是要培养大批的创新人才,这也是全国高等院校义不容辞的任务。谢礼立认为自20世纪80年代以来,国家为改善学校的教学和科研基础设施花费了大量的经费,在这方面我国的高校已经达到了世界上的领先水平。但是非常令人失望的是我们的高校在学术生态环境上还很糟糕,不仅没有优良的学术生态环境,而且还存在大量的学术雾霾,甚至还有大量学术上的"PM2.5"。什么是学术生态环境中的学术雾霾和学术上的"PM2.5"?谢礼立认为当前在高校中存在的高校国企化、教育产业化、政教不分风、高

谢礼立院士(左二)指导学生工作

校升级风，以及各式各样的不合理的评价体制都是污染教学生态环境，造成严重学术雾霾的因素。

什么是大学？有人认为有了大师才是大学。谢礼立认为一个大学应该是一个具有优良学术生态环境，而且一旦遇到学术雾霾就能自行克服雾霾的地方才能叫大学。有了这样的环境没有大师就一定会培养出自己的大师来，反之，如果没有这样的环境有了大师也照样培养不出人才。

什么是优良的学术生态环境？谢礼立认为一个能够长期坚持刻苦学习，潜心研究，以不断追求真理为宗旨，坚持学术自由争辩，发扬学术民主而且能持之以恒的环境就是我们高校应该花大力气营造的学术生态环境。谢礼立认为培养高水平的人才只有必要条件而没有充分条件。而一个优良的学术生态环境是培养优秀人才充分和必要条件所不可缺失的。

也许有人会认为，几近耄耋的老人，势必皓首苍颜、步履蹒跚、行动迟缓。但谢院士神采奕奕、容光焕发、精神抖擞……每一个形容状态积极向上的词语用在他身上都不足为过。双肩背包是标配、健步如飞是常态、微信娴熟无障碍……谢礼立利用专业术语来描述团队的合作精神，不仅能为团队提供正能量，而且还能提供比正能量大数倍甚至数十倍的谐振能量，或共振能量，并简称为"谐能量"。他笑言，乐观的心态、勤勉的性格、锻炼的习惯，再拥有一颗满足和感恩的心，传递正能量、"谐能量"，这就是让人看不出年龄的秘密。

如今，年逾耄耋的谢礼立院士仍站在科研前线，认为当前自己正处于一生中最好的时期，满脑子都是需要解决的科学问题，还期待新的成果会源源不断地创造出来。他一如既往地期盼国家防灾减灾事业迅速发展。

（张悦　张博／撰稿）

杨德森

中国工程院院士

～ 院 士 名 片 ～

　　杨德森，男，汉族，1957年4月生，祖籍山东省费县，生于黑龙江省穆棱市，1975年7月参加工作，1982年1月加入中国共产党。1977年考入哈尔滨船舶工程学院水声工程系，1982年1月毕业并留校任教，2002年7月任哈尔滨工程大学副校长，2003年5月至2015年4月任哈尔滨工程大学副校长兼研究生院院长，2015年12月当选为中国工程院院士。

　　杨德森长期从事水声工程方面教学和科研工作，在国防急需的矢量声纳、潜艇声隐身技术，尤其是潜艇振动噪声测量、噪声源识别等方面均作出重要贡献。曾荣获何梁何利基金科学与技术进步奖、我国声学界最高学术成就奖——"马大猷声学奖"。先后获国家和省部级科技进步奖18项，其中国家科技进步二等奖2项、国家科技进步三等奖1项、省部级一等奖4项；发表论文论著130余篇，其中多篇被SCI、EI检索收录；共有国家受理专利36项，获得授权专利15项；获国家级教学成果二等奖1项，省级教学成果一等奖4项，培养硕士和博士研究生64人。他所带领的团队获教育部优秀创新团队称号，所指导的学生曾获全国百篇优秀博士学位论文提名。他是国家有突出贡献中青年专家，荣获"龙江楷模"称号，享受国务院政府特殊津贴。获国家和省部级多项荣誉称号。

用"水声"奏响海洋强国之音

——记中国工程院院士、哈尔滨工程大学教授杨德森

人类可以登上 38 万公里外的月球，但对海洋的了解却比月球还少。到目前为止，人们发现无论是无线电波、光波等能量形式，当面对海水的强烈吸收望而却步时，只有声波能够在水中远距离传播。于是，水声工程学科应运而生。

"水声"是对水下声波的发生、传播和接收过程中声学特性及应用的研究。"水声工程"就是将人类"耳朵、眼睛和嘴巴"的功能延伸到水中，成为人类在海洋中的一种"器官放置"。最大限度地对潜器减振降噪，提供最大的安全隐蔽性，同时最灵敏迅速地捕捉对方的噪声声波以知己知彼、打造水下的"千里眼"和"顺风耳"，这是对中国工程院院士、哈尔滨工程大学博士生导师杨德森教授科研成果的简单解释。

做最满足国家战略需求的科研

从 1977 年考入哈尔滨工程大学（原哈尔滨船舶工程学院）水声工程系初识水声，到其科研团队的矢量水听器技术获得国防科技进步一等奖；从 1982 年留校任教初登杏坛，到其培养的 60 余名硕博生学有所成、所带

团队获教育部嘉奖，几十年来，杨德森扎根水声技术人才培养和基础研究最前沿，始终立足水声工程学科，不懈追求满足国家重大战略需求的水声事业，执着于探寻水声的力量。

随着海洋作为世界军事力量角逐战场的地位日益凸显，对水中目标的探测能力和自身水下航行器隐蔽性的战术要求日益提高，各国海军都高度重视对水下结构的减振降噪和声纳探测技术的研究。

"声纳"主要用于对水下目标的探测、定位及识别。传统声纳受技术限制，探测能力的提高通常依靠不断加大基阵体积、重量来实现，这在使用上有很多不便。在茫茫大海中，当海洋的背景噪声大于水下航行器的噪声时，如何让声纳具有较高的分辨率和准确性？1997 年，杨德森带领团队突破多项关键技术，成功研制了我国首套矢量声纳，建立了水下声场的矢量探测模式，"矢量声纳"由此诞生，其重量、体积和能耗远小于普通声纳，但目标侦测距离却远达一倍以上，它成为新型声纳技术的重要支撑，使中国成为继俄罗斯、美国之后，世界上第三个掌握该技术的国家。

解放军原总装备部认为："矢量声纳技术是我国水声领域最具代表性的创新技术，为我国声纳技术的进步开辟了新的途径，对改善和提高我国声纳装备技术水平产生了巨大的推进作用，促进了我国国防事业的发展，产生了重大的社会和军事效益。"美国之音报道："中国人掌握这项技术对航行在各大洋的美国潜艇构成了威胁。"俄罗斯专家对此评价说："这是世界上最好的矢量声纳。"

这项作为我国水声领域最具代表性的创新技术，对改善和提高声纳装备技术产生巨大推动作用，社会与军事效益难以估量。该成果获 2011 年国防科技进步一等奖、2012 年国家科技进步二等奖。

水下潜器的声隐身性能是其生存和攻击力的保障，评价声隐身性能的关键是对其进行水下辐射噪声的测量。当潜器噪声较低时，按照规定在远场测量难以实现，也就无法评价其声隐身性，因此，远场测量与标定成为各海军大国的共同难题，也是困扰我国对各型低噪声潜器性能评价和确定新型潜器研制指标的瓶颈。杨德森团队历经7年，提出了新的测量与数据处理方法，解决了宽带集成、低信噪比和海上实施等困难，并研制成功我国首台"机动式低噪声潜艇辐射噪声测量系统"，在比军事标准更严格的条件下仍可准确地测评潜艇低噪声，为我国低噪声潜器辐射噪声测量开辟了新途径。该项目获2008年国防科技进步一等奖、2009年国家科技进步二等奖。

杨德森处在一个国家迫切希望实现海洋强国梦想的时代，这是一个对水声科研工作者成长、进步最好的机遇。作为我国科学事业发展的参与者，尤其是水声事业发展的亲历者，他把自己全部的精力投入到这项事业中。一项项国家级奖励是对杨德森团队满足国家战略需求的科研成果的肯定，一项项满足国家战略需求的科研成果背后是杨德森团队十年磨一剑的艰辛付出。杨德森说："我喜欢挑战和冒险，喜欢做一些有创新、有开拓意义的工作。如果总是墨守成规、别人咋走我也咋走，有什么意思？"在杨德森的血液里，有着"不安分"的粒子，这种"不安分"是胆识、智慧和魄力，更是为国家多做事，做最需要、最重要的事的担当。

一往无前的"坦克"

杨德森经常说："做人如水，水善利万物而不争；做事如山，山沉稳坚韧而不移；做学问如凿山涉水，没有走不通的山和水。"而熟悉他的人经常说，杨德森就像一辆"坦克"，一旦认定方向，就会一往无前。

1994年，第21届国际声图像大会在美国召开，这是国际声学界高水平的学术会议。杨德森因论文《菲涅尔积分在水下噪声源识别中的应用》引发关注。美国四大海军基地之一的"圣地亚哥海军基地水声所"专门邀请杨德森作了题为《水下声成像技术》的学术报告。作为来自中国大陆的第一人，当他看到对方演示的"海上三维水声对抗仿真技术"时深受触动，他真切地认识到，要想在国际有话语权，就必须加强基础研究。杨德森在心中给自己制定了目标：要通过专业所长，让国家在水声领域更强！

20 世纪 80 年代，杨德森根据信号处理技术的发展，提出了"修正的单基元水下目标被动测距方法"，把美国人提出的单基元水下目标被动测距方法的测距精度提高了数倍。

准确地识别水下结构的主要振动噪声源并进行分类，是声隐身工程成败的关键。20 世纪 90 年代，杨德森提出了"偏相干与谱分析方法相结合方法""水下声强测量方法""水下声成像测量方法""偏相干测量分析方法"等水下噪声源识别的新方法，以实现对各种水下航行器减振降噪的目标——声隐身工程，解决各类噪声源的识别与分离难题，并建立了国内第一套水下声强度、声全息成像测试系统。目前，这些方法已成为该领域噪声源分析识别的主要方法。

他不仅解决了我国小型水下航行器实航状态下的内部噪声振动测试问题，在国内建立了第一套专用的内测系统，填补国内空白，还在国内首次进行新型水下结构研制的声辐射强度测量中，解决了噪声监测的难题，达

2014 年，杨德森院士在松花湖带队做试验

到国际领先水平。2006 年，杨德森提出了非线性噪声控制的新概念，并历时 8 年湖试和海试终于获得成功，证明了该新方法的可行性和明显的技术优势，为水下结构声隐身工程提供了新的技术手段。

理论的突破、数据的取得，离不开工程项目和海上实验，而杨德森是试验场上的常驻将军。西安试验现场，为了更好地接收声音信号，通宵连轴转对他来说习以为常；南海水声考察，甲板温度高达 50 摄氏度以上，烫得没处落脚，长时间的海上试验，淡水告罄，他和同志们就把压载水仓漂着油污的水烧开了喝，在 3 个月的考察中体重下降 40 多斤；青岛声纳海试，从 11 月到大年三十，他一直紧盯试验场，天寒地冻的码头，电烙铁烫不开焊锡……

30 多年的科研历程，杨德森孜孜以求，他的导师、老一辈水声科学家何祚镛教授评价他——"工作拼命"。何祚镛说："杨德森从讲师到副教授、从副教授到教授，都是破格晋升，这是最好的证明。要想干成一个课题，肯定要脱一层皮，不拼命怎么行？"

目前，杨德森承担国家自然科学基金和重大探索项目数十项，任国务院学位委员会船舶与海洋学科评议组召集人、中国声学学会学术委员会主任、水声技术国防重点实验室学术委员会主任等职。杨德森先后获国家、省部级科技进步奖 10 余项，国家发明授权专利 10 余项，2010 年，荣获我国声学界最高学术成就奖——"马大猷声学奖"；2017 年，又荣获首届全国创新争先奖。

推动"水声摇篮"的手

据统计，中国水声行业中的专业技术人员 60% 以上来自哈尔滨工程大学，而在高级专家层面，这一比例接近 70%。哈尔滨工程大学因此被称为"中国水声事业的摇篮"，是国家水声发展的人才库、专家库和基础研究中心。可以说，杨德森是推动"水声摇篮"重要的一只手，无论是科学研究，还是人才培养，杨德森团队这支劲旅都尤为突出，坚强而有战斗力。

杨德森师从我国水声工程领域的先驱、中国工程院院士杨士莪教授、何祚镛教授、汤渭霖教授等一大批老一辈水声工程专家。这是他的"幸运"，"杨士莪教授、何祚镛教授和汤渭霖教授对我的教育和培养影响了我的一生，但我仍觉得杨教授的睿智、何教授的精细、汤教授的简洁，我学得还太不到位了"。

"只有善于团结周围同志，不忌讳暴露个人的无知，不掩饰工作中难以避免的差错的人，才能在工程技术工作中作出实际的贡献！"杨德森常以恩师杨士莪院士的教导自勉。

杨德森关心团队中每一个人的成长，他常对年轻人说："我们做的不仅是课题，更是终生为之奋斗的事业，是我们用一辈子扑在上面也做不完的。面对大海，一个人再有能耐也微不足道，注重技术上的分工合作，把每个人的长处发挥得淋漓尽致，才能使团队迸发出力量。"无论是科学研究，还是人才培养，杨德森团队都坚定而有战斗力，伸开如手掌，各有所长和方向，各负其责，各就其位，握起来挥出去就是一个有力的"铁拳头"。在他的团队中，有国家青年科学家、龙江学者、全国百篇博士论文提名获得者等。2012年，该团队被评为"教育部优秀创新团队"。前不久，团队又获"国家万人计划"国防重点领域创新团队。

身教重于言教，杨德森对学生的严格是出了名的。学生论文在他手里改个五六遍是家常便饭，甚至一个标点符号的错误也逃不过他的"法眼"。杨德森说："水声学院的许多老前辈精益求精，会因为一个注解亲自跑图书馆查原始材料，我的严谨程度还不如他们啊！"正因为老师给学生"打了样儿"，使学生不敢有丝毫怠慢，每次交给老师论文，他们都是看了又看，直到确定自己"改得不能再改了"才罢休。杨德森还要求自己的博士生要修第二甚至第三外语，他时常说："博士生一定不能局限于所学专业，要有更广阔的视野，多掌握两门外语很有必要。"杨德森还时常结合工程项目、海试实验，跟大伙强调细节决定成败，"有时即使方案很完备、技术很先进，但事情最终干成往往在于细节，有时海试出问题，仅仅是需要在输入端加一个滤波器之类的小东西"。

杨德森性格率真，很多人喜欢用"简单"一词来形容他——生活上朴素简单，与人交往直来直去，实打实着，而又不失细心。有时学生找他汇报论文进展，他恰好出去开会时，会提前让人开门，免得学生在外面等；在出差的路上，他与学生玩五子棋时，会问智囊团"下到哪儿好"；当学生有疑问时，他会拽着学生在办公室的小黑板前一讲就是半天……在他身上流露出的"执着"，是不为喧嚣所动的宁静，

杨德森院士在推导公式

不为浮躁驱使的潇洒，从不矫饰的朴拙和毫无遮掩的坦荡。

在他的学生中还流传着一个关于老师的有趣的经历：有一次学校举办文娱活动，杨德森临时被点将上台表演节目，他演奏的小提琴琴声悠扬，婉转动听。等他走下台来，有人惊奇地向他报告了一则"新闻"："杨教授，刚才演奏小提琴的那人长得可真像你！"虽然儿时便开始学习小提琴，技法纯熟，但并不为大多数人所知，因为繁重的科研教学工作，几乎占据了他享受爱好的全部时间。

作为一名共产党员，在30多年的教学中，杨德森始终牢记政治合格是第一标准，人才培养是第一要务，始终站在水声科研领域的发展前沿，

具有开阔的眼光和战略视野，他的团队成员和学生也因此成为他战略视野最直接的受益者。受命于国家急需之时，坚守于百业待兴之际，在杨德森团队看来，"能在国家需要的时候站出来，就是最大的爱国"。作为与海军国防事业发展相伴始终的中流砥柱，杨德森团队形成了"始终以祖国需要为第一需要，始终以国防需求为第一使命，始终瞄准国际学术前沿，始终引领水声技术发展"的"四个始终"团队文化。

多年来，杨德森带领团队成员在无数个挑灯夜战的日子里凝结出一系列原创性的标志性成果，引领着我国水声领域从无到有、从小到大的技术进步。2012年，杨德森团队获评教育部"优秀创新团队"；2016年，获评"国防科技创新团队奖"，全国仅有五个团队获此殊荣；2017年，入选教育部首批"全国高校黄大年式教师团队"。

杨德森高度重视基础研究，作为一名来自科研一线的十九大代表，杨德森曾多次提出，"实现科技强国的弯道超车""基础研究之重要怎么强调都不过分"等观点，他强调："科教兴国和人才强国是科技强国建设的必经之路，也是高等学校义不容辞的责任所在。我们不能跟着别人跑，要不断创新，创造有自己知识产权的一流成果，'弯道超车'，引领世界。"以特色优势为突破的基础研究对颠覆性创新的重要意义。

与水声事业结缘40年的杨德森，对实现"弯道超车"，建设科技强国有着自己的认识和观点。他认为，"弯道超车"需向基础研究与颠覆性技术创新要"动能"。"水声工程学科主要研究声学信息在海洋中发生、接收和传播的规律、模式及其应用，与海洋环境关联十分紧密。但遗憾的是，我们对海洋的基础研究还比较缺乏，基础数据不是十分丰富，一定程度上制约了技术的发展。所以说，基础研究的重要性怎么强调都不过分。"

而颠覆性技术，是一种另辟蹊径、对已有传统或主流技术途径产生整体或根本性替代效果的技术，可能是全新技术，也可能是现有技术的跨学科、跨领域应用。"颠覆性技术创新非常重要，正是靠这一创新，我国水声研究一举跨入国际第一梯队。"他介绍说，20世纪90年代末，他的研究团队正是从基础研究做起，突破多项关键技术，从源头开始，颠覆当时国际通用的传统声纳原理，研制出全新的矢量声纳。矢量声纳改变了传统声纳仅利用标量声压的基本原理，利用水介质的质点振动速度矢量，可明显改善探测信噪比，水下探测距离提高一倍以上，探测信息种类和信息量大幅增加，且重量、体积和能耗远小于传统声纳。该技术被誉为水声领域最具代表性的创新，是水声技术的一场革命。这一突破性技术在国际上引起很大反响，让中国在此领域一跃成为第一梯队。

"我最大的梦想就是能为国家海防事业贡献绵薄之力，推动我国水声事业进步一点、再进步一点，圆几代人海洋强国的梦想。"杨德森深知：个人的理想，只有融入强国之梦，才能获得方向的指引；爱国之志，只有转化为对民族的贡献，才能获得不竭的动力。在向"海洋强国"进发的征程中，杨德森将个人力量与中华民族的时代诉求交融在一起，用智慧、勇气和热忱与祖国的建设者们一同奏响"走向深蓝"的和弦，成为回响在祖国上空的天籁之音，而这，就是水声的力量！

（唐晓伟　张博／撰稿）

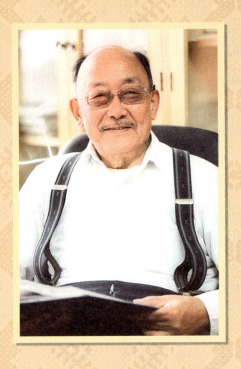

杨士莪

中国工程院院士

院 士 名 片

　　杨士莪，男，1931 年 8 月出生于天津市，中共党员。1947年考入清华大学物理系。1950 年 11 月，清华大学肄业，报名进入大连海军学校一分校任教员，成为海军军官，担任物理组教学工作。1952 年 12 月，由大连海军学校奉调参加中国人民解放军军事工程学院的筹建工作，先后承担哈军工预科物理、本科普通物理、球面天文学、测量天文学等教学工作。1960 年夏，从苏联进修后返回哈军工海军工程系，讲授水声学理论基础，并倡导建立起全国首个理工结合、覆盖全面的水声专业，成功开辟了中国水声专业新领域，也翻开了中国水声专业人才培养的新篇章。至今，哈尔滨工程大学水声工程学院仍为国内水声领域人才培养和科学研究的翘楚。1995 年 6 月 18 日，杨士莪当选为中国工程院院士。如今，已近 90 岁高龄的他，仍以饱满的热情奋战在水声领域的科研道路上。

倾听大海的声音

——记中国工程院院士杨士莪

1931 年 8 月 9 日，杨士莪出生于天津市英租界马场道。战乱频仍的年代，作为长子、长孙，杨士莪的出生，给杨家带来了让人温暖的向往与希望。

家学渊源

杨士莪祖籍河南省南阳市，杨家是南阳一带的大户人家。杨家先人经商致富，广置田产，至其祖父杨鹤汀一代家境日衰。列强欺凌，政府腐败，国无宁日，民无生路。杨鹤汀毅然投向辛亥革命洪流，开发民智，兴学育才。国学功底深厚的杨鹤汀反复考虑，为这个杨家"士"字辈长孙挑选了一个"莪"字，取名"士莪"。语出《诗经·小雅》中的《菁菁者莪》篇："菁菁者莪，在彼中阿。既见君子，乐且有仪。""莪"是一种生长在水边的多年生草本植物，生命力顽强。诗以"莪"之茂盛，生长在水边，指人才的成长。"士莪"二字，凝结着一生致力于教育救国的祖父杨鹤汀的殷切期望。

命运中一个令人惊叹的巧合是，杨士莪的毕生研究领域的确与"水"密不可分，着实"生长在水边"，他也的确成长为我国水声领域的战略科学家，并为这一领域培育了大量领军人才，此是后话。

杨士莪的父亲杨廷宝是中国近代建筑设计学的创始人和开拓者之一，与梁思成合称为建筑学界的"南杨北梁"，于1955年当选为新中国最高科学殿堂——中国科学院首批学部委员（后改称"院士"）。由于杨廷宝的职业特点和战乱威胁，杨家或举家随迁，或躲避战火，"动荡奔波"和"走哪学哪"是杨士莪对童年生活的最深印象。

杨士莪的母亲陈法青先后毕业于北京女子师范学校和国立北平艺术专科学校，是一位思想开明的知识女性。师范学校的教育背景、开明的思想和干练的行事风格，使她成为杨士莪最好的启蒙老师。

少年励志

1940年春天，由于父亲杨廷宝的工作原因，杨士莪随全家迁往重庆，插班进入歌乐山下的高店镇中心小学五年级学习。良好的启蒙教育让杨士莪如鱼得水，每次考试都稳居第一。1941年秋，还有一年小学毕业的杨士莪提前结束了小学的学习，以同等学力顺利考入重庆南开中学初中部。杨士莪在那里接受了五年的教育，遇到了数位他铭记至今的恩师。可以说，他的人生理想从那里起步，知识基础在那里奠定，精神气质在那里形成。

1946年夏，杨士莪的大姐杨士英要去南京参加大学入学考试，母亲让杨士莪陪大姐同去，以便路上照应。那时，杨士莪的父亲杨廷宝已因工作原因只身前往南京，而刚上完高二的杨士莪本想以同等学力与姐姐一同参加大学考试，但父母因其年龄太小没有同意，杨士莪只好于当年秋天插班到中央大学附属中学（现南京师范大学附属中学）高三（二）班学习。随后不久，杨家也举家迁往南京。在南京准备大学入学考试对杨士莪而言是轻松的，一年的时间倏忽而过，因向往上大学可以远行独立，过不在父母眼皮底下的自由生活，杨士莪选择了清华大学；又因父亲曾告诉他，选择专业如能综合考虑到个人兴趣、现实生活、国家需要等诸多因素，更能一生乐业，杨士莪选择了物理专业。

杨士莪入学时，朱自清、叶企孙、张奚若、钱钟书等一大批著名学者均汇聚于清华，尤其是物理系，阵容盛极一时，名师们的人格和学术精神，对杨士莪产生了深远的影响。大学期间，杨士莪将清华大学的"通才教育"思想贯彻得非常彻底，不但选修了数学系的实变函数、化学系的分析化学、化工系的物理化学等课程，甚至还选修了明史、德语等，为他日后在科研上做的诸多从无到有的开创性工作打下了基础。这也充分证明，科学发展的规律是各学科既高度分化又相互渗透融合，只有具备多方面的专业知识和技能，又深谙社会科学人文精神，才能更加适应科学发展的客观需要，开拓新领域，获取新成果。

在清华求学期间，杨士莪也遇到了他终生感念的恩师——周培源教授，他为杨士莪的学术成长打开了全新的思路，激发起杨士莪对理论物理学的浓厚兴趣。此外，叶企孙、王竹溪等名师的亲自指点和言传身教，也使杨士莪受益终生。

受命军工

1950年初冬的一天，正读大四的杨士莪与同学们一起上街做抗美援朝的宣传活动。返校时，巧遇当时在大连海军学校（现海军大连舰艇学院）任教的原清华大学物理系教员慈云桂来校做宣传动员，解决刚筹建不久的学校急需教员的问题。慈云桂的一番"参与海军建设"的动员，引发了杨士莪的思考："书生报国无他物，唯用所学展所长。"于是，杨士莪与其他五名同学一起报名参军，提前告别了学生时代，杨士莪被分到大连海军学校航海指挥分校物理组。自此，开启了他与海结缘的生命旅程。

1952 年 9 月，中央军委向全军下达了《关于调查登记大学、专科学校学生及各种技术人才的指示》，要求各单位在一个月内将登记情况上报中央军委。同年冬天，大连海军学校等院校接到由中央军委下达的指示——"抽调 300 名助教及 1000 名学员到军事工程学院任教和学习"。在这个指示中，国家决定从全军抽调具有大学学历的知识分子，筹建中国人民解放军军事工程学院。中央军委点名抽调大连海军学校的四十多名教员中，杨士莪名列其中。1952 年 12 月，杨士莪登上了北上的列车，来到了他生命中最重要的驿站、与他的命运产生最紧密交集的城市——哈尔滨。

初到军工，杨士莪做了约一年多的基础课助教，后来根据"凡由海军各部门调来军事工程学院的干部，希望都能分配到海军工程系工作"的要求，杨士莪调入海军工程系，被分配到海道测量专科大地测量教研室，进行球面天文学、测量天文学、球面三角等课程的备课和讲授。因为此前从未接触过相关课程，新的专业分配使杨士莪不得不从头学起。

结缘水声

对于年轻的共和国及海军来说，发展水声学，迅速建立起反潜探测系统的水下"万里长城"，具有巩固国防的重要战略意义。为填补在急需的尖端科技领域的空白，国家采取"紧急措施"，多措并举地促进水声学发展——规划选定合适的工厂，转产研制水声产品；调集科技力量，成立相应的科研单位；在高等学校设置相应的新专业，培养水声领域青年人才；其中还包括一项被认为最快捷有效的措施，即派遣少量的科技人员到苏联科学院声学研究所学习，掌握新学科基础知识并建立协作关系，回国后促进水声学技术的发展，协助培养大量新的专业干部。而杨士莪，就是被委以重任，派往苏联进修的其中一人。这意味着，他要改行研究水声，专业学习还要从头再来。但在任务面前，杨士莪从来不讲条件，也不怕困难，他只是平静地回答："听从安排。"

苏联对水声学研究相当重视，在当时已经取得了显著成绩。在苏联科学院声学研究所，杨士莪得到了苏联水声领域顶尖科学家布列霍夫斯基的亲自指点，他安排杨士莪等人与莫斯科大学高年级学生一起上课，并亲自指导杨士莪阅读水声学领域的基本文献。此外，通过与所内专业研究人员的交流，以及查阅声学研究所的各类研究报告，杨士莪逐步建立起对水声学的认识体系，摸清了水声发展的清晰脉络，并很快接触到了水声学领域的前沿问题。

1958 年初夏的一天，布列霍夫斯基点名杨士莪担任到苏联科学院声学研究所考察的中国水声考察团的翻译。这次的翻译经历，杨士莪不但接触到了水声实际的海上工作，而且看到了大量记录实验结果的水声实验报告，加深了杨士莪对水声的理解，也拓展了他对水声实验的认识，更使他开始有意识地拓宽自己在水声领域的接触面。

在第二年的中苏联合南海水声考察实验中，杨士莪担任中方副队长，中苏两国在榆林海区展开了历时 85 天的水声科学考察，这是中国历史上一次史无前例的考察，是第一次用声波研究这片蔚蓝的海洋。其间，杨士莪虚心向苏联专家请教，并留心苏联专家组织实验的过程和处理方法，认真反思、琢磨实验过程。尽管联合考察的后续合作未获成功，但这次大规模的考察实践，锻炼了中国水声科技人员队伍，对中国水声科研的开展起到了推动作用，特别是对 20 世纪 60 年代初期中国的水声物理研究从课题设置到实验方法都产生了重要影响。在苏联两年多的学习，因为站在世界水声研究领域的前沿之地，因为站在"巨人"的肩膀上，杨士莪有了"拔节"一样的成长。

创建专业

1960 年夏，杨士莪回国。经过在苏联的两年学习和南海考察后，杨士莪看到了苏联是怎么发展水声科学的，也初步了解了水声的一些前沿问题和最新进展，对国内水声学科的建设也有了自己的想法。他认为，有必要建立一个理工结合，覆盖水声物理、水声换能和水声设备等各个主要方面的综合性水声工程专业。虽然那时哈军工的声呐专业已是国内水声领域最有代表性的"排头兵"，但杨士莪将自己看到的局限性，坦诚地与不同系的领导和师生们交流。他不遗余力地倡导拓宽专业领域的想法，最终得到了上级批准，不久后，声呐专业拓展为水声专业，编入海军工程系"水声物理与水声设备科"，并从 1960 年当年就开始招生。1961 年，哈军工海军工程系正式成立水声专业教研室，下设水声物理组、水声换能组和水声设备组三个学科组，杨士莪担任水声物理组组长。

专业的筹建几乎与招生、授课同步进行。在这其后一年多的时间里，从谋划专业设置、培养青年教师、白手起家编写教材，到万事俱备招收学生，对于杨士莪等水声专业的师生来说，每一天的劳动强度都很大。面对这项开创性的事业，杨士莪表现出的除了出众的才华外，还有他强大的推动力和执行力，遇事从不推诿退缩，总能迎难而上，最终成功开辟了中国水声专业新的领域，也翻开了中国水声专业人才培养的新篇章。

直至多年后，哈尔滨工程大学水声工程学院发展为国内水声领域人才培养和科学研究的翘楚，追根溯源，都可上溯到 20 世纪 60 年代杨士莪等一批水声专业师生对科研道路的选择和坚守。

借力"东风"

1970 年上半年的一天，在国内政治运动频繁之时，历史的巨幕向杨士莪和学院水声教研室的同志们敞开了一道细缝，让他们看到了一线光亮。他们接到的任务是中华民族创建的辉煌伟业、举全国之力发展的"两弹一星"事业中的一部分——为我国自行设计研制的"东风五号"洲际弹道导弹全程飞行实验研制"海上落点水声定位系统"，被称为"718 工程"27 分系统。

导弹全程飞行实验检验洲际导弹飞越千山万水，能否将弹头准确地运载到打击目标，具有实战性能和准确的命中率，必须要有足够的空间距离来完成。全程飞行实验同时也是洲际导弹定型的一个重要条件，是整个导弹实验的最高潮，但实验距离应在 8000 千米以上，超过中国陆地国土范围，因而靶场只能选在公海大洋海域。由于这项任务属于零星的非标准工程，国内当时又缺乏相应技术储备，有的单位不愿意领受此项任务，在这种情况下，国防科委找到了原哈军工的水声专业。虽然国内当时科研、教育事业都已遭到了巨大破坏，杨士莪所在的原海军工程系的水声专业早在几年前就停止了教学、科研活动，但是教员队伍基本没有散失，科研基础犹在，是国内这个领域的最佳选择之一，杨士莪和水声专业毫不犹豫地接受了任务。

杨士莪是 27 分系统总体组组长，是技术总负责人，需要敲定总体方案、设定分机技术指标及协调各成员单位的工作。经过四个多月的准备后，1970 年 7 月的一天，杨士莪带领研制组的 30 多个人，来到南海进行 27 分系统第一次海试，没想到的是，按照之前制订的"水面浮标式无线电定位方案"，却无法精确地测出爆炸点位置。

经过进一步研究，大家认识到浮标受海况影响很大，飘忽不定，本身就需要随时定位，而且当所选择的无线电转发频率不合适时，还会受到海面无线电杂波的强烈干扰。讨论中，有一位年轻的实验员大胆提出采用"坐底声呐"的方案。如果将声呐设备深入海底，那设备的位置就可以固定不变，声呐收到爆炸声信号后再转发到母船上来测定弹头的落点，许多干扰因素将可被排除，但使用坐底声呐需要考虑海底环境、接收信号向母船传送的途径以及海水压强等多种因素。经过一番思考，杨士莪以极大的胸怀与气魄，同意实施"坐底声呐"方案。

在完成坐底声呐试验样机后，新的问题又来了——当坐底声呐投放到数千米深的大海中时，它并非垂直降落，而会受到横向力的作用倾斜下降，如何确定它准确的落底位置？杨士莪的大脑飞速旋转，一个"盲目投弹法"渐渐成形——当坐底声呐沉入海底后，在其可能的位置周边海域随机投放若干声弹，记下各声弹爆炸点的地理位置，并在母船上接收坐底声呐收到爆炸声后转发的信号，通过一定的解算程序，就可求得该坐底声呐在海底的地理位置。

1971年5月，杨士莪和同志们重整旗鼓后再战南海，此行的目的是验证坐底声呐的可靠性并获得首批深海数据。这一次，他们成功了。1976年，杨士莪带领研制组已按原定任务计划完成了总体方案和部分分机的试制工作。按照原定实验要求，本来坐底声呐能够满足2000米深以内水域使用的指标即可，但在执行任务前不久，上级决定导弹溅落海域海深改为5000米。这对整个27分系统来说，无异于另起炉灶。

从接受这一任务开始，经过几年实践锻炼和数次突发状况考验，杨士莪等已经能够处变不惊了。针对提高的目标，他们很快提出一套应急方案。对应急方案的评审由当时任国防科委副主任的钱学森亲自主持，由杨士莪进行答辩，当他站在黑板前回答完所有问题后，钱学森和"718工程"大总体组成员一致认为，该应急方案可行。1979年，杨士莪带领研制组四战南海，进行联调实验，证明了该应急方案的可靠性。至此，对于27分系统来说，他们的任务完成了。

1980年5月18日，"东风五号"洲际弹道导弹全程飞行实验获得成功。

实验证明，杨士莪等主导的"海上落点水声定位系统"准确测量导弹落点，填补了中国深海水声传播研究和深海水声设备的空白，还为中国海洋开发、水声导航、动力定位等海洋工程技术提供了经验。这10年的成果，不但对整个国家别具意义，对水声专业这个团队来说，更是意义非凡。凭借"东风五号"之力，水声专业在杨士莪的带领下形成了一支能打硬仗的科研队伍，锻炼出一批科研骨干，开拓了中国长基线、短基线、超短基线水声定位系统的工作领域。

坚守科研

1978年，先后召开了全国科学大会、党的十一届三中全会，无论是对于杨士莪、哈尔滨船舶工程学院，还是包括水声科学在内的整个中国现代化建设，都迎来了春暖花开的时节。

1980年11月，国务院下达首批博士和硕士授予单位名单，哈尔滨船舶工程学院水声工程专业、船舶流体力学专业获准成为首批博士学位授予单位，其中的水声工程专业也是当时中国唯一的水声工程博士点，杨士莪成为首批博士生导师。1982年，杨士莪被选为哈尔滨船舶工程学院学位评定委员会主席；同年，被任命为哈尔滨船舶工程学院副院长，承担"掩埋雷探测"课题。1984年，设计建造中国首个重力式低噪声水洞。1986年，在中国声学学会水声分会成立暨首届学术报告会上，杨士莪被推选为中国水声学会主任委员。20世纪80年代，他还先后被授予"国防工业系统科技先进工作者""黑龙江省优秀共产党员""黑龙江省先进工作者"等称号，受聘为国务院学位委员会学科评议组成员。

即便在行政工作异常忙碌之时，杨士莪也从未放弃水声科研和教学工作，始终坚持在系里上课、带研究生、搞科研。即使是在很多人出国深造或离开大学"下海"之时，他立足学院发展坚守水声学科的选择也从未动摇过。他曾对妻子说："虽然待遇比较低，但也饿不死。还没到要饿死了另找活路的程度。等国家有钱了，一定会发展海军和海洋事业，我们一定会有再上场的时候。"

南海升帐

杨士莪之于中国水声事业的贡献，远不止水声专业的创建。在制定中国水声发展规划、确定水声科研方向、指导和促进中国重大水声科研和工程项目中，他都起到了重要作用。

水声综合考察是水声科学发展的必要环节，美国、苏联都有庞大的远洋船队专门从事此项工作，这也是提升中国水声事业的重要一环。为促成中国首次南海水声综合考察，杨士莪及水声专业组成员花费了大量精力。

1984年，杨士莪通过水声专业组兼任秘书、船舶系统工程部主任任克明等，将报告一直打到了时任海军司令员刘华清处，力陈组织南海水声考察的必要性。报告引起了刘华清的重视，当即批示："水声工作很重要，要认真开展。"随后，这份报告被送到总装备部，经过反复研究讨论，总装备部同意水声专业组筹备南海水声考察工作。

从1984年到1994年的10年间，杨士莪制定考察方案，奔波于北京、广州、湛江等地进行调研，起草编写了《南海重点海域水声综合考察论证报告》《南海重点海域水声综合考察实验大纲》《南海重点海域水声综合考察实施计划》等重要文件。实验用船和设备落实、参试人员组织、登船出海地点、航次、航路规划、实验项目内容确定等，杨士莪对这项浩大的工程进行了周密而详尽的筹划和安排。

国家为这次考察也投入了大量人力、物力和财力。国防科工委将其作为"八五"重点攻关预研项目，并主持考察计划。中国船舶总公司、海军及中国科学院联合组织实施，投入近百台（套）大型设备，组织了全国

13 个单位、上百名水声科研人员共同参加。

1994 年 4 月，悬挂着五星红旗、承载着近百名科研人员的"勘测三号"和"实验三号"水声科学考察船驶入中国南海，这是中国首次具有战略意义的水声科学综合考察，也是首次由中国科学家独立指挥和实施的大型深海水声考察，堪称中国水声界从浅海迈向深海的"第一步"，是国家战略从"近岸防御"到"近海防御"再到挺进深海的一步跨越。作为考察队队长和首席科学家的杨士莪，这一年已经 63 岁。

受勋院士

几乎与杨士莪在南海水声综合考察同时，中国工程院在北京成立。鉴于杨士莪在中国水声科学方面的重大贡献，作为中国水声界代表人物之一，1994 年 11 月，中国造船工程学会将其提名为中国工程院"机械与运载工程学部"院士候选人。历经半年多的评选，1995 年 6 月 18 日，杨士

杨士莪在青岛海试现场

莪等 186 位专家当选为中国工程院院士。

数十年来，杨士莪扎根水声工程学科，将毕生精力倾力投注于此，不懈追求满足国家重大战略需求的水声事业，他培养并见证了从水声专业走出的人才占据了中国水声科研的大半壁江山，见证了院系立足特色、谋海济国、服务国家重大需求的发展步伐，这枚沉甸甸的院士勋章，饱含对这种忠诚、执着与服务国家能力的肯定和赞赏。

面对这枚院士勋章，杨士莪很平静，甚至略显淡漠。在他看来，自己不过是换了一顶"帽子"。他这样谈起当选院士的感受："院士无非是一顶'帽子'，是整个科研团队的代表，而不能成为某个个人的荣誉，就像造飞机、军舰的总师，一个人能把飞机、军舰造出来吗？做不到。院士作为这个团队的带头人，是把优秀的团队比较和谐地组织在一块儿，并使这个团队迸发出最大的战斗力，去攻克难题。况且，当不当选院士，其中也有一定的机遇因素，我只是很幸运地赶上了这个机遇。"

壮心不已

杨士莪的科研脚步从未停歇。1996 年，水声技术国防科技重点实验室成立，杨士莪任该重点实验室学术委员会主任；1997 年，主持引进矢量传感器技术，指导科研团队采取引进技术和自主创新相结合的方式开展矢量传感器及其应用技术的研究；1998 年，开拓"矢量传感器平面基阵小型化的定向与识别"这一新科研方向。2000 年，受聘西北工业大学兼职教授，承担研究生教学及若干科研工作；2003 年，率团队开展"地声勘测"研究，首开国内该领域研究先河；2004 年，承担国防"973"项目某重大基础研究项目的探测技术研究，任专家组组长及首席科学家；2009 年，用英文撰写《声传播理论》一书；2012 年，

杨士莪与学生们交流

在国际声学会议上，作了题为《矢量传感器阵列方向图》报告，提出应用矢量差分波束形成原理的"多极子矢量阵技术"；2015年，出版专著《声学原理概要》；2016年12月，荣获国家海洋局颁发的"终身奉献海洋"奖章。

生活中的杨士莪是一位普通的老者，意态安详，平易近人，眼光平静睿智，态度平和可亲，语气平缓淡然；个子不高，眼镜用链子挂在脖子上，留着鲁迅版的胡子；衣着简朴，总是穿着泛白的夹克衫或是泛旧的羽绒服，夏天偶尔在校园里骑着破旧的自行车；按照医生的叮嘱，每天只抽五支烟；一日三餐除了不喜辣外，从不挑剔口味，但是无肉不欢……在面对他所热爱的科研事业时，杨士莪就变回了那个始终秉持谦虚严谨的教学、科研态度的科学家，一步一个脚印、一步一级台阶，不敢稍懈。他知道，在水声领域，还有太多问题亟待解决，中国的水声科研水平与世界发达国家之间还有较大差距，作为中国水声学界的领军人物之一，他当仁不让、责无旁贷。

如今已近90岁高龄的杨士莪，仍然以只争朝夕的赶超心态，全身心投入水声科研中，理想的色彩在他身上从未黯淡过，他还有着 60 多年前投身爱国理想和强国事业的那种义无反顾，他仍然以超乎常人的奋勇，践行着一名战略科学家的职业操守……

（唐晓伟／撰稿　胡蕊／编辑）

于维汉

中国工程院院士

院 士 名 片

　　于维汉（1922—2010），中共党员、中国民主同盟盟员，哈尔滨医科大学原校长、克山病研究所原所长，著名心血管病和克山病专家，中国疾病预防控制中心地方病控制中心名誉主任。

　　他是我国克山病防治事业的先驱和开拓者，成就卓著、驰名中外，在医学史上写下了不朽的篇章！控制了猖獗于中国部分农村的克山病，挽救了上亿人的生命，他的营养生物地球化学病因学说，被国内外科学界所接受，被医疗界称为"医界泰斗"。由于防治研究克山病功勋卓著，1978年全国科学大会上，于维汉获特殊贡献奖；他负责的科研课题，4次获全国科技大会奖，4项获国家医药卫生成果奖；他主编的《中华人民共和国地方病与环境图集》，为我国经济发展、国防建设和地方病控制提供了坚实的科学依据。

　　1997年当选为中国工程院院士。

苍生大医

——记中国工程院院士于维汉

　　他可以风度翩翩、仪态万千地出席国际性的宴会，也会蹲在农户脏乱的屋子里喝着冰冷的糊涂粥；他可以西装革履、仪表堂堂地站在讲台上，也会戴着狗皮帽子、扎着麻绳跪在坑上为农民治病；许多国家的高官、专家将他当成最好的朋友，朴素的农民也和他称兄道弟……他的故事似乎总也讲不完，他的魅力随时都在展现，问过许多人，于维汉为什么让你流泪，让你不舍？因为他精湛的医术？因为他克山病始祖的身份？因为他中国工程院院士的头衔？又或许这些都只是附加的，人们记住的是他曾经付出的一切，人们怀念的仅仅是他这个人，这个叫作于维汉的人！

驱走天空的阴霾，带来生活的希望

　　光秃秃的树木，茫茫的冰雪，低矮破烂的茅草房，没有人烟的村落。一个冬天，一场克山病，就会让一个村子几乎成为废墟！克山病，对于今天的人们来说，已没有任何感觉，但如果将时光逆转到 20 世纪上半叶，克山病，意味着灭顶的灾难！白天还是好好的一个人，却可能在一夜之间突然死亡；秋天还是母慈子孝的一家人，一个冬天就可能家破人亡。其实，这种病不独在克山，在我国东北、华北、西南等 16 个省 300 多个县的部分农村都有发生，涉及 1 亿多人口。在日伪统治时期，这种病流行猖獗。那时，日本医生把克山病当成了一种烈性传染病，穿着防疫服，戴着防毒面具检查死亡的病人，让人们对这种病的恐惧更加蔓延。即使逃亡到外地，人们也不敢说自己来自克山，这种不明原因的病魔，摧垮的不仅是人们的身体，更有人们对生活的希望。

在这种情况下，有谁还愿意主动踏进这片弥漫着死亡气息的地域？！年仅 31 岁的哈尔滨医科大学副教授于维汉却毅然在 1953 年冬，率先奔赴克山县等农村重病区。

于维汉，1922 年 1 月 28 日出生，父母都出身书香名门，于维汉在浓浓的读书氛围中慢慢长大。上学后，他功课优秀，中学仅读 4 年就考取了伪满洲国满洲医科大学。1948 年，于维汉来到哈尔滨市原东北军区卫戍医院。1949 年，年仅 28 岁的他就担起了哈尔滨医科大学附属医院内科主任的重担。

"救死扶伤，挽救民众生命于危难中。"面对瘟疫一般的克山病，于维汉心中燃起重重斗志，一定要战胜它！但战胜这猖獗的"瘟疫"谈何容易。面对克山病的死亡，他也曾束手无策，无能为力，眼看病人在眼前死去，这是他心中永远的痛。

在德都小六组村，一个小女孩出现了浮肿症状，当她看见一位高大英俊的医生大哥哥来到身边时，她无神的眼中闪现出希望的光。检查有蛋白尿，轻度血尿，于维汉认为是急性肾炎，当地人员却说这就是克山病，当时不知该怎样去治疗这个小孩，两个小时后孩子就没了。看着孩子那闪过光芒的眼睛永远闭上了，于维汉的心紧紧地纠在了一起。他无法忘记那一闪而过的光芒，沉重地无力感压得他喘不过气来！他无法走开，只能像亲人一样，送孩子最后一程。可是，刚刚掩埋了孩子，接连不断又出现多例这样的病人，几乎都在诊断后两个多小时死去！该怎么办？该怎样做才能抢回他们的生命？用什么办法才能治疗这可怕的疾病？于维汉不停地在问自己。没有可供参考的资料，就自己动手来创造，不了解病因，就从解剖尸体入手！

"人已经死了，怎么还能让他不得安宁！"在 20 世纪五六十年代的农村，在死者为大的观念下，想要解剖死者的尸体，那是一件不可想象的事！一次不行就两次，两次不行就三次，于维汉并不气馁，一次次地做家属工作。"不解剖，就不了解情况，就找不到病因，就治不了这病。为了其他的家庭，为了父老乡亲，求求您！"从来不开口求人的八尺汉子，对着死者家属一次次弯下腰。于维汉的执着打动了死者家属，"你这也是为了我们大家呀！"善良的百姓突破了心理的重重障碍，将亲人的遗体交到了于维汉手中！接过亲人的遗体，于维汉眼圈发红，这是怎样的信任呀！他不能、决不能让大家失望！

昏暗的烛光，豆腐板拼成的试验台，四面漏风的旧仓库，伴着呼啸的北风，零下二三十摄氏度的气温，于维汉开始了他的探索之路。抢救病人、解剖尸体、做实验，于维汉不分昼夜地忙碌着。他舍不得睡觉，他似乎也感觉不到疲倦，只要早一天，哪怕早一秒找到方法，或许就能挽救一条生命。

但成功的路总是那样艰难。他采用樟脑注射疗法抢救急型克山病，疗效甚微；用升压药物治疗患者，效果也不理想。面对一次又一次的失败，于维汉有过困惑，甚至彷徨，却绝没有放弃，他不能放弃，也不会放弃。而成功往往就在于那不断的坚持中。500 多例死亡患者解剖，5000 多次动物实验。一次次探索、一次次总结、一次次再实践，于维汉终于基本掌握了克山病的发病规律、流行病学特点、临床表现，初步确定了克山病诊断标准和防治措施。

1958 年，在克山县北合村抢救重症患者那立民，于维汉果断地将葡萄糖和冬眠 1 号药物注射进了病人体内，那立民很快消除了恶心反应。后来，于维汉又把同样的药物用在四个重症患者身上，收到了同样的效果。急型克山病的治愈率终于开始大幅提高！

看到每年仍有许多人得克山病，于维汉无法就此满足，他要的不仅是

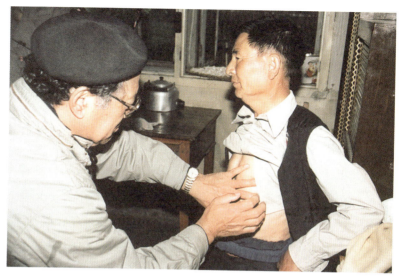

于维汉在克山病病区为百姓看病

治疗这个病，更要人们不得这个病，他要的是未来的一代没有阴霾地活着！他开始探索克山病与膳食的关系。通过对大量村民的膳食进行观察，于维汉提出了克山病病因假说，指出克山病与单一膳食条件有关，是一种与营养因子有关的地方性心肌病。总结出服用毛地黄和改善膳食结构的结合疗法，倡导用大豆及豆制品，改善病区居民膳食。经过 14 年现场连续观察，获得明显预防成效，并在全国推广，解决了预防问题。

之后他又进一步提出了克山病营养性生物地球化学病因学说，从细胞分子水平进一步揭示克山病发生发展规律，在克山病发病机理研究上取得重大突破，把克山病防治研究推向了一个新阶段。就是这样不断地坚持，不断地探索，80 多岁的时候于维汉还提出要到甘肃、四川等克山病区再走一遍，以便整理出更完整的资料。日复一日的努力探索，这个困扰16 个省市、涉及 1.24 亿人口的克山病病魔，经过他和全国同行的共同努力，终于被降伏了！同行称他为"中国克山病防治泰斗"。日本、美国专家说："他是一个像神一样了不起的人！""他只用了二三十年的时间就消灭了一个流行病种，无人可比。"

用最真挚地情意呵护你，我的父老乡亲

攻克了克山病，于维汉仍不舍他的乡亲们，总会不定期回去给乡亲们检查。克山病让人们认识了于维汉，30多年的相处更让人们打从心里爱上了这位用真情呵护着他们的好医生。

一个大年三十的晚上，大家都在准备过年，医护人员居住地却突然传来急促的敲门声。于维汉的心不由得"咯噔"一下，"不好，又有人发病了！"他连忙拿起急救设施，告诉同事们留下来好好过年，就冲了出去。等赶到病人家中，病人已经出现咯血的症状。于维汉立即跪在炕上为病人检查，并毫不犹豫地开始口对口的人工呼吸。这一幕，震撼了现场的每一个人。要知道，当时克山病病因不明，被人们视为传染病、瘟疫！将病人的生命放在第一位，完全忘记自身安危，这是怎样的一种境界！

四面漏风的茅草房，黑洞洞的屋子，盖着仅有的一床破被子，毕剑兰无助地躺在炕上，20多岁就得了重症克山病的她，随时都在等待死亡的降临，生活对于她已经没有任何色彩。不忍放弃每个病人的于维汉，无法看着这个年轻的生命就这样离去。于维汉带来药物免费为毕剑兰医治，并在治疗时，脱下自己的大衣给她取暖，攥着她的手，让她体味人间的温情，唤起她重新生活的勇气。还不断给她送来豆腐、豆浆，增加营养。在于维汉的精心治疗和调理下，毕剑兰活了下来。如今，已经白发苍苍的她总在说："我的每一天不是老天给的，是于大夫从老天手里抢来的！"

1966年的正月十五，漫天大雪，狂风肆虐，推开房门都成了一件难事，人们早早地躲在家里，村子里一片寂静，看不到人影。这时，于维汉却再一次在这样的鬼天气里，套上马车，赶往病人家里。尽管于维汉和几个大夫在马爬犁上铺了一层麦秆和棉被，身上又盖了一床棉被，几个人还是越缩越近，抱成一团。钻心刺骨的寒冷，几分钟就让人感到手脚都不会动了。由于走得急，没来得及准备吃的，只好在渴的时候抓一把路上的积雪。风雪弥漫的世界，路早已分辨不出，马在艰难地行走，爬犁上的人表情也是那样的凝重：不知道前方的病人能否等到他们的到来。顶风冒雪走了一天一夜，饥寒交迫的于维汉没顾上休息一下、喝一口热水，就冲到了病人跟前，看到还有呼吸的病人，于维汉的脸色终于好了些。他急切地搓手顿脚，让已经冻得麻木的身体恢复知觉，就开始了两天三夜的抢救。终于，病人身体恢复到平稳状态，于维汉才长长地舒了一口气。病人家属从邻居那借来两个鸡蛋，要给四个大夫分着吃。"还是留给病人吧，她需要营养！"于维汉哪舍得吃老乡这点珍贵的东西。他蹲在地上喝起了凉糊涂粥，他的面前却是老乡的尿盆！于维汉仿佛没有看见。病人的家属已经激动地说不出话来，"扑通"一下跪在地上，磕起头。农民用他们传统而朴素的方式表达着他们内心最炙热的感激之情，于维汉带给他们的不仅是生命和希望，更有尊重和亲情！

连着几个昼夜抢救病人，即使在零下三四十摄氏度、风雪肆虐的天气下，于维汉也常常坐在马爬犁上就睡着了。一年冬天，抢救完病人往回走，等到了驻地，赶马爬犁的人回头一看，竟然没有人！"于大夫呢？"赶马爬犁的人立刻惊出一身冷汗，掉头就往回找。黑灯瞎火跑了好几里地，才在一个大雪窝里发现了于维汉。此时的于维汉缩成一团，竟然毫无知觉，仍在熟睡。事后，人们讲起此事都感到后怕，庆幸于维汉捡了一条命，可于维汉却像没事似的。

医圣孙思邈曾说过："凡大医治病……先发大慈恻隐之心……若有疾厄来求救者，不得问其贵贱贫富……普同一等，皆如至亲之想……为苍生大医。"

春节前后是克山病的高发期。在克山病区 30 多年中，于维汉有 20 多个春节是在克山病重病区度过。1960—1962 年，他在病区同农民一起度过了我国国民经济困难时期，常年的奔波劳苦和营养缺乏，他患上了肝炎、胃溃疡、角膜软化症等疾病，而他却把组织上给他的药品和食品送给了病人。爱人生两个孩子时，他都没有在跟前；母亲去世时，他仍在克山病区防治一线！他和病区人们早已有了不似亲人胜似亲人的感情。

黝黑的脸膛，在艰苦的条件下无闲打理形成的一脸连毛胡子，大狗皮帽子，一身白茬皮大哈，一条麻绳，一双破旧的靰鞡鞋，农户脏乱的屋子，上炕就坐，还一把将流着鼻涕、满身是泥的小孩搂过来，和农民称兄道弟地聊起来。第一次到克山县实习的关振中怎么也无法相信面前的这个"农民"，就是他们那位西装革履、仪表堂堂、风趣幽默的知名教授于维汉。而在病区一待就是三十多年的于维汉正是以这种最朴实、亲切的姿态走进老百姓的心中！

你是我心中永远的丰碑，长大后我们就成了你

"有的老师，不管他教没教过你的课，他都能成为你崇拜的对象，成为你人生追求的目标和效仿的对象。于维汉就是这样的老师。"巴德年院士说，"在我考入哈医大读研究生后，第一次听于维汉先生的报告时，我就被他献身科学的精神和创新精神深深地吸引了。"

作为一名老师，于维汉用伟大的人格影响了太多的学生。

于维汉喜欢读书。无论是在办公室还是在家里，书架上、桌子上、床上，到处都放满了书。天文、地理、军事、音乐……古今中外，一应俱全。他常常对学生说："你们要读各种各样的书，这是开阔眼界、培养思维的最好方式。做学问不要只关注一点，目光要远，见识要广。重要的不是一纸文凭，而是做学问的过程。"在他的影响下，于维汉的亲传弟子们都潜下心来做学问，养成了多读书的好习惯。

"师徒如父子"，于维汉对学生的关心甚至超过对自己的孩子。谁有困难，他总是第一个伸出援手；谁要是生病了，他比病人还着急。他的家是学生最温暖的去处，他的研究生没有一个没在他家吃过饭，喝过他珍藏的洋酒和咖啡。他用博爱塑造学生的灵魂，用亲情培育学生们博大深厚的

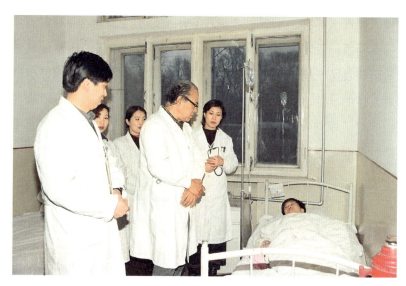

于维汉带领学生检查患者情况

情商。

在北京军科院进行博士前期课题研究时，尹新华曾一度因高热晕厥10余次。70多岁的于维汉知道后，立即忙前忙后，联系北京医生帮着学生做检查，不但叮嘱学生要协调好生活和工作，确保健康和安全，更是亲自到尹新华家中看望她生病的父亲和年仅3岁的女儿，尽一切努力减轻学生的负担。这些关爱成为激励尹新华前行的动力，她说，"在面对各种困难的时候，我不敢懈怠和退缩，生怕辜负了他老人家（于维汉）。"

因家里贫困，韩福生是于维汉拉到家吃饭最多的学生。2004年夏天，于维汉去西北考察路过北京，特意要韩福生到北京北站去接他，就是为了让学生看看詹天佑当年建的火车站，告诉他当中国人就要有中国人的志气。

于维汉当选为中国工程院院士，用院士津贴设立了"于维汉院士贫困大学生奖学金"，这项基金连续资助40名贫困生。他常说："贫穷是一种财富，它会让你的意志越发坚强，战胜生活中的一切困难。"

"寒冬腊月，于老师赶着马车拉着我们奔赴病区，他对事业是那么执着，做人是那么淳朴、乐观；忘不了在病区实习时，于老师对农民那么体贴，那么同情，看到病重的患者他睡不着觉，看到农民有困难他就送钱送物，他跟着农民下地干活，帮着农民出殡送葬，他对农民的深厚感情无不闪烁着人性的光芒，使我们学会了如何做人；忘不了于老师每次带我们亲临克山病疫区蜂拥而至的老乡们热情的拥抱；忘不了日本医学界专家谈及于老师时敬仰和崇拜的目光，使我们深深地感到做人的尊严，做中国人的自豪……"

从教近 60 年，于维汉从 1978 年开始培养心血管疾病和地方病（克山病）的研究生，20 多年来共培养硕士生 38 名、博士生 32 名。如今，于维汉培养的学生正在国内外科研机构发挥着巨大的作用。他们学到的不仅是知识，更有于维汉高尚的医德。

作为老师，他桃李满天下，作为哈尔滨医科大学校长，于维汉更是用他的睿智、用他的高瞻远瞩、用他先进的教育管理理念成就了众多学生，征服了国内外的专家学者。

"现在许多学生都争着出国学习，有人害怕他们到了国外就不回来了。我看，多数学生还是能回来的。即使不回来了，他也是中国人、中国心！他们在国外有成就，也扩大了中国的影响，有什么不好！"

20 世纪七八十年代，于维汉就鼓励年轻人勇敢地走出国门，到发达国家去学习更先进的知识与技术，回国后更好地建设国家。并且还积极搭建平台，千方百计去打开哈医大与国外交流的大门。于维汉先是创造条件分期分批送校教职工去日本，他想着要先改变老师的思维方式，这样，老师就能从心底深处支持年轻人"走出去"。这在当时是冒着巨大政治风险的，很多人不理解他的做法。时间能证明一切，几十年过去了，于维汉送出去的学生都成为我国医学教育和医疗卫生工作的骨干；如今，哈医大的学生在日本、美国、加拿大的医疗卫生界都有相当的影响力。人们提起于维汉当年的做法，都为他的高瞻远瞩和魄力担当点赞。

作为一名老师，作为一名校长，于维汉心中永远装着的是他的学生，是祖国的医疗事业。在病重期间他把年纪大点的学生叫到床边，用微弱的话语嘱托他们一定要关怀年轻的老师和研究生，把他们带好，培养好。

我挚爱的土地，让我用最灿烂的生活拥抱你

在病区已和农民没有区别的于维汉，你可知道病区外、平日的他是什么样子的？20世纪80年代，60多岁的老人就穿着红体恤、牛仔裤、登山鞋。朋友同事常常开玩笑说，要问什么最时尚，于老师穿啥啥时尚！

他精通日语，懂英语、德语、俄语。他博学多闻，对许多事物都有研究，在许多方面都可以称得上是专家。他对古币的每一次变革都了如指掌，对铜钱的每一次变化都进行过研究；他会看天相，说是搞科研就要善于观察；他懂草木，从草的颜色不同就能辨别不同的植物；他懂绘画，经常和大师级的人物交流探讨；他拉得一手好琴，喜欢交响乐，精通音律，哪一个音不准都能听出来。

他热爱生活，充满生活的情趣，家的大门上挂着他从农村捡回来的马掌，寓意幸福。孙女于心韵的所有玩具，他都会为其配上一个精美的小卡片，书写着每个娃娃的名字，并且，一保存就是近30年。儿子的生日，他会送上亲手制作的寓意耿直、坚韧不拔、顽强的芦苇或马莲书签。每年的1月1日，在家的于维汉都要领着孩子们坐在电视机前收看维也纳音乐会，当熟悉的结尾曲响起时，于维汉还会和孩子们一起随着节奏舞动起来。

一年夏天从海边回来，打开家里的门，于维汉一下子坐在了地上，大口大口地喘起气来。家人问他怎么了，老人又兴奋地站了起来"快来看看我的宝贝！"原来，他竟在海边捡了满满两大箱子石头拎了回来。老人喜爱收藏，一些在别人看起来普通无奇的东西，在他的眼里却充满趣味。并且这些趣味，结合着老人的智慧，让它们熠熠生辉。

于维汉书房一角，有一个隐蔽的、小小的"酒吧"。工作时，书柜上立着"难得糊涂"的标牌，等到有好友到来，他就会把标牌翻过来，"酒吧"字样出现了！咖啡加上少许白兰地味道会变得更浓烈，红茶加上牛奶和"人头马"开创了独特的"于氏红茶"。美好的生活就在这阵阵茶香中荡漾开来！

前几年，于维汉的夫人徐岸明带着于老的照片去了香港和澳门。走遍祖国的大好河山，看遍祖国的每一寸风貌是于老一直的心愿。内地的这些省份于老都已经去过了，香港和澳门还没能去老人就病倒了，徐岸明要完成老人的遗愿，等到条件允许了，她还要带着老人去台湾省看看！

"我一生和农民有深厚感情，和党有深厚感情。"或许正是因为这份感情让他做了常人无法做到、无法想象的一切。毅然放弃优越的生活，听从祖国的召唤，来到党和人民最需要他的重病区，在艰苦的生活条件下，不改初衷，一待就是30多年。对待工作，他不畏艰难、孜孜以求；对待学生，他如师如父、真情呵护；对待病人，他怜其疾苦、感同身受；对待病区农民，他付出的是亲人般的关怀。无论何时、无论身处何地，他总会以平等的姿态给予他人人格上的尊重，以欣赏、珍惜的态度对待周边的一切事物，以最积极、乐观的态度对待生活的每一天。并且，他不仅要让自己生活的每一天多姿多彩，还要尽其所能，让他所挚爱的父老乡亲感受到生活的美好，拥有灿烂的生活！

（徐朝／撰稿）

张 杰

中国工程院院士

院 士 名 片

　　张杰，中共党员，中国工程院院士，哈尔滨工业大学教授、博士生导师，给水排水工程专家。

　　1938年2月27日出生于辽宁省本溪市。1962年张杰从哈尔滨工业大学土木系毕业到东北设计研究院当技术员；1976年12月，加入中国共产党；1985年毕业于日本大阪大学获工学博士学位；1999年进入哈尔滨工业大学任教，担任教授、博士生导师；2016年受聘为郑州轻工业学院双聘院士。

　　张杰的主要研究方向为水处理与水环境恢复，开发了城市污水净化再生全流程；开发了绝氧—好氧活性污泥清除磷技术。1997年当选为中国工程院院士；1998年以常温厌氧与一体化氧化沟处理城市污水技术荣获国家科学技术进步奖三等奖；2008年以寒冷地区地下水中高浓度铁锰离子同步生物去除研究荣获省部级一等奖。截至2016年，张杰一共培养了30多名博士生、30多名硕士生。截至2017年，张杰在国内外发表论文100余篇，专著3部。

污水净化的使者

——记中国工程院院士张杰

学以致用　以实现水健康循环为己任

　　张杰，1962 年哈尔滨建筑工程学院（后并入哈工大）毕业就分到长春给水排水当技术员，一干就是 16 年，1978 年晋升工程师已到不惑之年。这一年张杰接受大连市污水处理工程规划的设计任务。

　　大连背山面海，冬暖夏凉，气候宜人。那时的张杰，工作之暇常到海滨公园游泳。一次微风吹来，他嗅到一股难闻的气味，只见近处一小渠中如墨汁似的污水，汩汩流入海湾使海水浑浊，使海面上漂浮的气泡中夹杂着塑料泡沫、薄膜、菜叶等脏物，顿时令他游兴大减。

　　晚上回到公寓，想洗个凉水澡却没有水，他怏怏上床，浑身发痒，难以入睡。这时他渐渐地想起 1952 年"六一"儿童节在葫芦岛马仗房海边春游的情景：那是一个雨后难得的晴天，海水清澈，蓝天澄碧，青山如洗，一群少男少女在海滨戏水冲浪，在齐膝高的海水中追逐着机灵的小蟹，拾拣着奇巧的贝壳，兴高采烈，流连忘返。

　　在大连的几十个日日夜夜，这两个场景让他经常难以入眠。他想正是由于工业用水的猛增，使居民经常发生水荒，又使海域遭到严重地污染，解决这个矛盾已提到历史的进程上来。于是张杰日思夜想，一个大胆的大连市污水处理工程方案渐渐清晰了：建设以城市污水为水源的工业供水厂，这既可以使城市污水净化后用于工业生产、城市绿化，又省出自然水源供生活用水，同时减轻了海域污染。"岂不是一箭双雕的大好事"他说。

这个方案得到了市建委杨占洲老工程师的鼓励和支持，也争得了市有关领导的同意。但污水处理是一个麻烦事，需要一级澄清、二级生化、三级深度净化三个流程。当时深度净化处理技术在国际上还不成熟，因此，一期工程还只能做到二级生化处理。正当一期工程设计初步完成，二期工程待攻关之际，张杰被国家派去日本大阪大学留学，他自然地就把城市污水深度净化这个国际性顶尖的难题作为研究课题了。

1983 年 1 月，张杰到了大阪大学工学部桥本研究室，在桥本先生的指导下制定了从小试、中试到生产实践的实验大纲。又在先生的指导下展开了城市污水深度净化研究。

80 年代初，净化流程改革设想在国内还没有先例，国际上资料也不多。当时南非因水源奇缺，曾将污水净化后作自来水饮用，美国南塔湖也有污水深度净化试验厂，并且日本也有，但流程繁杂，二级生化处理之后，还需要石灰澄清过滤、臭氧氧化、活性炭吸附等等。并且设备、基建量都很大，占地广、投资大。

难道这是唯一的办法吗？还能不能有一个较佳的方案？张杰在老师那儿了解了间断曝气滤床的相关知识。

原来污泥中有大量的厌氧菌和好氧菌，曝气就等于充氧，这时好氧菌活动，反之停氧，厌氧菌就有活力。这样就可以在二级生化处理中同时完成部分深度净化脱氮除磷的任务。这种方法就是后来发展起来的 SBR 法和 A/O 法在膜法上的实现。根据这个设想的方法，张杰设计了流程和设备，并画了设备制造图。

不到一月，主体设备就制造出来了，全套实验设备放在大阪栗生外国语学院住宅区污水厂。为了方便，张杰搬到了栗生外院学生宿舍，由宿舍到学校约有徒步半个小时的路程，每天去两次监视运行，调整流量，取水样，进行各项水质指标的化学与仪器分析，节假日几乎不能休息，这样单调的生活整整坚持了一年半。

有时外院的大学生们来做客聊天，同学们非常爱吃张杰包的饺子，他们边吃边说："张先生——饺子，我们——拉面"。半通的中国话很活泼、有趣。可同学们走了，张杰还得工作：化验、记录、做数据分析、写实验报告，有时一个水样做完，常常到深夜。当时的他仗着年富力强，且持之以恒的精神奋斗着。

日本桥本先生是个亲切而又严厉的老师，有两次运行数据不够准确，先生不高兴了，焦急地用日语说道："怎么了？""怎么了？"有一次实验报告送去晚了一点，先生对张杰语重心长地说："实验是非常重要的事情！"意思是提醒他注意。

一年半的时间很快就过去了，张杰获得了上万个数据，他撰写了5篇论文，分别在各种学会年会上宣读，在专业期刊上发表。并根据这些素材撰写了博士学位论文《间断曝气循环滤床除氧机能的研究》。事实证明张杰的设想是合理的，设计是成功的。

回国前的一个月，张杰考察了东京、名古屋的大型工业水道。他几乎跑遍了大阪府内城镇的所有污水厂，收集了许多资料，吸取了不少经验和教训。

1985年1月，张杰回到了祖国。他带回了学位、科研成果和许多宝贵的资料。

回国后张杰就投入了紧张的设计工作。综合了国内的考察和实验数据、参考了日本工业水道的运行经验以及自己的科研成果，张杰主持设计一万吨级的城市污水再生回用水厂。经过5年的艰苦奋斗，1990年开始向热电厂、化工厂正式供水。

我国第一座城市污水再生水厂诞生了。这吸引了不少同行来参观、考察。有的询问、有的取样比较，看到再生水和自来水一样清澈透明，都不禁点头称赞。

当时，作为一个 50 年代末的大学生，张杰不懂什么个性解放、自我实现的，如果说有什么机遇的话，他认为他只是随着时代走，是历史把他推到了这个岗位上来，作为一个科技工作者，他觉得还任重而道远。

匠心独运　突破水处理领域国际顶尖难题

水被人们称为"生命之源"。松花江水污染事件后，水的问题再一次成为社会关注的焦点。

捍卫用水安全，生命之源的保护者们在为水的清洁拼搏，倾注他们的全部心血。张杰也是其中之一。

"八五"期间，张杰潜心完成了生物固锰技术研究，在国内外首次提出生物除锰机制，一改传统的化学除铁除锰技术，成为生物固锰除锰技术第一人，解决了半个世纪以来地下水除锰难题，确立了生物除锰技术，改变了除铁除锰水厂除锰难的现状，使我国在该领域研究跃居国际领先水平，1996 年张杰被评为国家"八五"科技攻关先进个人，2005 年获得国家科技奖。

"我获得国家科技奖并不是因为 EI、SCI 论文收录多，而是因为解决了生产实际问题。"张杰说，"我们常会碰到这样的现象，地下水抽上来之后，搁置一段时间就慢慢变黄或变黑，这样的水是有害的，其中的主要原因就是水中含铁锰。"铁和锰虽是人体营养物质，但多了对身体有害，一些人类的慢性病与铁锰超标有关，而且对诸如纺织、饮料等行业生产上是有害无益的。因此铁锰一定要除。

以往除铁锰是先除铁再除锰，而且锰很难达到饮水标准。现在张杰用生物法一起除掉铁锰，铁锰都去除得很彻底，同时流程节省一半，总投资节省 1/3。

"因为解决了实际生产问题，才使我的科研有生命力。"张杰这样说。

张杰对年轻时搞的一个项目印象十分深刻。他回忆道："当时吉林白山市要搞一个给水工程，因为要修水库，我作为工程科研人员发现当时的任务书有误，白山地区是石灰岩地层，建水库会漏水的。经过认真踏勘研究，发现地下水露头发达，于是到处找泉，终于找到了一年四季涌水量充沛的泉，就建议把任务书改成引泉工程，泉水清澈，不用净化，泉区地势高，不用提升。由于工程和实际相结合了，获得了经济效益和社会效益双丰收。"

就是眼睛盯着生产实际，张杰的研究成果才得以不断推陈出新。他开发了城市污水净化再生全流程；创建了国内首座污水再生水厂。他开发的绝氧——好氧活性污泥清除磷技术在普通二级生化处理中可同时完成去除营养盐磷的任务，而且污泥不膨胀、管理方便、出水水质良好，代替了传统的普通活性污泥法。他主持和完成了长春、大连、沈阳、齐齐哈尔、哈尔滨等城市重大给水排水工程设计数十项，是理论与实践结合的专家，推动了寒冷地区给水排水工程技术的发展。

笔耕不辍　科研、学术领域硕果累累

张杰说，水的循环分为自然循环和社会循环，是可再生的自然资源。要使人们可持续利用水资源，就要实现社会用水的健康循环。

根据水健康循环的理念，水资源的利用将由过去的"取水—输水—用户—排放"的单向开放型流动，转变为"节制的取水—输水—用户—再生水循环"的反馈式循环流程。张杰认为，通过水资源的不断循环利用，使水的社会循环和谐地纳入水的自然循环过程中，实现社会用水的健康循环，这是根据人类社会用水历史的发展和物质循环的实际规律，探索水资源可持续利用和水环境保护的切实途径。

2003年，张杰进行了"城市水系统健康循环研究"的课题研究，提出建立较为系统的城市水系统健康循环理论。提出建立流域内城市群间水资源重复利用、循环利用，城市用水健康循环的发展目标。但是，这种思想提出之初曾受到很多人的漠视甚至反对。

"因为这是针对人们过度用水、随意跨流域调水、滥排污水和丢弃废物而提出的，是水资源的利用和水环境保护领域进行的一次革命。它将从思想上和技术上彻底改变过去那种只知用水不知再生，将水的循环人为割裂，只是片面地对其中的某个环节进行研究和处理的'只见树木，不见森林'的局部观和做法。"张杰正视推行水健康循环理念中所遇到的困难，他说，这种革命或许需要多年才能得到广泛认同和接受，但是毫无疑问，这次革命将是完全不可避免的，是人类在水资源利用和水环境保护上的一次重要转折。今天，越来越多的人已经注意到并不同程度地接受了水健康循环的理念，有些学者也开始开展了有关领域的研究。

张杰说，如何把河流恢复到 50 年代风光秀丽、鱼虾成群的水平，光靠单元技术不行，应该搞"水环境恢复"。

在人类生产与生活活动中，做到人与水环境的和谐，首要是节制用水，减少社会水循环的流量。张杰直言，"城市排水系统是促进城市用水的健康循环，恢复水环境的生命线工程。它的任务早已超出了排除雨、污水，保护城市生活环境，防止公共水域污染的范畴。"

张杰指出，长期以来流域内城市的污水正在使水环境劣化，造成了上游城市污染下游城市、城市群间江水资源不能重复利用、水质污染困扰着江滨诸城的局面。"虽然我国城市水系统现状与达成健康循环相比还有很大差距，但是面对我国水资源、水环境的严峻形势，水危机已经受到国人越来越多的关注，引起了政府部门的高度重视。"张杰指出，目前，国内大连、深圳、北京等地相继进行的较为系统的水资源利用和水环境恢复的研究和实践，是城市水系统健康循环理论雏形的初步应用，已经在通往社会用水健康循环的道路上迈出了坚实的一步。随着今后理论的进一步完善和实际经验的积累，中国最终将开创 21 世纪水资源和水环境健康发展的新纪元。

2007 年 10 月 22 日，由中国工程院院士、哈尔滨工业大学市政学院张杰教授承担的"水环境恢复与城市水资源健康循环研究"以及"寒冷地区地下水中高浓度铁锰离子同步生物去除研究"两项课题，先后通过由黑龙江省科技厅组织的专家组鉴定，其研究成果均达到国际领先水平。

"水在上游城市用完了，可以成为下游城市水资源的一部分"，这是由张杰院士率先提出和倡导的"社会用水健康循环"理念的生动表述。所谓"健康循环"是指在水的社会循环中，尊重水的自然运动规律，合理科学地使用水资源，同时将使用过的废水经过再生净化，使得上游地区的用水循环不影响下游水域的水体功能，从而维系或恢复城市乃至流域的良好水环境，实现水资源的可持续利用。

由张杰院士牵头的《水环境恢复与城市水资源健康循环研究》课题组通过对水的社会循环详细分析，从全局的角度出发，抛开专业局限，提出较为系统、完整的水危机解决方案，同时应用"城市水系统健康循环"的理念和方法，完成了深圳、大连、北京等地区的水环境恢复战略规划研究，参与了国家中长期科技规划战略研究，为国家和各流域城镇的水事决策和水资源、水环境规划提供了科学与技术依据。

专家组一致认为，该研究成果阐明了人类社会用水与自然水循环相和谐的用水模式，提出了新的水资源利用观和审视人与自然相和谐的新视角，对改变我国现行粗放的用水模式，恢复"碧水清流"，落实科学发展观，建设生态文明具有重要的指南作用，该成果的理论研究与工程规划实践均居国际领先水平。

张杰说，"暴雨、径流、雨洪都是地下水循环的自然现象，不以人的意志而改变。但现代人类不愿和几百年前一样与雨洪共存。近年来，各大城市暴雨内涝灾害是这些城市极度畸形发展的结果。亡羊补牢，我们应反思现代城市是怎样侵占雨水径流的存身之所，是怎样堵塞了雨水循环的途径从而建立起不受雨洪水浸而安全的城市，为建设循环型城市提供基础。

"2016年4月16—17日，在由《给水排水》杂志承办的"第六届中国水业院士论坛"上，张杰教授以"水安全科技创新"为主题，提出了创建在暴雨中无水浸的安全城市的4条途径。

到目前为止，张杰已完成了国家科技攻关9项，主持重大给水排水系统工程设计36项。现主持中国工程院、国家"863计划"等多项科研课题。

终生"治水" 为龙江区域经济可持续发展贡献力量

自20世纪80年代开始，张杰便致力于"生物除铁除锰技术"净水工艺的研究，取得了一些突出成果，并成功应用于哈尔滨、佳木斯、沈阳等地的生物除铁除锰水厂。

大禹治水，三过家门而不入。2005年11月13日，吉林石化公司双苯厂发生爆炸事故，引发了松花江水质污染事件，致使哈尔滨市区出现了史无前例的4天断水。事件发生后，由李圭白院士和张杰院士牵头组成的专家组夜以继日地研究试验出了净化水的新方法，使哈尔滨人民度过了这一非常时期。这期间，张杰连续10余天在现场，通宵达旦工作。夫人患病在床，他也顾不得了，只是找人帮忙照顾。熬过了松花江水污染，市民喝上了放心水，张杰也由于高烧住进了医院。在医院仍然不忘课题，他把学生都召集到病床前，与学生们一起讨论课题。

针对松花江水污染事件，张杰说，不可在缺水地区布局耗水大的工业，也不可在水系源头和上游河段布置生产有毒有害污水的企业。吉林石化公司位于松花江上游，20世纪70年代曾发生过汞污染松花江事件，经过多年的努力，改革了工艺，才切断了污染源。今天又发生了苯与硝基苯储罐爆炸，严重泄漏污染江水事件，溯源追之，是当初产业布局之时，还没有意识到水环境与水资源问题，希望不要再产生在水系源头开矿和布置重型化学工业的规划。

张杰说："我国城市水环境恢复的切入点是污水深度处理与利用。可以说在污水深度处理、超深度处理和有效利用方面的每一点进步都是对人类和地球的贡献。"

2006年，由张杰院士带头的《寒冷地区地下水中高浓度铁锰离子同步生物去除研究》课题组经过反复、细致的实验和论证，研究开发了以粗粒径、深滤层、无烟煤滤池为核心单元的"弱曝气＋一级过滤"简缩工艺流程，成功创建并运行了迄今世界上最大的生物除铁除锰水厂——佳木斯江北生物除铁除锰水厂。与传统除铁除锰技术相比，该工艺可节省基建投资30％，节省运行费用20％，为佳木斯江北生物除铁除锰水厂一次性节省基建投资5000万元，年节省运行费用300万元。同时，这也解决了佳木斯市自1936年始建供水系统70年来，自来水中锰严重超标的现状，居民饮用水经净化后优于《国家饮用水卫生标准》。

专家组一致认为，该研究成果发展和完善了"生物同层同步除铁除锰工程技术"和生物固锰除锰途径，解决了寒冷地区地下水高浓度铁锰的去除难题，具有显著的社会和经济效益，研究成果居于国际领先水平，并建议研究开发适合于广大农村饮用水除铁除锰的小型装置。

2017年8月4日，省委常委、省纪委书记王常松，来到城市水资源与水环境国家重点实验室，并看望了张杰院士，就贯彻落实创新发展、绿色发展等新发展理念听取了张杰院士的意见。张杰院士感谢王常松的看望。他表示，将继续发挥学科与专业优势，为龙江走出全面振兴新路子贡献智慧与力量。

80多岁的张杰院士仍在为保护水资源而辛苦劳作着。他说，水资源短缺和水环境恶化已经成为中国21世纪社会经济持续发展的瓶颈，解决水危机、实现水资源可持续利用的根本途径在于建立起健康的社会水循环。

时至今日，这位一生献给给水排水领域的院士还积极地为我国水环境恢复而努力。他建议，提高社会对水与人类关系的了解，培育珍贵水的意识，育成良好的水文化；在国土管理上，在城市总体规划上要注入水循环概念；在每个流域内，都要将河流、流域及社会视为一体，统筹考虑水的循环利用规划；在每个流域内要确保环境用水量，规范社会取水量，限制无度阻拦非洪径流，维持丰富多样的生态系，良好的水流空间和秀丽的两岸风光；每个城镇都要有完备的水循环系统，为此要努力做到节制用水，普及污水深度处理与有效利用，污水厂污泥回归农田，控制城市与农田径流污染，在这些方面每一点进步都是对地球环境与人类的贡献。

（刘淑滨　宋晨曦／撰稿）

张乃通

中国工程院院士

院 士 名 片

　　张乃通（1934—2017），通信与信息系统领域专家。1980年加入中国共产党，1956年毕业于南京工学院无线电系，毕业后到哈工大任教。1956—1958年在清华大学无线电系进修，1958年10月返回哈工大创建无线电专业，历任无线电工程系副主任、主任，航天学院副院长、院长，通信技术研究所所长，是哈工大无线电系、航天学院、通信技术研究所主要创建人之一。曾受聘航天第三、第五研究院兼职研究员，东南大学、清华大学、浙江大学、西安电子科技大学兼职教授，工业和信息化部通信科技委高级顾问，中国航天科技工程发展战略研究院学术委员会委员，月球探测二期、三期工程预先研究专家组成员，黑龙江省科技顾问委员会委员，哈尔滨市专家咨询顾问委员会特邀委员。2001年当选为中国工程院院士。

　　张乃通曾主持研制了指控数据链通信系统、海军超视距数据链、第一代国际标准专用集群通信系统等，成果均转化为实用装备及产品，达到国际先进水平。张乃通率先研制出国产化的数字信令MPT1327集群移动通信系统，打破了我国专用通信系统市场被国外垄断的局面，为我国国防和航天以及其他专用通信技术和设备的研究和发展作出了重大的贡献。先后获得国家级科技成果奖4项、省部级科技成果奖12项。从教61年，为国家培养了大批高科技人才。

纵横通元廓长天

——记中国工程院院士张乃通

当我们便捷地使用互联网时，可曾知道，有一位科学偶像，毕其一生推动着中国通信科技的前沿探索，他就是我国通信与信息系统领域著名专家、哈尔滨工业大学航天学院和电子与信息工程学院奠基人、教授、博士生导师张乃通，也是一位著名的科学家、教育家。当我们用崇敬的眼光翻阅张乃通院士的科学历程、追随张乃通院士的人生足迹，我们看到的是最前沿的科学探索、最渊博的学识、最简朴的生活、最诚挚的情感、最丰富的精神世界，还有其一生未变的赤子情怀。

筹办无线电系，一切为了国家需要

1956 年 9 月，刚刚从南京工学院毕业的张乃通积极响应"党的需要就是我的志愿，党让到哪儿就到哪儿"的号召，服从组织分配，来到哈尔滨工业大学任教。虽然对哈尔滨的第一反应是远、冷，但接到分配通知的张乃通 9 月 5 日办完离校手续，当晚便背上行囊上路了——这一去就是60 多年。

许多年之后，张乃通曾数次提起 1956 年 10 月 2 日哈尔滨那场突如其来的大雪。从温婉湿润的江南水乡来到秋风萧瑟的北国冰城，刚开始他还不了解北方的天气。那时候，张乃通对哈尔滨的第一印象就是："真冷！"好在没过多久，张乃通就克服了对哈尔滨生活的不适应，对工作全身心的投入更是让他体验到了作为一名教育和科研工作者的乐趣。从此，年轻的张乃通带着满腔热情和干出一番事业来的宏愿开始了他的从教生涯。

当时的哈工大还没有无线电系，张乃通在精密仪器系报到，共青团组织关系落在电机系工业电子学教研室。鉴于国家的需要，学校对筹建无线电系很重视，这个重任就落到了张乃通等人的肩上。为筹建无线电系，1956 年 10 月，时任见习助教的张乃通和另外四位教师及其他专业抽调来的六名学生一起被送往清华大学无线电系进修和随班听课。

1958 年 10 月上旬，张乃通和蒋延龄、戴逸松、王金荣陆续返回哈工大。为了向国庆 10 周年献礼，他们决定在筹建无线电系的同时，研制出发射功率大于当时哈尔滨电视台的哈工大电视台。作为主要研制人员，张乃通他们带领着当时还是大二、大三的学生，不分昼夜地攻关研究，终于研制成功。1959 年 3 月，白手起家的哈工大无线电系正式成立。当晚，学校用他们自研的电视台，全程播放了系里同学们自编、自演的节目，以资庆祝。

无线电系成立后，张乃通先后担任教研室副主任、主任，与为数不多的几位教师一起自力更生、艰苦奋斗，筚路蓝缕走上创办之路。1962 年初，当时正在石家庄做海军课题的张乃通得到校内通知，根据"调整、巩固、充实、提高"八字方针，前两年曾作为通用学科专业下马的通信专业，将在遥测、遥控专业这类尖端专业的基础上重建，而他将接手通信专业的重建任务。1962 年以后，由于条件因素以及专业调整，当年一起进修的几位教师中只有张乃通一人留在了哈工大。时任校长李昌语重心长地对他说，新专业要想办起来主要是"党和国家的需要加主观努力"。至此，张乃通专心投入专业建设，他认为实验既是科研的生长点，又是必不可少的教学环节，所以他鼓励年轻教师多做科学实验，提出"实验室起家"的观点。而且，张乃通每年还会送学生去研究所做毕业设计，合作完成科研课题任务。

"文革"开始后，张乃通受到冲击，作为被批对象进入教改小分队到工厂劳动锻炼。尽管如此，他对专业的执着追求依然矢志不渝。在工厂下放劳动期间，他看到由于缺乏安全保障设施，操作冲床的工人师傅们手指多有伤残。这事对张乃通触动很大，他根据所学的知识，利用晶体三极管试行研制了一个自动感应装置，只要人手在，冲头就不会冲下来，从而保障了人身安全。张乃通也因此得到了工人师傅们的信赖和称赞。

"哈尔滨，哈尔滨，我是沈阳，请讲话……"这是 20 世纪 70 年代初第四机械工业部在哈尔滨召开的一个技术交流会上，张乃通主持研制的"沈阳—哈尔滨""沈阳—齐齐哈尔—哈尔滨"的半导体无线电台，现场通话实验演示的场景。1969 年中苏边境发生军事冲突，张乃通被调到当时黑龙江省成立的"战备科研领导小组"。在科研小组中，他由一个一般成员被提升为"晶体管单边带战术电台"研制的技术负责人。他带领几名年轻教师与大三学生来到工厂，研制出了当时在国内领先的具有数字频率合成器、功率合成器的晶体管单边带战术电台，顺利通过了这次通话实验，为学校赢得了荣誉。随后，他又从省内调回到学校。

筹办航天学院，培养国家航天人才

1977 年，张乃通重新被任命为通信教研室主任。在全国通信专业教材会议上，张乃通他们争取到编写"通信系统"全国统编教材任务，由张乃通、贾世楼、刘士生、徐世昌合写，张乃通任主编。该书于 1980 年由国防工业出版社出版，1982 年再版，并获航天优秀教材奖。

1978 年，黑龙江省开始评副教授、教授职称，张乃通被评上副教授，1979 年被任命为无线电系副主任。1980 年，在党支部、系党总支的支持下，经过 22 年的考验（1958 年递交第一份申请书），支部大会批准他成为中共预备党员，1981 年转正，实现了他加入中国共产党的愿望。

随着改革开放在全国各行各业轰轰烈烈地开展起来，作为代表高科技精髓的航天事业也取得了突飞猛进的发展，中国的国力以及国际地位也因此显著提高。哈工大是隶属当时航天部的唯一一所高等院校，航天部也迫切需要新生力量，以解决当时人才青黄不接的问题。为适应中国航天事业发展的需求，哈工大决定要办直接对口的航天学院。这时候，筹办航天学院的任务再一次落到张乃通肩上。

工作中的张乃通院士

1985 年上半年，校党委宣布由时任校长杨士勤及前任校长黄文虎为首，以当时的副校长王魁业为工作组组长，张乃通为副组长主抓实际工作，筹建航天学院。此时无线电系在他的带领下已经发展得有声有色，很难让他割舍。"党和国家的需要永远都是我的志愿"，根植于张乃通心中的信念再一次让他迎难而上，舍小家顾大家。在大家共同努力调研、组织的基础上，航天学院于 1987 年年初搭建了以航天相关的三个系（力学、自控、无线电）和一个研究室（航天）为基础的机构框架，并制订了初步的办院设想。

航天学院成立后，张乃通被任命为副院长，全力协助院长及院党委书记开展工作。从 1987 年航天学院正式成立一直到 1996 年，张乃通历任副院长、院长。这期间航天学院也不断壮大，不仅成为哈工大的标志性学院，也成为国际宇航大学的一个永久性分校。

值得一提的是，张乃通在创建航天学院的同时还成立了通信技术研究所。这样，无线电系除了已成立并已取得成果的电子工程研究所外，又多了一个通信所，确保该系的科研成果取得更有利的技术支持和组织保障，从而为无线电系更好的发展，打下了坚实的基础。

学术水平的提高，交流最重要。早在 20 世纪 90 年代中期，作为航天学院院长的张乃通，就努力做到"走出去，请进来"，加强国际交流与合作。为了创造条件，学院派遣年轻的学术骨干出国学习交流，与俄罗斯、美国、韩国、日本等国的大学或企业建立了多种友好合作关系。这些国家的学者也经常来哈工大讲学。对于自己的学生，张乃通更是鼓励他们出国深造。为此，他认真严谨、实事求是地为学生们向世界一流大学写推荐信。每次学生前来跟他告别，他都会说："希望你们学成之后一定回来，为我们的国家和人民服务。"对于自己的两个儿子，张乃通更是严格要求，他们学成之后，也的确放弃了国外的优厚待遇，回到祖国"为我们的国家和人民服务"。

"院士"称号是责任，是担当，是新起点

"我不认为仅仅发表几篇 SCI、EI 文章就是创新的全部。理论创新固然重要，但归根结底还是要理论联系实际，将创新成果应用到工程实践中去，服务社会，造福人民。"20 世纪 80 年代初期，步入人生与事业黄金期的张乃通先后将科研的触角延伸至国防及民用信息化多个领域，并积

极进行科技成果转化。作为我国军事通信、卫星通信、专用集群通信领域的著名专家，他曾主持研制了指控数据链通信系统、海军超视距数据链、第一代国际标准专用集群通信系统等，成果均转化为实用装备及产品，达到国际先进水平，先后获得国家级科技成果奖4项、省部级科技成果奖12项。

当自己的成果能够打破国外市场的垄断、造福祖国和人民的时候，张乃通从科学研究中收获到了许多常人难以体会到的快乐与满足。在谈到集群移动通信系统研究问世时，张乃通曾说："20世纪90年代初，在我们的成果还没出来时，外资公司集群手机的价格4000多美元一台。听说我们的成果准备投产了，价格降到了3200美元。后来到我们的成品出来后价格降到了400美元，并撤销了这个产品在中国的事业部，再到最后，技术竞争转化成了单纯的资本竞争。"

张乃通卓有成效的工作也得到国家的重视和支持。他为之奋斗的通信与信息系统学科首批进入国家"211"重点学科，首批成为长江学者特聘教授设点单位，是哈工大18个重点学科之一，2001年在教育部对该二级学科评估中名列第五……在这些辉煌成绩的背后，有着太多我们看不到的艰辛，太多不可计量的心血与时间、智慧与精力。这些付出以它们独有的分量，在时间与世事的涤荡下，沉淀为一枚勋章——院士，国家以这种形式对张乃通以及这个科研集体给予了最高级别的承认。

2001年12月初，张乃通当选为中国工程院院士。经历几十年的磨砺，终于荣获国家工程技术的最高殊荣，但他淡然视之："成为院士只是对我前一段工作的认可，院士前后的张乃通是一样的，业务、为人都没有突变。当选院士后感到肩上的担子更重了，更要不懈地研发具有自主知识产权的科技成果；更要甘为人梯，为年轻的同事们创造发挥才能、向上的平台。我也要反思在位期间研究的不足、工作的偏颇，尽力弥补。"

2004年，仍然坚持学习和工作在第一线的张乃通运用渊博的知识和敏锐的洞察力，发现了脉冲超宽带无线技术是具有发展前途与应用价值的课题。在他的主持下，成功申报并获准国家自然科学基金重点项目。

随着航天技术、通信技术、电子技术的长足发展，人类对太空探索进入到发展期，月球仅是起始点，不久将向更远距离的太阳系星球发展，因此解决"深空通信"问题迫在眉睫！由于传输环境的特殊（大尺度、长时延、大损耗、上／下行不对称……），地面及静止轨道所应用的理论及关键技术受到了挑战。张乃通将经过一段时间的研究与他人合写成一篇题为《深空探测通信技术发展趋势及思考》的文章发表在2007年第4期《宇航学报》上。

"陆地信息系统已无法满足信息化社会及国防信息化广域覆盖与多类信息融合共享的需求，建立空间信息基础设施是未来信息网络的发展需求。"近年来，张乃通对我国建设天、空、地一体化信息网络进行了深入思考，在2015年、2016年都有相关研究论文发表。

教书育人，"辩"出真理

一甲子的教学、科研生涯，张乃通可谓桃李满天下。"通先生"是学生和同事对他的尊称，大家都为曾经在他身边工作学习而感到自豪。张乃通认为指导学生和参与课题研究应亲力亲为，不当"甩手掌柜"，如果只是"把把关"，提一些不痛不痒的意见，那只能是被学生和其他教师牵着鼻子走，怎么配得上"指导"？

"做学问事小，做人事大。做学问前学会做人，否则难成大器。"这是张乃通对自己所有学子的殷切期望。张乃通严谨务实、精益求精的治学态度和诚恳率直的为人处事方式影响着身边的每一个人。无论做科研还是写论文都没有人敢掉以轻心，因为大家知道"通先生"一定会亲自上手，从技术、逻辑推导到文辞都一一过目。在这种严谨的学术环境中，许多年轻教师也心甘情愿留下来，成为研究所的中坚力量。

哈尔滨工业大学校庆特设电台开通，张乃通和大家一起倾听来自全球的祝福

"作为一名博士生导师，不仅仅要给学生论文写作方面的指导，也不仅仅是给学生把关、送学生毕业，更重要的是要参与到学生研究的问题中，做到心里有数，明白什么地方可能存在问题，只有把这些问题都弄清楚了才能算是一名称职的导师。"张乃通是这么说的，也是这么做的。每天到"通先生"办公室来的学生和年轻教师都络绎不绝。作为导师，他要指导学生做科研，听他们定期的学习汇报，与他们探讨学术问题，逐字阅读并修改他们提交的论文。

对待科学研究，张乃通秉承实事求是的原则，一就是一，二就是二。对于科研中的技术问题，他的意见从不含糊。身边的人都知道他脾气耿直，说话急，嗓门大，就连走路都急匆匆，铿锵有力。张乃通不喜欢最后一个发言，他与同事和学生们讨论学术问题的时候总是特别兴奋，声如洪钟，整个楼道里都能听到，常因一个问题而激烈争辩，互不相让，有时甚至让人以为他们在吵架。

"一个人的头脑、精力有限，须集思广益才行。所以，一定要抱着虚心学习的态度参与到学生以及相关教师的课题讨论中，辩论就是一个互相学习的过程。"张乃通喜欢和大家自由而热烈地争辩,在争论中迸发出思维的火花可以加深对问题的理解。只有经过辩论得出的结果才有一定的可信度——这就是教学相长的过程。每次和学生讨论问题之前,张乃通都要求学生预先交一份简要报告,注明最近阅读的文献,观点的来源,然后自己再进行仔细的研究,最后才是有针对性的探讨。在张乃通和弟子们每一次交流争论的背后都有一位老人深夜苦读的身影。

年龄越来越大,"通先生"忙碌依旧,科研耕耘、教书育人给他带来无穷的乐趣依旧。作为院士,他时时刻刻要关注科研组的工作进程,要和一线的科研人员探讨技术问题,要协调处理好项目申请、资金调度,还要常常外出参加各种会议、学术交流、评审等活动,奔波于京、哈等地为研究所争取立项……老骥虽伏枥,其志在千里。在张乃通心中,人生的旅途没有终点,只有为了党和国家的需要去不停地奋斗求索,才能真正诠释生命的意义。

"新开古稀华,光耀长庚星;为国图强计,辛勤沐耘耕;奋斗四十八,霜雪两鬓生;功高众人颂,德才人人称;更觉性宽和,清清两袖风;常忆谆谆语,铭记恩师情;愿进万年觞,北国不老松!"这是张乃通七十寿辰时学生发来的贺电,也是他的真实写照。2013 年 6 月,在学生们给他制作的八十寿辰纪念画册里,张乃通写了一篇题为《献了青春献终身》的自述文章。文章结尾写道:"流光容易把人抛。57 年的时间弹指一挥间。57 年间,我的工作有成有过。'成'的一页已翻过成为历史,'过'需记在头上尽力补之。唉,时间不多了!在以后的日子里。我会尽自己所能,在院系统一步调下,为专业出现杰青、长江学者,为申请'973'重大课题竭尽全力吧!"

(吉星/撰稿)

赵连城

中国工程院院士

院 士 名 片

　　赵连城，1938年生，光电信息科学与工程专家，中国工程院院士，哈尔滨工业大学博士研究生导师，光电信息科学与工程博士点学科和本科专业创始人，光电信息与量子器件实验室奠基者。主要从事半导体异质结、量子阱和超晶格、共格量子点岛、双波段和多波段等光电薄膜材料和各种发光材料、光电转换材料、光导纤维和器件、信息存储材料、绿色荧光蛋白和分子荧光探针等研究，以及它们的能带结构分析与性能评价及工程技术应用，包括：森林防火预警红外彩色成像监控系统，远程通信全光网络工程的宽带光纤与器件，腔道癌症3D内窥观察和光量子治疗光纤系统，陆海空联合作战全局势态监控红外彩色成像系统，天然石墨烯制取和高灵敏传感器及快速充电长寿命电池、人造金刚石等。曾系统研究NiTi合金线性和非线性超弹性的物理本质，成功应用于神舟四号飞船、SJ-5和QS-1卫星，以及介入医学治疗等。2001年获国家科技进步二等奖1项，先后获省部级科技进步奖7项。2005年，曾任国际马氏体相变会议三位主席之一兼秘书长。先后培养博士研究生50名，硕士研究生42名，接收博士后8人。出版《信息功能材料学》等专著6部，发表论文400余篇，被国外他人引用250余篇次，部分研究结果被收入国际权威著作。1994年获国务院颁发的有特殊贡献专家政府津贴。

丹心筑梦谱华章

——记中国工程院院士赵连城

回想起 1958 年，一张上海交通大学的录取通知书让年轻的赵连城激动不已。那时的上海交大正处于"跃进声中建冶院"的火热阶段，赵连城被顺利录取进冶金学院金相热处理专业。两年后他改读金属物理专门化，这也是顺应当时国家培养核材料技术后备人才的时代需要。1960 年 12 月，赵连城在上海交大读书期间光荣入党。那个时候他已经立下了报国的志向——爱祖国就要到祖国需要的地方去！

赵连城是江苏阜宁人，1963 年从上海交通大学一毕业，便响应国家号召来到哈尔滨工业大学，投身于他心爱的材料事业。一来到黑龙江，赵连城便爱上了这片广袤丰沃的黑土地，决心扎根在这里奉献所学、建功立业。此后，他开始用实际行动书写自己的报国壮志，带领学术梯队投身科研，刻苦攻关，不忘初心，砥砺前行，很快就在国际材料学界积累了一定的声望，在光电信息科学与工程研究方面也有了相当的学术造诣。

半世纪初心不改

时光荏苒，从 1963 年到 2018 年，岁月的年轮一圈一圈刻下了赵连城 55 年的材料科学情缘。这 55 年，他没有任何一天是虚度无为的，每一天都满负荷运转、全身心投入，对材料科学领域的研究日益深远，对这项学科事业的感情也愈发深厚。

说起倾心半生的材料领域前沿技术，赵连城如数家珍；谈到在哈工大对材料学科建设的重视，他更是滔滔不绝。作为哈工大材料学院的首届院长，他深爱着这个领域，关注材料学院里每一位师生的成长，更关注材料学院里每一门学科专业的发展。赵连城带领学院里的老师们兢兢业业地在这个领域里深耕教学科研工作十余年。在当今这个信息技术高速发展的时代，传统的微电子正逐步被光电子所替代，我国已把光电子材料与器件作为新材料领域的战略性新兴产业优先发展。对学科建设颇有远识的赵连城在研究中发现，光电材料是这个学科未来的发展方向之一，而国内对这个领域的研究尚处于起步阶段，上升空间很大。于是，赵连城向学校说明申请新专业的想法。2013 年 12 月，经教育部批准同意哈工大正式成立光电信息科学系。

新开辟一块专业阵地是件特别费心力的事，学院里的老师们有些不解赵院士为什么要新增这门专业。而赵连城的回答却让老师们彻底服了气：

赵连城在探讨学科发展

"学科要发展，就要跟上时代发展的节奏，就不能止步不前。光电材料绝对是这个学科未来的发展方向之一，咱们哈工大必须捕捉到这个可贵的发展点。"他这种前瞻性思考和全局性站位让老师们也都统一了认识，鼓足了干劲儿。一向认真严谨的他精心研究，系统设计，高标准确定了新专业所需使用的教材、配备的学时及教学的难度等具体专业设置要求，学科建设步入正轨。

随之而来的是学生们的困惑。原因是新增设的"光电信息科学与工程"专业并没有因为是一门新专业而降低准入门槛和教学要求，反而成为学院里"学时多""考试难"的代名词。光电信息科学与工程是一门学科知识交叉性强的学科，要求同时具备多门学科的理论基础。为了达到专业要求，赵连城主张为光电信息科学与工程专业的专业课"加量"，但培养全过程的总学时不增，基于标准学时设置课程，确保专业基础扎实，学生们学习更加深入。再加上对新专业的就业前景有些迷茫，光电专业的学生们开始产生了一些畏难情绪。赵连城看在眼里，急在心上，多次同院里的老师们一起为学生们做情绪疏导工作，帮助学生们重振学习信心。2017年冬天，也是2017届新生入学后两个月，早已不承担本科教学任务的赵连城觉得有必要跟新生们分享下他对这个学科的理解。约定讲座的那天下起了鹅毛大雪，学生们都以为这么恶劣的天气院士讲座一定会更改时间，可没想到赵老仍然坚持准时参加讲座，而且热情饱满地用通俗的话语为学生们讲解了本专业的学科特点和应用前景，并耐心解答了同学们的各种提问，热烈的现场气氛和精彩的互动效果着实超出了学生们的预期。

"志之所趋，无远弗届。"如今光电信息科学系已稳步成熟起来。2018年的师资队伍拥有院士2人（兼职1人）、教授博士生导师6人（兼职2人），可培养本科生、硕士研究生及博士研究生，并设有博士后流动站。专业研究方向包括发光材料与量子器件、光电转换材料与量子器件、特种光纤与器件、信息存贮材料与器件和有机光电材料。实验室面积达1500平方米，拥有包括法国Riber公司两套分子束外延系统在内的先进材料制备、性能测试、评价和分析设备 20 余台（套），总价值达 3260 余万元。专业发展前景广阔且可观，与国内外诸多知名大学及研究所分别建有良好合作关系，毕业生除部分赴国外深造外，大多在北京、上海等一线城市从事光电信息等领域的技术开发或企业管理工作，学科发展成果喜人。

家国情怀胜千金

2018 年 5 月 28 日，中国科学院第十九次院士大会、中国工程院第十四次院士大会隆重开幕。这是党的十九大后我国科技界召开的一次盛会。

"繁霜尽是心头血，洒向千峰秋叶丹。"习近平总书记在全国两院院士大会上盛赞一代又一代的科学家们为祖国和人民作出了彪炳史册的重大贡献，同时也对科学家们寄予了殷切期望。科学报国、追求真理、勇于创新……党和人民的嘱托，字字句句烫在了赵连城的心上。每年，赵连城院士都会准时参加全国院士大会，并在院士大会交流中一如既往地使用那句谦虚而低调的开场白——"我来跟各位汇报下我近一年来的学习体会……"在新时代新征程的奋进号角中，赵连城倍感重任在身，对自己肩负的时代使命与责任有了更为深刻的理解，也更找到了"大我"的时代意义。他爱学科，爱学校，爱龙江，更爱祖国，这种立足"大我"的"大爱"，是一种滋长在心、外化于行的本质力量。赵连城说自己很幸福，能够见证和经历祖国半世纪的发展变化，能够有机会释放自己的能量，为祖国新时代的腾飞贡献学识与才情。

正是在"先天下之忧而忧，后天下之乐而乐"的爱国情怀感召下，赵连城老而弥坚，继续撑起科技报国的风帆，投身到时代发展的洪流中。近些年，对中国"芯"科技创新的关注在逐年升温，国内"打破西方技术壁垒，增强自主研制能力"的呼声越来越高，赵连城同其他科学家一样，在积极地为中国"芯"的相关高端技术献力献策。其中，研究组合式芯片的光电特性以及如何在光电信息领域为芯片制造提供更多的可能性和选择空间，是赵连城跟随国家发展步伐主动迎接的挑战。"我们为祖国富强而付出的努力一直在路上！"赵连城说出这句话时语气平和而坚定。

赵连城在参加学术讨论

有一年，外省某公司邀请赵连城前去考察他们新研制出的石墨烯产品，赵连城看后认为其对石墨烯的开发与转化条件尚不成熟。他由此联想到了龙江黑土地上的鸡西石墨产业优势。石墨烯是一种珍稀矿产资源，有着超薄且强度超高的特点，未来可广泛应用于超灵敏传感器、石墨烯聚合物充电电池、高纯净人造金刚石等领域，发展成产业经济效益十分可观。黑龙江省鸡西市有着发展石墨产业的天然优势，年产 38.5 万吨石墨，可产出近两万吨石墨烯，经 3 年建设可发展成规模化的石墨烯产业，年产值可过千亿元，能够为当地的经济发展提供极大的助推力。赵连城倍加珍爱省内得天独厚的物产资源，希望自己的专业知识可以帮助这个产业实现更加科学有效的发展。为此，他多次前往鸡西进行考察研究。鸡西距离哈尔滨将近 500 公里，两地之间的火车车次较少且多为夜车，需要在颠簸的火车上度过一整夜才能到达。即便如此，远途的跋涉和奔波丝毫没有影响到赵连城的科研热情，年逾八十的他坚持多次往返，而且每一次都跟随矿工师傅们一起下矿调研，从专业角度为当地的石墨烯产业发展开出了良方。

严谨、求实、创新、担当，这是赵连城科研人生最为妥帖的注脚。

领异标新系民生

创新是一个民族进步的灵魂，是一个国家兴旺发达的不竭动力，也是中华民族最深沉的民族禀赋。科研成果不能只停留在实验室，只有付诸实践，才能绽放出最闪亮的光彩。2017 年 4 月 30 日，俄罗斯境外森林大火蔓延至大兴安岭北部原始林区，防火形势严峻，直接关系到自然生态资源和人民生命财产的安全。素来关注国际国内新闻的赵连城得知这一新闻后一时间坐立难安。虽然火情警报很快解除，但赵连城的内心却像正欲喷发的火山，掩不住热烈，迫切希望自己的专业学识能够尽快化作实实在在的力量，去履行自己的科研使命，为龙江的社计民生贡献力量。

防火的重点在于防患于未然。赵连城带领团队细致分析、反复商讨，运用本专业前沿知识技术为大兴安岭林区量身定制出一套全天候全覆盖森林防火报警红外彩色成像监控系统。为了高标准地达到全天候全覆盖的森林防火报警要求，2017 年 6 月底，赵连城带领团队来到加格达奇原始森林考察森林防火情况。由于之前应用的红外探测技术多为平面设计，而原始森林的特殊性在于它的地形多变而复杂，山峰和山谷多而陡，要适应这样的恶劣环境，设计红外探测监控系统就必须更为严格、更有针对性，对红外探测装备的选址、探头的高度及相间距离等都提出了更精准的要求。为了能够获得准确的数据，赵连城提出必须要到实地考察，具体选点，精准设计。通往林区的路途颠簸难行，考察队伍乘坐的两辆越野车在恶劣的路况下都分别发生了爆胎。而且林区的风又大，一同前往考察的年轻人都有些吃不消,而已年近 80 岁高龄的赵连城却坚持要自己踏上狭窄的通道爬上二十七八米高的瞭望塔,认真仔细地记录考察数据。

最终,赵连城团队确定采用多点布局扫描采集的方式,双目镜头全视域巡视集中进入光缆专线传送至防火预警中心。当传送远距离超过 80 千米时,便设中继站,由光纤放大器和光纤激光器组成,长期使用 15—20 年均可确保稳定可靠。这一被动式红外彩色成像防火报警摄像机监控系统,可以 24 小时连续监控,并可穿透浓雾、浓烟、雨水、烟云等恶劣情况持续工作,实现一旦发现 2 米火苗即可在 20 秒内发出警报,即派直升机投二氧化碳炸弹迅速灭火,为大兴安岭乃至全省的林区防火安全提供了可靠的科技保障。

为突破寻常而驱动创新,是赵连城科研生命的底色;为国计民生而殚精竭虑,是他作为一名科学工作者的可贵担当。

薪火相传代代新

传承,是赵连城眼中希望的"光"。如果谈到他对学生们的传承,无论是报国理想还是科研精神,都要先从他主导建立的金属精密热加工国家重点实验室说起。

1991 年 9 月,由于工作需要,学校任命赵连城担任金属材料工艺系主任。通过一段时间的分析观察,赵连城发现金属材料工艺系虽然有一支优秀的科研队伍,但实验设备条件过于落后。而系里还承担了不少国家重要科研任务,研究手段不行,就会严重影响工作效率。因此,如何改善条件、提高研究用仪器设备水平成为亟待解决的问题。恰逢当时,上级领导部门提出在哈工大金属材料工艺系建立金属精密热加工国防科技重点实验室,作为系主任,多少个不眠之夜,赵连城都在为建立一个国内领先、国际一流的实验室而冥思苦想着。为了早日实现重点实验室的建立,当时年过六旬的赵连城多方奔走，锲而不舍，无数次地向相关部门陈述实验室建设的必要性及广阔前景，积极争取上级部门的支持。

精诚所至，金石为开。终于，赵连城的辛勤付出有了回报。1992年10月20日，国防科学技术工业委员会下发了关于"金属精密热加工国防科技重点实验室建设立项的批复"。秉持"坚持高标准，留有发展余地"的原则，在赵连城的倾力跟进下，实验室顺利建成了一栋6600平方米的实验室大楼，多数设备为国外引进且达到国际一流水平。

考虑到学科的长远发展，1993年，学校将金属材料工艺系改称哈尔滨工业大学材料学院，由赵连城任院长，同时担任金属精密热加工国家级重点实验室主任。国家为建设这个重点实验室投入如此之多，该如何最大限度地发挥它的潜力为国家创造财富，无时无刻不牵动着赵连城的心。对科学负责，对国家负责，赵连城这一矢志不渝的科学信念深深感染着在金属精密热加工国防科技重点实验室学习工作过的每一名团队成员。在赵连城团队的集体努力下，金属精密热加工国防科技重点实验室目前已成为国内材料科学领域首屈一指、达到国际一流水平的现代化综合热加工技术实验研究基地，在国内外学术界享有盛誉，也成为哈尔滨工业大学材料学薪火相传的重要阵地。

"规格严格，功夫到家"——深得哈尔滨工业大学校训精髓，赵连城对学生的要求素来以严格著称。他严把"入口关"，期待选拔出专业能力最强、科研态度最端正的学生加入他的科研团队，能够在这个国家重点实验室的平台上潜心研究出更多优秀成果。同时，他也严把"出口关"，只要是他教过的学生都无一例外地接受过略高出其自身能力的"拔高"要求，期待培养出名副其实的优秀毕业生。"我们那届读书的时候，期末考试赵老师要求我们在笔试之外还要口试，现场提问现场作答，看看我们的知识掌握得到底扎实不扎实，所以平时学习格外认真，到现在都特别感谢那段经历！"毕业多年后，学生们对当年师从赵连城的那段经历仍然记忆犹新。

"芳林新叶催陈叶，流水前波让后波。"学生们能够在他的学术基础上取得更多更大的成就，是赵连城传道授业的最大心愿。

书山有路勤为径

有人说，赵连城想不开，本已到了颐养天年的年纪却坚持要每天奋战在科研一线；有人说，赵连城很奇怪，本已科研成果无数、功成名就，却还要冒着可能会失败的风险去开发新领域。殊不知，在这 55 年投入心血的奋斗历程中，他能不断取得科研事业上的突破，靠的就是勤学、苦学、恒学。他保持着对知识的渴求，总是主动研究最前沿的学科成果；他从不在意时间的流逝，着眼的始终是自己的科研生命。

每天清晨五点半，无须闹钟的提醒，赵连城也会准时起床，吃过简单的早餐，便开始一天的研究工作。数十年如一日，始终如此。粗茶淡饭的平淡生活，是赵连城宁静洒脱的内心世界的现实投影，而当面对心爱的科研工作时，他却经常喷薄出火热的激情。为保持专业知识的前沿性，查阅外国文献是他每天的必做事项。他的书桌上有两样爱不释手的宝贝，一样是外文专业词典，一样是读书笔记。别看他对自己的吃穿一切从简，但是对这两样心爱的"宝贝"都是高标准配置，从不嫌麻烦。书桌上几本翻得起了毛边儿的外文专业词典，都是他专门去北京科技书店一本本精心对比选购出来的，而且每出一次最新修订版他都一定会第一时间买回来，一买就是好多本，用来分送给学院里的年轻教师。而无数本字迹干净工整的读书笔记，更是记录了他在科研事业上踏踏实实的研究足迹。

多年来，赵连城养成了一个习惯——每一份文献都要边阅读边翻译边记录，遇到不常见的专业英文单词就一定要查清楚了意思并且记下来。团队里的年轻教师曾建议说："赵老师，像这样基础性的工作让我们来做吧，您多休息休息眼睛和身体。"可赵连城却坚持亲力亲为，他说这样不认真的学习态度首先就过不了自己这一关。本已是学科领域的领军人物，却还视学习为"头等大事"，赵连城对学习的重视和对自己的苛求让身边的学生们敬佩不已。"有一次我帮赵老师把新买的书送回家，无意间看到他书桌上整整齐齐地摆放着十份外国文献，而且每份文献都清楚地对应着一本被标记上不同颜色的读书笔记，我们做学生的都很少有人能这样认真，可赵老师做到了，而且他早已习以为常，我当时真觉得无地自容。"在学生们眼里，身为院士的赵连城用躬耕书山的求索精神为他们树立了科研人最好的榜样。

化作春泥更护花

"我的身份就是一名教师。"赵连城这样定义自己。从教55年来，他早已桃李满天下，学生们当中很多都是从事跟材料学科相关的工作，有的更是在恩师的感染下也选择成为光荣的人民教师。赵连城的记忆力出奇的好，虽然已经80多岁了，但他仍能清楚地记得很多学生的名字和电话，以及上学时的学习故事，说起他教过的学生就像是说起自己家的孩子一样，满眼带笑。2018年是赵连城80岁高寿，虽然知道老师不喜讲排场，可学生们还是忍不住纷纷打来电话询问想共同给老师过一次生日，哪怕只是吃一顿简单的便饭也行。但大家出于人之常情的请求还是被赵老婉言谢绝了，他给学生们的答复一如既往："我都挺好的，不用惦记，你们在搞科研的过程中如果有需要我帮忙的尽管来找我。"赵连城是这么说的，也是这么做的。这些年，他对学生们的求助有求必应，在新材料的研发把关、技术瓶颈的攻坚克难以及专业发展的前瞻设计等方面都对学生们给予了强有力的支持。

学高为师，身正为范。赵连城严谨治学、宽厚待人的品格深深感染着身边的学生。学生们也发自内心地想为赵连城分担一些力所能及的事情，但赵连城始终坚持说自己不需要。他不愿意让学生们把他当成一个 80 多岁的老人来照顾，他觉得他现在对待研究工作也跟年轻人一样有精力、有激情；他不愿意让学生们因为他是院士、是前辈，就总怕给他添麻烦，不敢轻易打扰请教学术问题，他想多跟学生们分享自己的经验，多给大家一些指点。

2016 年深冬，哈尔滨天寒地冻，雪大路滑。仍然坚持每天早上八点半准时来到办公室的赵连城，不小心滑倒在雪地上导致小腿骨折。由于爱人已过世，儿女都工作在外，赵连城近些年一直独自生活。因此，在他受伤住院期间，学生们惦念着老师的病情和生活，都自发地抢着轮流照看卧病在床的赵连城。可赵连城却总是催促前来照顾他的学生们赶快回学校去："快考试了，赶快回去复习！""实验正进行到关键时候不能缺人！"他不愿意麻烦大家，却把学生们的事一一记在心里。

大爱无言，温暖相待，这是一名师者无私的情怀与境界。赵连城还将继续为他所深爱的科学事业而不懈奋斗，将一片丹心融入时代底色，用报国壮志谱写动人华章。

（崔晶／撰稿）

责任编辑：张双子

特约编辑：刘淑滨

责任校对：吴容华

装帧设计：王欢欢

图书在版编目（CIP）数据

兴安峰峦：两院院士在黑龙江／中共黑龙江省委奋斗杂志社　编著 .—北京：
　人民出版社，2020.12

ISBN 978－7－01－022425－1

I.①兴…　II.①中…　III.①院士－生平事迹－黑龙江省－现代

　IV.① K826.1

中国版本图书馆 CIP 数据核字（2020）第 156299 号

兴安峰峦

XINGAN FENGLUAN

—— 两院院士在黑龙江

中共黑龙江省委奋斗杂志社　编著

人 民 出 版 社 出版发行

（100706　北京市东城区隆福寺街 99 号）

北京尚唐印刷包装有限公司印刷　新华书店经销

2020 年 12 月第 1 版　2020 年 12 月北京第 1 次印刷

开本：710 毫米 ×1000 毫米 1/16　印张：29

字数：398 千字

ISBN 978－7－01－022425－1　定价：120.00 元

邮购地址 100706　北京市东城区隆福寺街 99 号

人民东方图书销售中心　电话（010）65250042　65289539